SINGAPORE

싱가포르

CHALET Travel Book

Singapore

카통 & 이스트 코스트

리나 베이 샌즈

CONTENTS

여행정보 업데이트

샬레트래블북 싱가포르의 정보는 2025년 1월까지 수집한 정보와 자료로 만들었습니다. 단, 책에 소개되어 있는 관광지와 숍, 레스토랑의 오픈 시간 및 요금, 교통편과 관련된 내용은 현지 사정에 따라 변경될 수 있습니다. 샬레트래블북은 6개월 또는 1년 마다 가장 최신 정보가 업데이트 된 개정판을 발행합니다.

GETTING STARTED SINGAPORE
미리 만나는 싱가포르

SINGAPORE HIGHLIGHTS
싱가포르 하이라이트

매 순간이 포토제닉! SNS를 빛내줄 인증 숏 포인트　007	비 오는 날 아이와 가기 좋은 베스트 플레이스　017
'싱가포르'가 '싱가포르'하는 놓칠 수 없는 아이콘　010	파스텔 컬러의 향연! 페라나칸에 빠져들기　020
끝나지 않는 매혹, 야경 그리고 또 야경　014	

SINGAPORE DINING
싱가포르 다이닝

기승전 먹방, 싱가포르 미식의 세계로　024	한입의 행복! 마음까지 즐거워지는 맛 딤섬　041
싱가포르 맛의 첫 여정, 칠리 크랩　025	두툼한 생선 살에 뽀얀 생선 수프가 매력 만점인 피시 수프　044
심플 이즈 더 베스트, 치킨라이스　027	다민족의 역사가 담긴 페라나칸 음식　045
아침을 깨우는 달콤한 속삭임, 카야 토스트　029	즉석요리의 천국, 호커 센터　048
영혼까지 뜨끈해지는 진한 맛, 바쿠테　030	나른한 오후 달콤한 유혹, 애프터눈 티 & 하이티　052
맥주는 거들 뿐! 숯불 향 가득한 사테　031	하루 에너지 충전, 아침 식사 메뉴　055
코코넛 밀크 속 다채로운 맛의 향연, 락사　033	궁극의 달콤함, 싱가포르 전통 스위츠　057
비주얼을 넘어선 맛! 탱글탱글 새우가 살아 있는 프라운 미　034	입안 가득 톡톡 터지는 열대 과일 페스티벌　060
육즙 가득 새우와 통통 면의 만남! 호키엔 미　035	진하고 강렬한 맛! 코피티암에서 커피 타임 즐기기　062
진정한 어두일미! 멈출 수 없는 감칠맛! 피시 헤드 커리　036	달콤, 상큼, 씁쓸! 취향대로 즐기는 밀크 티　064
탱탱한 피시볼과 칠리소스로 버무린 비빔면의 환상 조합, 피시볼 누들　037	더위를 한 방에 물리쳐줄 음료　066
코코넛 향에 크리미함이 더해져 고소함 폭탄! 커리 미　039	인스타 저장각! 맛과 멋을 사로잡은 카페　067
간식으로 최고! 안주로도 완벽! 달달 매콤 육포의 변신, 박과　040	싱가포르의 밤이 파도치는 야경 바　070

SINGAPORE SHOPPING
싱가포르 쇼핑

오리지널은 못 참지! 메이드 인 싱가포르　074	부담 없는 금액의 선물 고르기! 편의점·슈퍼마켓 베스트　083
여행 중 최대 고민 해결! 싱가포르 기념품 베스트　079	**SPECIAL** ｜ 돈돈돈키　086
실용성 만렙! 드러그스토어 베스트　082	

SINGAPORE TRAVEL
싱가포르 여행

마리나 베이	089
가든스 바이 더 베이	092
마리나 베이 샌즈	102
리버사이드	115
클락 키	123
SPECIAL │ 배 위에서 즐기는 야경	128
SPECIAL │ 보트 키 vs 클락 키 vs 로버트슨 키	131
올드 시티	134
SPECIAL │ 싱가포르 슬링	145
오차드 로드	147
보타닉 가든 & 뎀시 힐	158
아랍 스트리트 & 부기스	165
리틀 인디아	172
차이나타운	182
SPECIAL │ 케옹색 로드	189
SPECIAL │ 차이나타운의 거리 예술 속으로!	193
티옹 바루	201
SPECIAL │ 티옹 바루의 거리 예술 속으로!	207
카통 & 이스트 코스트	210
SPECIAL │ 이스트 코스트 파크	215
만다이 야생동물 보호구역	218
센토사 & 하버프런트	240
리조트 월드 센토사	254
센토사 비치	270
SPECIAL │ 싱가포르 사선거 어행	275

SINGAPORE TRAVEL PLUS
싱가포르에서 다녀오는 여행

레고랜드 말레이시아	279
꿈이 현실이 되는 크루즈 여행	281
벨몬드 이스턴 & 오리엔탈 익스프레스	284
디즈니 어드벤처 디즈니 크루즈 라인	286
SPECIAL │ 머무름, 그 자체가 여행	287

TRAVEL INFO SINGAPORE
싱가포르 여행 정보

한눈에 보는 싱가포르 기본 정보	294
싱가포르 입국	297
싱가포르 출국	298
주얼 창이 100% 즐기기	301
싱가포르 시내 교통	305
유용한 애플리케이션	308
알아두면 좋은 유용한 정보	309
알아두면 좋은 간단한 여행 팁	310

이 책을 보는 방법

본문 정보

- 찾아가기
- 주소
- 오픈시간
- 전화번호
- 요금(싱가포르 달러)
- 홈페이지

지도

- 관광명소
- 관광 안내소
- 레스토랑
- 카페
- 아이스크림
- 바
- 숍·백화점
- 박물관·미술관
- 화장실
- 계단
- 에스컬레이터
- 다리
- 호텔
- 버스 정류장
- 케이블카
- 모노레일
- MRT
- 주차장

SINGAPORE HIGHLIGHTS

매 순간이 포토제닉!
SNS를 빛내줄 인증 숏 포인트

카메라 프레임을 가득 채우고 싶은 장소는 어느 여행지에나 있다. 하지만 싱가포르에서는 조금만 부지런히 움직이면 화려한 도시, 순수한 자연, 다양한 나라를 하루에 모두 담을 수 있다. 과거로의 시간 여행도 가능하다. 페라나칸 양식 건물은 1900년대 문화를 그대로 지니고 있어 역사적 시간의 흐름이 고스란히 전해진다.

❶ 페라나칸 하우스
Peranakan Houses

파스텔 색채 여행이 선사하는 즐거움을 담을 수 있는 곳! 하늘하늘한 의상이 있다면 필수.
자세한 내용은 212P

❷ **하지 레인** Haji Lane

아랍 스트리트의 힙한 벽화 향연! 걷다 보면 사진도 마음도 알록달록! 한 걸음, 한 컷, 모두가 예술로 변하는 시간.

자세한 내용은 167P

❸ **차이나타운 벽화 거리**
Chinatown's Iconic Street Art

거리 예술의 유산, 차이나타운의 숨은 벽화 찾기! 역사 속의 한 장면에 들어가 자연스러운 사진 한 컷!

자세한 내용은 193P

❹ 올드 힐 스트리트 경찰서
Old Hill Street Police Station

927개 무지갯빛 창문이 있는 세계에서 가장 예쁜 경찰서. 낮에도 밤에도 감성 숏 완성!

❺ 포트 캐닝 트리 터널
Fort Canning Tree Tunnel

나선형 계단에 오르면 누구나 인스타 핫스타! 단, 줄 서기는 선택이 아니라 필수.

자세한 내용은 138P

'싱가포르'가 '싱가포르'하는 놓칠 수 없는 아이콘

"싱가포르에서는 뭘 보고 뭘 먹어야 해?"라고 물으면 1초의 망설임 없이 입에서 술술 나오는 싱가포르의 대표 주자들이다. 이 중 9할은 싱가포르 여행 후 남은 사진에 꼭 들어 있을 정도. 누구나 가고 누구나 먹는 것이라서 식상하다 할지라도 어쩔 수 없다. 이것이 바로 싱가포르다.

❶ 마리나 베이 샌즈
Marina Bay Sands

싱가포르의 랜드마크인 마리나 베이 샌즈 호텔. '21세기 건축의 기적'이라 불리는 MBS를 배경으로 인증 숏을 남겨보자.

자세한 내용은 102P

❷ 래플스 호텔 싱가포르
Raffles Hotel Singapore

19세기에 지어져 마이클 잭슨, 오바마, 찰리 채플린, 엘리자베스 테일러, 에바 가드너 등 유명 인사들이 찾았던 싱가포르 국보급 럭셔리 호텔이다.

자세한 내용은 143P, 288P

❸ 싱가포르 슬링
Singapore Sling

싱가포르를 대표하는 싱가포르 슬링은 래플스 싱가포르의 롱 바에서 탄생했다. 진Gin을 기본으로 특유의 분홍색과 싱그러운 풍미가 일품이며 들어가는 재료는 고급화로 재탄생했지만, 1915년 처음 만들어졌던 원래의 레시피는 그대로 유지하고 있다.

자세한 내용은 145P

❹ 멀라이언 파크
Merlion Park

멀라이언을 손가락으로 잡거나 멀라이언이 뿜어내는 물을 마시는 듯한 포즈로 찍는 사진은 필수 저장각이다.

자세한 내용은 120P

❺ 주얼 창이 HSBC 레인 보텍스
HSBC Rain Vortex

높이 40m, 최대 규모의 실내 인공 폭포를 배경으로 한 사진은 놓치지 말자. 다양한 높이에서 찍을 수 있고 저녁이면 화려한 라이트 쇼가 펼쳐져 색다른 느낌의 사진과 추억을 남길 수 있다.

자세한 내용은 302P

❻ 칠리 크랩
Chilli Crab

싱가포르에서 꼭 먹어봐야 할 대표 음식. 속이 꽉 찬 게살과 통통한 집게발 살도 매력이지만 매콤, 달콤, 짭짤함의 밸런스가 최고인 소스는 한번 먹으면 계속 생각난다.

자세한 내용은 25P

❼ 카야 잼
Kaya Jam

싱가포르 악마의 잼. 코코넛 밀크, 판단 잎, 팜슈거를 넣어 만드는 달콤하고 크리미한 잼이다. 왠지 모를 견과류의 맛은 판단 잎에서 나온 것. 갓 구운 빵에 카야 잼만 발라도 인생 토스트 완성.

자세한 내용은 81P

❽ 타이거 맥주
Tiger Beer

1932년 출시된 싱가포르 프리미엄 라거 타이거 맥주. 오리지널, 크리스털, 화이트, 블랙까지 다양한 종류를 맛볼 수 있다. 가장 신선한 타이거 맥주를 마시고 싶다면 양조장 투어는 필수!

끝나지 않는 매혹, 야경 그리고 또 야경

야경이 지닌 흡인력이 싱가포르에서는 2배, 3배… 아니 그 이상으로 커진다. 낮 시간에 모든 에너지를 쏟지 말고 체력을 아껴야 하는 이유이기도 하다. 공짜 또는 값을 지불하고 만끽하는 싱가포르의 야경은 언제 보아도 질리지 않는다. 다채롭고 화려한 싱가포르의 밤은 여행의 피로를 녹여내는 최고의 처방전이다.

❶ 가든스 바이 더 베이
Gardens by the Bay

9~16층 높이의 슈퍼트리에서 펼쳐지는 가든 랩소디! 당신의 밤을 더욱 빛내줄 순간!! 자세한 내용은 94P

❷ 스펙트라 쇼
Spectra Show

15분간 펼쳐지는 레이저와 분수, 그리고 오케스트라 음악의 환상적인 릴레이.
자세한 내용은 112P

❸ 스카이파크 전망대
SkyPark Observation Deck

마리나 베이 샌즈 57층에서 펼쳐지는 마법 같은 야경! 쉴 틈 없이 몰아치는 반짝임의 연속. 자세한 내용은 112P

❹ 싱가포르 플라이어
Singapore Flyer

아시아 최대 규모의 관람차에서 30분간 누리는 싱가포르의 화려한 밤 풍경.
자세한 내용은 114P

❺ 헬릭스 브리지
Helix Bridge

해 질 무렵에도, 해가 사라진 후에도, 줄 수 있는 건 오직 낭만뿐!
자세한 내용은 114P

> **TIP** 1년 평균 일몰 시간은 19:00다. 일몰 시간은 달마다 조금씩 다르며 보통 18:50-19:20이니 참고하자.

❻ 풀러턴 파빌리온
The Fullerton Pavilion

밤을 수놓는 눈부신 빛의 축제와 MBS 야경의 향연을 모두 담을 수 있는 곳.

❼ 에스플러네이드 루프 테라스
Esplanade Roof Terrace

에스플러네이드 극장의 무료 루프 테라스가 선사하는 비밀스러운 깜짝 선물! 넋 놓고 싱가포르 밤 풍경에 취하기만 하면 끝! 자세한 내용은 121P

❽ 리버 크루즈
River Cruise

물길 따라 흐르는 야경 포인트. 색다른 각도에서 즐기는 스펙트라 쇼!
자세한 내용은 129P

> **TIP** 시간이 맞으면 크루즈에서 스펙트라 쇼도 관람할 수 있다. (19:30, 20:30 탑승)

비 오는 날 아이와 가기 좋은 베스트 플레이스

싱가포르는 비가 자주 오지만 비 오는 날에도 즐길 수 있는 명소가 많아 걱정할 필요 없다. 시원한 에어컨 바람을 쐬며 아이와 실내에서 즐길 수 있는 특별하고 재미난 장소를 소개한다.

❶ 내셔널 갤러리 싱가포르
National Gallery Singapore

공짜로 하루 종일 시간을 보내기 좋은 곳이다. 아이와 함께 아름다운 미술관을 둘러보며 사진 찍기에도 좋다. 특히 케펠 예술교육 센터 Keppel Centre for Art Education는 1년 내내 어린이 및 가족을 위한 프로그램으로 가득하다. 갤러리 칠드런스 비엔날레 Gallery Children's Biennale에서는 인터랙티브 및 몰입형 작품을 감상하고 체험할 수 있다. 출출하다면 1층에 있는 코트야드 카페 Courtyard Café에 들러 키즈 메뉴를 즐기자. **자세한 내용은 144P**

- 📍 MRT City Hall역 B 출구에서 도보 4분
- 🏠 1 St Andrew's Road, Singapore 178957
- 🕐 매일 10:00-19:00
- 💲 케펠 예술교육 센터 및 갤러리 칠드런스 비엔날레 무료

❷ 싱가포르 사이언스 센터
Science Centre Singapore

과학의 세계에 흠뻑 빠져보고 싶다면 싱가포르 사이언스 센터로 향하자. 14개 갤러리에 직접 만지고 체험할 수 있는 1000개가 넘는 전시물이 있어 아이와 시간을 보내기에 안성맞춤이다. 매일 오후 2시 30분에 진행하는 파이어 토네이도 쇼는 놓치지 말 것. 입·퇴장이 자유로워 비가 그치면 잠시 실외 놀이터에서 시간을 보내도 좋다. 23m 초대형 돔 스크린이 설치된 옴니 극장과 미취학 어린이를 위한 과학 놀이터 키즈 스탑은 추가 입장권을 구매해야 한다는 점을 기억하자.

- 📍 MRT Jurong East역 B 출구에서 도보 8분
- 🏠 15 Science Centre Rd, Singapore 609081
- 🕐 화~일요일 10:00-17:00, 월요일 휴무
- 💲 어른 $12, 어린이 $8 / 옴니 극장 1인당 $14 / 키즈 스탑 어른 $10~, 어린이(18개월~8세) $20~

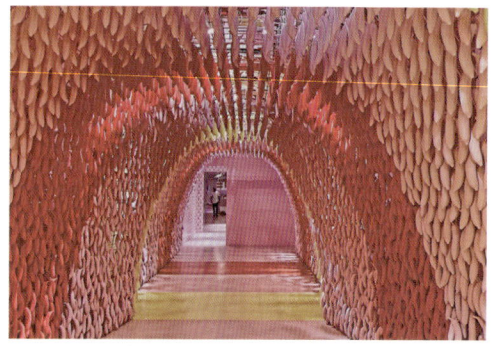

❸ 아이스크림 뮤지엄
Museum of Ice Cream Singapore

아이스크림의 역사를 소개하는 테마 전시 공간을 누비며 5가지의 색다른 아이스크림을 먹을 수 있는 박물관 겸 놀이터다. 미국의 유명한 아이스크림 박물관의 유일한 해외 지점으로 감각적인 사진을 남기기 좋다. 아이들에게는 최고의 하루로 기억될 수 있다. 택시를 타고 가는 것을 추천.

- 📍 MRT Napier역 2 출구에서 도보 17분 / BUS 7, 123, 174번 Aft Min og Foreign Affairs 하차 후 도보 10분
- 🏠 100 Loewen Rd, Singapore 248837
- 🕐 수~월요일 10:00-21:00(월, 수요일 ~18:00), 화요일 휴무
- $ 평일 $35, 주말 $45, 2세 이하 무료

❹ 아트사이언스 뮤지엄
ArtScience Museum

아트사이언스 뮤지엄에서 퓨처 월드 전시를 관람하자. 인터랙티브 아트워크 슬라이드를 타고 스케치 아쿠아리움에서 그림을 그리다 보면 시간 가는 줄 모르고 놀게 된다. 또한 아이들이 즐기고 체험할 수 있는 다양한 디지털 전시를 보며 상상력을 키울 수 있다. 빛과 색상, 자연과 도시, 공간과 시간 등의 주제를 다루고 있어 미래 세계로 여행하는 듯한 재미있는 체험을 즐길 수 있다. 마지막 크리스털 유니버스에서 인증 숏 찍는 걸 잊지 말자.

- 📍 MRT Bayfront역 D 출구에서 도보 10분
- 🏠 6 Bayfront Ave, Singapore 018974
- 🕐 일~목요일 10:00-19:00, 금~토요일 10:00-21:00
- $ 어른 $30, 어린이 $25

❺ 캐노피 파크
Canopy Park

창이 공항 주얼 창이 5층에 있는 캐노피 파크는 아이들과 즐길 거리로 가득하다. 꽃잎 정원과 안개 정원을 산책하고 토피어리 동물과 예쁜 사진을 남기며 거대한 슬라이드를 타다 보면 시간 가는 줄 모른다. 키 110cm 이상인 아이가 있다면 바운싱 네트를 추천한다. 지상 8m 하늘 위 거대한 그물 주위를 뛰어다니면서 바운스와 슬라이드를 즐길 수 있다.

- 📍 MRT Changi Airport역 2 출구에서 도보 10분, 창이 공항 제1터미널 주얼 창이 5층
- 🏠 Airport Blvd., Level 5 78, Singapore 819666
- 🕐 월~목요일 10:00-22:00, 금~일요일, 공휴일 및 전날 10:00-23:00, 바운싱 네트 10:00-22:00
- $ 1인당 $8, 바운싱 네트 성인 $24.9, 어린이(3~12세) $19.9

❻ 시티 스퀘어 몰 에어존
City Square Mall Airzone

쇼핑몰 안에 있는 거대한 그물 에어존은 공중에 떠 있는 놀이터다. 거대한 볼을 가지고 놀고, 네트 위를 걷고, 뛰고, 점프하며 더 높이 올라가 슬라이드를 즐기며 내려온다. 누구나 이용할 수 있으며 홈페이지에서 미리 예약하고 방문해야 한다. 안전 브리핑, 놀이 시간을 포함해 60분이 소요되며 얇은 긴 바지와 편안한 티셔츠를 입는 것이 좋다.

- 📍 **MRT** Farrer Park역 I 출구에서 도보 3분, 쇼핑몰 2층에 위치
- 🏠 180 Kitchener Road, #02-K4, K10, 208539
- 🕒 비수기 10:00-20:30, 성수기 10:00-21:40
- 💲 1인당 $27.9, 5세 미만 어린이는 보호자 동반 입장 필수
- 🔖 airzone.sg

©City Square Mall Airzone

©Kiztopia@Marina Square

❼ 키즈토피아@마리나 스퀘어
Kiztopia@Marina Square

마리나 스퀘어 몰 1층에 위치한 실내 키즈 카페로 18개의 다양한 놀이 공간이 있다. 슬라이드, 볼풀 존, 미니 기차 등 간단한 놀이 시설이 있어 유아부터 초등학교 저학년 아이들에게 제격이다. 클룩에서 티켓을 구매할 수 있다. 시즌별로 프로모션이 진행되니 확인하고 방문하자. 신나게 놀고 몰에서 식사를 하거나 맞은편에 있는 에스플러네이드를 구경하기에도 좋은 위치다.

- 📍 **MRT** City Hall역 C 출구에서 도보 8분 / Esplanade역 B 출구에서 도보 5분
- 🏠 Marina Square, #01-09, Singapore 039594
- 🕒 일~목요일 10:00-20:00, 금~토요일 10:00-21:00
- 💲 어른 1명+어린이 1명 1시간 $29.8, 2시간 $39.8

 # 파스텔 컬러의 향연! 페라나칸에 빠져들기

'페라나칸Peranakan'은 아이를 뜻하는 말레이어 '아나크Anak'에서 유래한 말로, 해외에서 이주한 남성과 현지 여성 사이에서 태어난 혼혈 후손을 뜻한다. 오래전부터 해상무역이 발달했던 동남아시아에는 아랍인, 인도인, 유럽인으로 구성된 다양하고 독특한 페라나칸 문화가 형성되었다. 특히 싱가포르에는 중국계 페라나칸이 많이 있으며 남성은 바바Baba, 기혼 여성은 뇨냐Nyonya라고 부른다.

❶ 페라나칸 박물관
Peranakan Museum

싱가포르의 페라나칸 역사와 문화를 알아보기 가장 좋은 곳이다.
자세한 내용은 139P

❷ 페라나칸의 고향 주치앗 쿤셍 로드
Joo Chiat Koon Seng Road

페라나칸 공동체가 처음 정착한 지역으로 페라나칸 양식의 건축물과 알록달록한 파스텔 톤 집이 모여 있고 예쁜 숍, 카페도 많아 구경거리가 가득하다.
자세한 내용은 213P

❸ 블레어 로드
Blair Road

서로 다른 건축양식으로 지어진 집들을 구경하는 재미가 있을 뿐 아니라 파스텔 톤의 이국적인 카페, 갤러리 등을 만날 수 있다.

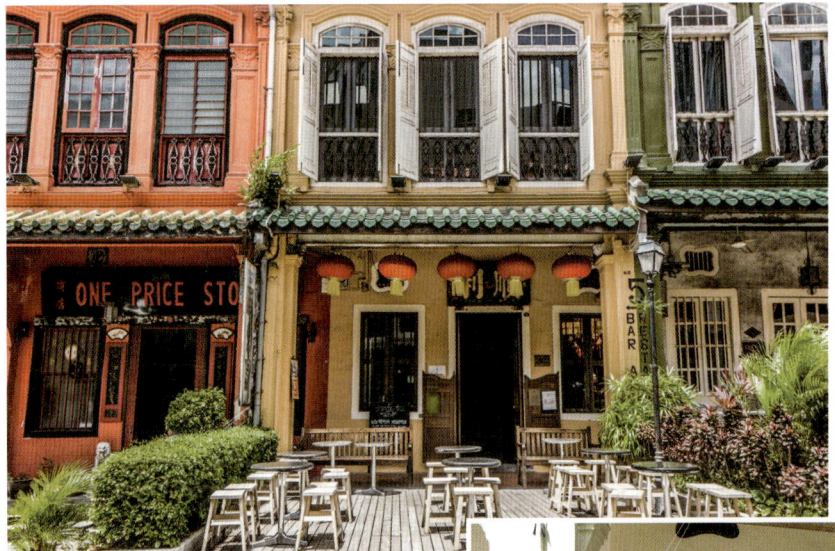

❹ 에메랄드 힐 로드
Emerald Hill Road

높은 빌딩 숲 사이, 오차드 거리에 있는 화려한 색감의 페라나칸 옛 가옥들이 반겨준다. 100년이 넘어 문화재로 지정돼 관리되는 집도 있다.
자세한 내용은 153P

특별한 경험, 페라나칸 개인 박물관

❶ 인탄 The Intan

인탄은 소유주인 '앨빈 얍Alvin Yapp'이 직접 운영하는 홈 박물관으로 페라나칸 스타일의 주택에 개인 소장품을 전시하고 있다. 페라나칸의 역사와 문화를 이해할 수 있는 해설을 포함한 다양한 체험 프로그램을 운영하며 예약은 필수다.

📍 **MRT** Eunos역 A 출구에서 도보 12분, 택시 탑승 추천
📍 69 Joo Chiat Terrace, Singapore 427231
📞 +65 6440 1148
💲 인탄 티 체험(가이드+다과) 성인 $64.2, 어린이(12세 미만) $32.1

❷ 카통 앤티크 하우스
Katong Antique House

카통 지역 상점가에 위치한 개인 박물관으로 페라나칸의 역사 및 문화를 이해하는 시간과 함께 수집품을 감상할 수 있다. 페라나칸 전통 의상, 그릇, 가구, 시계 등 하나하나 직접 모은 수집품으로 볼거리가 가득하다. 전화 또는 펠라고 사이트(www.pelago.com/ko)에서 '카통 앤티크 하우스 페라나칸 문화 투어'로 검색해 예약하고 방문하자. 전화 예약이 부담스럽다면 호텔 리셉션에 부탁하는 방법도 있다..

📍 **BUS** 36, 48, 196번 Opp BLK 72 하차 후 도보 5분, 택시 탑승 추천
📍 208 E Coast Rd, Singapore 428907
📞 +65 6345 8544
💲 $15(예약 필수)

SINGAPORE DINING

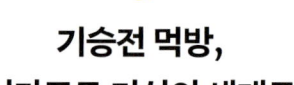

기승전 먹방,
싱가포르 미식의 세계로

세계 각국의 다양한 요리가 한데 모인 싱가포르에서는 그야말로 맛의 향연이 펼쳐진다. 중국, 인도, 말레이, 서양 등 다양한 문화가 식문화에도 그대로 반영되어 오감을 자극하는 다채로운 음식으로 가득하다. 길거리 음식부터 미슐랭 레스토랑까지, 싱가포르 여행은 온종일 맛있을 수밖에 없다.

❌ 싱가포르 레스토랑 부가세 & 서비스 요금

싱가포르는 일반적으로 메뉴 가격에 서비스 요금 10%를 더하고 그 금액에 세금 9%를 추가해 부과한다. 메뉴판에 + 표시로 안내하는데 + 하나는 세금만 부과되며 ++ 표시는 서비스 요금과 세금이 부과된다는 뜻이다. Nett라고 표시돼 있다면 메뉴판 가격만 지불하면 된다는 뜻이고, 호커 센터나 일부 로컬 식당은 서비스 요금을 부과하지 않는다. 메뉴판 아래쪽에 작은 글씨로 All prices are subject to service charge and GST라고 표시하기도 한다. 따라서 추가 팁 문화는 없다.

+   세금 9% 부과
++   서비스 요금 10%, 세금 9% 부과
Nett   메뉴판 가격

❌ 싱가포르 다이닝 문화

1. 줄 서서 기다려주세요.
싱가포르는 보통 음식점 앞에 기다려달라는 문구가 보인다. 대기 줄이라는 뜻의 queue를 써서 표현하며 입구에서 잠시만 기다리면 직원이 와서 자리를 안내해준다.

2. 치워드릴까요?
음식이 조금 남았거나 거의 다 먹었을 때 직원이 와서 "치워드릴까요?"라고 묻는다. '나가라는 건가?'라고 생각할 수 있지만 깨끗하게 치워주는 게 종업원의 할 일이라고 생각해서이니 부담 갖지 말고 의사를 표현한 후 편하게 식사하면 된다.

3. 물은 무료인가요?
물을 기본으로 제공하는 음식점도 있지만 유료인 곳이 훨씬 많다. 식사 시 음료나 물을 주문하고, 물티슈와 땅콩 등이 테이블에 올려져 있는 경우 유료인 경우가 많으니 확인하고, 원하지 않으면 직원에게 의사를 표현하면 된다. 나올 때는 계산서를 한 번 더 확인하자.

SINGAPORE DINING

싱가포르 맛의 첫 여정,
칠리 크랩
Chili Crab

싱가포르 대표 음식 중 하나로 토마토와 칠리소스로 맛을 내고 달걀을 더해 걸쭉하고 진한 소스와 함께 볶아낸 게 요리다. 크랩도 훌륭하지만 달콤 짭짤하면서도 매콤한 소스가 명품이다. 미니 번이나 볶음밥을 시켜 소스와 함께 먹으면 별미다.

• 칠리 크랩과 함께 주문하면 좋은 짝꿍 음식은? •

- 바삭바삭 고소함의 절정! 시리얼을 묻힌 새우튀김은 칠리 크랩과 환상의 조화를 이룬다.
- 볶기만 했을 뿐인데 이렇게 맛있다니! 칠리 크랩의 영혼의 단짝 볶음밥! 무조건 칠리 크랩 소스에 비벼 먹자.
- 기름에 튀겨 나오는 만토우 미니 번. 바삭바삭 겉바속촉 만토우를 칠리 크랩 소스에 콕 찍어 먹으면 또 다른 풍미가 느껴진다.

• 한눈에 보는 게 종류 •

킹 크랩	**스노 크랩**	**던지니스 크랩**	**머드 크랩**
알래스카 크랩 중 가장 크고 달며 풍부한 맛과 부드러운 식감이 특징이다.	살이 하얗고 부드러우며 담백하고 깔끔하다.	알래스카 크랩 중 가장 작고 살이 탱글탱글하고 달콤하며 특히 집게발 살이 맛있다.	소프트 크랩으로 살이 탱글탱글하고 달콤해 태국 요리에 많이 쓰인다.

• **주문 순서** •

❶ **게 종류 선택** 가성비는 머드 크랩이나 던지니스 크랩이 좋다.
❷ **무게 선택** 메뉴판은 보통 100g당 가격이니 주문 시 확인하자. 2인 기준 1kg이 적당하다.
❸ **소스 선택** 칠리(매콤 달콤), 블랙 페퍼(크랩 본연의 맛에 매콤함을 더한 맛), 크림소스(고소하고 부드러움) 중 선택하면 된다. 처음이라면 칠리소스, 두 번째라면 블랙 페퍼를 추천한다.

블랙 페퍼 크랩

칠리 크랩

점보 시푸드
JUMBO Seafood

한국에도 지점이 있어 더 친숙한 점보 시푸드의 시그니처 메뉴는 칠리 크랩과 블랙 페퍼 크랩이다. 둘이서 크랩 1kg이 적당하다. 주문하면 종업원이 직접 게를 들고 나와 보여주고 정확한 무게와 금액을 알려준다. 바삭하고 달콤한 맛의 시리얼 새우와 볶음밥을 시켜 소스와 곁들여 먹으며 클락 키의 야경을 감상할 수 있다. 클락 키 더 리버 워크, 아이온 오차드, 이스트 코스트 센터, 뎀시 힐, 리버 사이드 포인트, 창이 공항까지 6개 지점이 있으며 홈페이지에서 사전 예약을 추천한다.

- 📍 **MRT** Clarke Quay역 B 출구에서 도보 4분, Merchant Rd에서 Read Cresent Park 방면
- 🧭 20 Upper Circular Rd, #B1-48 The Riverwalk, Singapore 058416
- 🕐 매일 11:30-14:30, 17:30-23:00 (지점별 다름)
- 💲 머드 크랩 $10.8 (100g 기준), 시리얼 새우(S) $26, 시푸드 라이스(S) $22
- ▸ www.jumboseafood.com.sg

SINGAPORE DINING

심플 이즈 더 베스트, 치킨라이스
Chicken Rice

싱가포르의 국민 음식 중 하나인 치킨라이스. 닭 국물로 밥을 짓고 그 위에 굽거나 삶은 닭고기를 올린 음식이다. 매콤한 칠리소스, 생강 페이스트, 진한 간장 소스와 함께 제공하며 닭고기를 소스에 찍어 밥과 함께 먹으면 된다.

분통키
Boon Tong Kee@River Valley

싱가포르의 현지 맛집으로 쌀의 풍미가 좋아 간장과 고추만 넣어 먹어도 한 그릇 뚝딱이다. 피크 시간에는 오래 기다려야 하니 서두르는 게 좋다. 땅콩과 물티슈는 유료다.

- 📍 MRT Great World역 4번 출구에서 도보 10분
- 425 River Valley Rd, Singapore 248324
- 11:30-15:00, 16:30-21:45
- $ 치킨 1인 $7, 2인 $14, 반 마리 $19

싱가포르 소스 이야기

다민족 다문화 국가로 음식 문화가 발달한 싱가포르는 소스도 다양하다. 비슷하게 생긴 소스이지만 나름의 개성이 강해 여행 후 선물용으로 소스를 사는 사람도 많다. 평범한 음식도 새로운 맛으로 업그레이드되는 신비한 소스의 세계를 소개한다.

삼발 소스

인도네시아, 말레이시아, 싱가포르 등 동남아시아에서 많이 사용한다. 고추, 새우젓, 대파, 마늘 등이 들어가 매운맛과 짭짤한 맛이 특징이며 고추장처럼 밥에 비벼 먹어도 맛있다.

칠리 파디 소스

호커 센터에 가면 무조건 볼 수 있는 소스로 음식의 매콤한 맛과 감칠맛을 업그레이드해준다. 연한 간장에 '새눈고추'라는 홍고추를 잘게 썰어 만드는데, 피시볼이나 생선, 고기 등을 찍어 먹거나 탕에 넣어 먹는 방식이다.

블랙 식초

싱가포르 블랙 식초는 허브와 함께 양조돼 감칠맛을 살려주고 보통 중국 요리에서 많이 사용한다. 국물 요리에 넣어 먹거나 피시볼, 튀김 등을 찍어 먹어도 맛있다.

매콤 칠리소스

고추를 갈아 넣은 붉은색 소스로 치킨 라이스를 시키면 함께 나온다.

진한 간장 소스

점성이 있는 진한 색의 간장으로 짜지 않고 달콤하며 독특한 맛을 낸다. 치킨이나 오리 요리에 곁들인다.

생강 페이스트

생강을 갈아서 만든 소스로 향긋하고 깔끔하다. 매콤 칠리소스와 함께 치킨을 찍어 먹는다.

달콤 칠리소스

태국 요리에 나오는 칠리소스로 매운맛보다는 달콤한 맛이 특징이다. 패스트푸드점에서 케첩과 함께 제공한다.

SINGAPORE DINING

아침을 깨우는 달콤한 속삭임, 카야 토스트
Kaya Toast

갓 구워낸 바삭한 식빵에 차가운 버터 조각과 달콤한 카야 잼을 바른 토스트다. 카야 잼은 코코넛 밀크, 우유, 달걀을 섞어 만든 전통 잼이다. 현지 커피 Kopi나 차 Teh와 잘 어울리며 함께 먹는 수란이 별미다. 아침 식사나 간식으로 먹기 좋으며 수란 2개, 카야 토스트, 음료가 함께 나오는 세트 메뉴를 주문하자.

야쿤 카야 토스트
Ya Kun Kaya Toast

1940년대 소박한 커피 노점으로 시작한 야쿤 카야 토스트는 얇고 바삭한 빵이 특징이며 차이나 스트리트에 본점이 있다. 한입 베어 물면 바삭 소리가 나고, 두툼한 버터와 달콤한 카야 잼의 조합이 최고다. 세트로 시킨 수란에 토스트를 찍어 먹으면 부드러운 식감과 맛을 느낄 수 있다. 어느 쇼핑몰에서나 흔히 만날 수 있으며 작은 크기의 야쿤 카야 잼도 살 수 있다.

- 📍 MRT Telok Ayer역 B 출구에서 도보 3분
- 🏠 18 China St, #01-01, Singapore 049560
- 🕐 매일 07:30-15:30 (지점별 다름)
- 💲 버터 카야 토스트 세트 $6.3

TIP
1. 수란은 기본 2개가 나오니 섣부른 추가 주문은 배부름 주의!
2. 달콤 간장 소스와 후추를 수란에 뿌려 먹으면 감칠맛이 두 배.
3. 바삭한 토스트를 부드러운 수란에 찍어 먹으면 색다른 맛을 느낄 수 있다.

SINGAPORE DINING

영혼까지 뜨끈해지는 진한 맛, 바쿠테 Bak Kut Teh

싱가포르 하면 떠오르는 대표 음식 중 하나로 돼지 등갈비를 마늘과 함께 오랜 시간 끓여서 만든 일종의 돼지 갈비탕이다. 한국 사람에게는 삼계탕을 연상케 하는 보양식으로 더위에 지칠 때 뜨거운 바쿠테 국물과 부드러운 등갈비를 먹으면 힘이 난다.

송파 바쿠테
Song Fa Bak Kut Teh

미슐랭 가이드 빕 구르망에 7년 연속 선정된 말이 필요 없는 곳으로 현지인도, 여행객도 인정하는 맛집이다. 부들부들한 등갈비 살은 진한 간장에 찍어 먹고, 육수에 칼칼한 홍고추를 넣으면 감칠맛이 배가 된다. 기본 폭립탕은 작은 갈빗대가 3대, 프라임은 큰 갈빗대가 2대 나온다. 육수는 리필할 수 있고 물티슈는 유료다. 클락 키에 위치한 본점은 문을 열기 전부터 사람들이 줄을 서기 때문에 대기 시간은 각오하고 가야 한다. 선텍 시티 지점, 센토사 가는 길에 하버프론트 센터 지점, 주얼 창이 공항점 등이 있어 여행 중 쉽게 만날 수 있다.

- 📍 **MRT** Clarke Quay역 E 출구에서 도보 4분
- 🏠 11 New Bridge Rd, #01-01, Singapore 059383
- 🕐 매일 10:00-21:00
- 💲 프라임 립 $13.8, 족발 $7.6

SINGAPORE DINING

맥주는 거들 뿐! 숯불 향 가득한
사테 Satay

싱가포르의 대표적인 길거리 음식 중 하나인 사테는 고기 꼬치구이다. 대부분 닭고기, 소고기, 양고기를 대나무 꼬치에 꽂아 그릴에 구워 나오며 코코넛 밀크로 만든 매콤 달콤한 땅콩 소스를 찍어 먹는다. 정식 사테 메뉴에는 작은 큐브 모양의 하얀 쌀떡, 오이, 양파 슬라이스가 함께 나온다. 식전 요리나 파티 음식으로 먹기도 한다.

라우 파 삿 사테 거리
Satay Street@Lau Pa Sat

빌딩 숲속에서 사테를 즐길 수 있는 특별한 곳이다. 싱가포르에서 가장 큰 야외 사테 스트리트Satay Street라는 명성에 걸맞게 오후 7시가 되면 차도를 막고 사테 집이 길게 늘어선다. 한국 사람에게는 7번, 8번 사테 집이 유명하다. 빈자리를 찾아 자리를 잡고 사테를 주문하고 음료나 맥주를 파는 가게에서 생맥주와 음료를 따로 주문하면 된다. 사테 세트 메뉴 중에서도 원하는 고기와 새우의 개수를 선택할 수 있으니 주문 시 미리 요청하자. 카드 결제도 가능하며 물티슈를 미리 준비해 가자.

- MRT Telok Ayer역 A 출구에서 도보 5분
- 18 Raffles Quay, Singapore 048582
- 월~금요일 19:00-01:00, 토~일요일 17:30-01:30
- 사테 A 세트(26pcs) $26, 사테 B 세트(40pcs) $41

> **TIP**

❶ 세트 메뉴?

단품으로 주문할 수도 있고 새우, 닭고기, 소고기, 양고기가 들어간 다양한 세트 메뉴도 있다. 세트 메뉴 중에서도 원하는 고기를 선택하거나 개수를 조절할 수 있다. 새우 꼬치는 적극 추천한다.

❷ 1차? 2차?

1차로 방문했다면 라우 파삿 호커 센터 안에서 함께 먹을 음식을 주문해서 먹으면 좋다. 호키엔 미나 치킨라이스를 주문해서 단짠단짠 사테와 먹으면 최고의 조합이다.

❸ 소맥이 생각난다면?

라우 파삿 바로 옆에 세븐일레븐 편의점이 있다. 예전에는 편의점에서 맥주를 사서 마시는 사람이 많았지만 맥주 판매점에서 좋아하지 않아 요즘은 보기 드물다. 다만 맥주를 시키고 편의점에서 소주 한 병 정도 사서 함께 먹는 건 괜찮다.

SINGAPORE DINING

코코넛 밀크 속 다채로운 맛의 향연, 락사 Laksa

싱가포르 소울 푸드 락사는 페라나칸 문화의 대표 음식으로 코코넛 밀크로 만든 국물에 쌀국수와 해산물, 달걀, 어묵, 숙주를 넣어 만든 국수 요리다. 짤막한 조각의 국수를 숟가락으로 떠서 먹는 게 특징이며 매콤, 달콤, 고소한 맛이 어우러져 독특한 맛을 낸다. 생소한 비주얼과 맛 때문에 호불호가 갈리지만 이 묘한 맛에 빠지면 계속 생각나는 중독성 강한 음식이다.

숭게이 로드 락사
Sungei Road Laksa

하루 종일 숯 화로에 락사 소스를 끓여내는 곳으로 면을 토렴한 후 가위로 잘라서 서빙하기 때문에 옛 방식처럼 숟가락으로 떠먹으면 된다. 숯불 향이 배어든 크리미한 국물이 일품이며 살짝 익힌 조개와 어묵, 고수를 올려주어 국물 한 방울까지 남기고 싶지 않은 정성이 가득한 맛이다. 고수를 싫어하면 미리 빼달라고 얘기하자. 현금 및 페이나우 결제만 가능하다.

- 📍 MRT Jalan Besar역 B 출구에서 도보 6분
- 🕐 27 Jln Berseh, #01-100, Singapore 200027
- 🕒 목~화요일 09:30-16:00, 수요일 휴무
- $ 락사(국수, 조개, 어묵 등 추가 가능) $4

SINGAPORE DINING

**비주얼을 넘어선 맛!
탱글탱글 새우가 살아 있는
프라운 미** Prawn Mee

싱가포르 사람들에게 사랑받는 음식 중 하나인 프라운 미는 새우와 돼지 등갈비 국물에 면, 숙주, 새우, 튀긴 양파를 넣어서 먹는 새우 국수다.

다시지아 빅 프라운 미
Da Shi Jia Big Prawn Mee

3년 연속 미슐랭 가이드 빕 구르망을 받은 이곳은 아버지와 아들이 함께 운영하는, 현지인이 좋아하는 프라운 미 맛집이다. 간판에 큰 대(大) 자 3개가 쓰여 있는데 새우 크기를 작은 사이즈, 중간 사이즈, 큰 사이즈까지 선택할 수 있다는 뜻이다. 진한 국물이 매력적인 프라운 미도 인기가 좋지만 웍-프라이드 빅 프라운 화이트 비훈 Wok-Fried Big Prawn White Bee Hoon은 이 집만의 시그니처 메뉴로 꼭 맛봐야 한다. 얇은 비훈면에 새우의 향긋한 소스가 잘 배어 있어 감칠맛이 두 배다.

- 📍 MRT Somerset역 D 출구에서 도보 4분
- 🧭 89 Killiney Rd, Singapore 239534
- 🕐 매일 12:00-21:30
- 💲 프라운 누들 $7.5~, 웍-프라이드 빅 프라운 비훈 $19.6~

SINGAPORE DINING

**육즙 가득 새우와
통통한 면의 만남!**

호키엔 미 Hokkien Mee

말레이시아와 싱가포르의 국수 요리 중 하나로 탱글탱글한 노란색 국수를 새우, 돼지고기, 오징어 등과 함께 볶아낸 볶음면이다. 매콤한 삼발 칠리소스와 라임이 함께 나오며 면과 곁들이면 맛과 향이 풍부해진다. 특별히 맛집을 찾아가지 않아도 싱가포르 어느 호커 센터를 가든 만날 수 있는 로컬 국민 요리다.

홍 헝 프라이드 소통 프라운 미
Hong Heng Fried Sotong Prawn Mee

티옹 바루 마켓 2층으로 올라가면 빽빽하게 들어선 식당 가운데 유독 줄이 긴 가게가 있다. 바로 호키엔 미 단일 메뉴만 파는 식당으로 미슐랭 빕 구르망에 몇 차례 선정된 곳이기도 하다. 주문할 때 사이즈나 가격을 말하면 바로 만들어주는데, 담백하면서도 묘한 중독성이 있는 맛이다. 에어컨이 없으니 너무 무더운 시간에는 피해서 방문하는 것을 추천한다.

- **MRT** Havelock역 1번 출구에서 도보 8분, 티옹 바루 마켓 2층에 위치
- 30 Seng Poh Rd, #02-01, Singapore 168898
- 화~수, 금~토요일 10:30-14:30, 16:30-18:00, 목요일 10:30-14:30, 일~월요일 휴무
- $ 호키엔 미 $4~6

Hokkien Mee

SINGAPORE DINING

진정한 어두일미! 멈출 수 없는 감칠맛!
피시 헤드 커리
Fish Head Curry

음식 이름을 듣자마자 주춤하게 되는 요리. 큰 생선 머리를 넣기 때문에 먹기 전에 무조건 생선 눈을 마주칠 수밖에 없는 독특한 음식이다. 1940년대 작은 인도 식당의 주인이 중국인 고객의 입맛을 사로잡기 위해 인도 커리에 중국인이 좋아하는 생선 머리를 넣어 요리하면서 탄생했다. 한번 맛보면 주기적으로 생각나는 중독성 강한 요리 중 하나다.

위춘 커리 피시 헤드
Yu Cun Curry Fish Head

늦은 시간까지 영업하며 큰 점토 냄비에 보글보글 끓는 채로 서빙하는 커리 피시 헤드가 유명하다. '머리에 이렇게 살이 많나?' 할 정도로 아가미 살이 많고 부드럽다. 밥과 함께 먹어도 맛있지만 프라이드 번을 시켜 커리에 찍어 먹으면 더 맛있다. 바삭하고 향긋한 슈림프 페이스트 치킨 윙도 인기 메뉴다.

- MRT Tai Seng역 A 출구에서 도보 9분
- 147 Upper Paya Lebar Rd, Singapore 534849
- 매일 11:30-22:00
- 클레이팟 커리 피시 헤드 $36, 슈림프 페이스트 치킨 윙(6pcs) $10.2, 프라이드 번 $6

SINGAPORE DINING

탱탱한 피시볼과 칠리소스로 버무린 비빔면의 환상 조합,
피시볼 누들
Fishball Noodle

의외로 관광객에게 잘 알려지지 않은 피시볼 누들은 사실 싱가포르 대표 로컬 음식 중 하나다. 탁구공 모양의 하얀 피시볼을 한입 베어 물면 쫄깃쫄깃하고 탱글탱글한 식감에 놀란다. 비빔면과 탕면 중 선택할 수 있으며 비빔면을 시키면 피시볼 탕이 함께 나온다. 면 종류도 선택 가능하다.

리신 차오저우 피시볼 누들
LiXin Teochew Fishball Noodles

1968년 손수레 노포에서 시작해 지금까지 사랑받으며 브랜드로 자리 잡은 곳이다. 미슐랭 빕 구르망에까지 소개된 피시볼 누들 전문점으로 요일, 시간에 상관없이 항상 길게 늘어선 대기 줄이 맛집임을 증명한다. 미폭Mee Pok면을 매콤한 칠리소스와 함께 비빈 비빔면이 제일 인기다. 칼칼한 맛을 좋아한다면 맑은 국물에 고추 간장 소스를 살짝 넣어 감칠맛을 더해보자. 식초와 고추 간장 소스를 챙겨서 번갈아가며 피시볼을 찍어 먹으면 더욱 맛있다. 오차드 아이온 몰 지하 4층 푸드 오페라 안에 있다.

- 📍 MRT Orchard역 5번 출구에서 도보 2분
- 2 Orchard Turn, B4-03/04 ION Orchard, Singapore 238801
- 🕐 매일 09:00-21:00
- $ 피시볼 누들 $6.5

✦ 싱가포르의 다양한 면

싱가포르에서는 면 요리 주문 시 대부분 면 종류를 선택할 수 있다. 미리 알고 가서 내가 좋아하는 면으로 선택하자.

미폭
Mee Pok

납작하고 얇은 노란색 국수로 비빔면과 잘 어울린다.

미키아
Mee Kia

얇고 동그란 면으로 비빔면과 탕면 모두 잘 맞는다.

퀘티아우
Kway Teow

납작하고 넓은 쌀국수로 각종 해산물과 함께 웍에 볶는 차 퀘티아우 Char Kway Teow에 주로 사용된다.

옐로 누들
Yellow Noodle

동남아시아에서 인기 있는 국수로 탄력 있고 다소 두툼한 면이다. 프라운 미로 많이 먹는다.

비훈
Bee Hoon

버미셀리 쌀국수로 중국 남부, 대만, 일본, 동남아시아 요리에 쓰이며 아주 얇은 면과 더 두꺼운 면이 있다.

미타이박
Mee Tai Bak

올챙이처럼 오동통하고 짧은 쌀국수면이다. 락사로 많이 먹는다.

SINGAPORE DINING

코코넛 향에 크리미함이 더해져 고소함 폭탄!

커리 미
Curry Mee

싱가포르의 국수 중 하나로 우리나라 커리보다 국물이 많고 코코넛 밀크가 들어가 고소하며 부드러운 국물에 면과 어묵, 숙주나물, 부드러운 닭고기를 넣은 요리다. 코코넛 커리나 락사를 좋아하는 사람이라면 무조건 반할 맛이다.

아 헹 키 커리 치킨 비훈 미
Ah Heng Kee Curry Chicken Bee Hoon Mee

미슐랭 가이드에 소개된 호커 센터 커리 치킨 누들 맛집으로 현지인에게 많은 사랑과 찬사를 받는 곳이다. 오랜 시간 끓인 커리에 삶은 닭고기를 썰어서 올려준다. 매콤함과 농밀함이 적절하게 균형을 맞춰 풍부한 맛이 일품이며, 매콤함을 원한다면 칠리 삼발 소스를 추가로 넣으면 훨씬 맛있다. 면을 선택할 수 있고 얇은 쌀국수인 비훈으로 먹으면 더욱 진한 맛을 느낄 수 있다. 2층에 같은 가게가 2개 있어 어디를 가도 상관없다.

- 📍 MRT Chinatown역 E 출구 방면으로 올라와 G 출구 차이나타운 포인트 쇼핑몰 지하로 연결, 1층 KFC 옆문으로 나가서 직진하면 왼쪽 홍림 호커 센터
- 🕒 531A Upper Cross St, Singapore 051531, Floor 1, Hong Lim Complex
- 🕐 월~토요일 10:30-15:30, 일요일 휴무
- $ 커리 미(사이즈에 따라 다름) $6, $9

SINGAPORE DINING

간식으로 최고!
안주로도 완벽!
달달 매콤 육포의 변신,
박과 Bak Kwa

설탕과 향신료로 만든 양념에 재운 뒤 숯불에 구워 만드는 박과는 '말린 고기'를 뜻한다. 싱가포르에서 음력 설날 꼭 먹는 음식 중 하나이며 붉은빛은 중국 문화권에서 행운과 부를 상징하기 때문에 명절 선물로도 인기다. 싱가포르 여행 중 꼭 맛봐야 하는 간식 중 하나로 배고플 때 하나씩 먹으면 없던 힘도 절로 난다. 국내 반입이 불가하며 슬라이스 한 장씩도 구매 가능하니 소량으로 사서 바로 먹는 걸 추천한다.

비첸향
Bee Cheng Hiang

한국에서도 인기 있는 비첸향의 고향이 바로 싱가포르다. 관광객에게 특히 인기가 많으며 숯불 향이 나는 단짠단짠의 맛이 특징이다. 작게 포장된 육포가 있어 보관하기 편리하지만 국내 반입은 불가하다. 매장에서 소량 구매해 간식으로 먹길 추천하며 특히 동전 모양의 코인 포크 육포는 들고 다니면서 먹기 편하고 사각 육포보다 숯불 향도 강하다.

- 📍 MRT Chinatown역 A 출구에서 도보 3분
- 📍 189 New Bridge Rd, Singapore 059422
- 🕐 매일 09:00-22:00
- 💲 클래식 슬라이드 포크 300g $19.2

SINGAPORE DINING

**한입의 행복!
마음까지 즐거워지는 맛**

딤섬 Dim Sum

중국, 홍콩, 마카오, 대만 등 아시아 전 지역에서 즐겨 먹는 만두 및 과자류로 인구의 70% 이상이 중국계인 만큼 딤섬은 싱가포르에서는 빼놓을 수 없는 음식이다. 딤섬과 함께 차를 마시는 것을 '얌차'라 하며 싱가포르에서도 일상적인 문화 중 하나다.

• 딤섬 종류 •

샤오마이
Steamed Pork Dumpling

노란색 달걀 반죽에 다진 돼지고기, 새우 등을 넣어 꽃 모양으로 빚어 만든 만두다.

샤오롱바오
Shanghai Dumpling

얇은 만두피 속에 돼지고기와 육즙이 그대로 들어 있는 상하이식 딤섬으로 젓가락으로 살짝 구멍을 내 뜨거운 육즙을 먼저 먹는다.

차슈바오
Steamed Barbecued Pork Bun

폭신한 찐빵 속에 양념한 돼지고기를 넣은 것으로 우리나라의 찐빵과 비슷하다.

하가우
Steamed Shrimp Dumpling

투명하고 쫄깃한 찹쌀 피에 새우 속살을 가득 넣은 딤섬으로 한국 사람에게 가장 인기가 좋다.

함소이꼭
Stuffed Dumpling

찹쌀 도넛과 비슷한 모양으로 겉은 바삭바삭 쫄깃하고 안에는 다진 고기와 채소가 들어 있다.

청편
Rice Noodle Roll

쌀로 만든 얇은 피에 간장 소스를 뿌린 것으로 안에 들어간 재료에 따라 새우 청편, 소고기 청편이 된다.

노마이가이
Glutinous Rice in Lotus Leaf Wrap

닭고기, 버섯, 찹쌀을 연잎으로 싸서 쪄낸 연잎밥이다.

춘권
Fried Spring Roll

한국 사람에게 친숙한 얇은 밀가루 피에 당면과 게살, 새우, 당근, 파, 부추로 속을 채워 바삭하게 튀긴 롤이다.

구운 차슈바오
Baked BBQ Pork Bun

바삭한 파이 느낌의 피 속에 감칠맛 나는 볶은 돼지고기가 들어 있다.

펑자우
Chicken Feet

살이 통통한 닭발을 달콤한 양념 소스에 졸인 것으로 매운 닭발을 좋아하는 한국 사람에게는 선호도가 낮은 편이다.

딘타이펑
Din Tai Feng

전 세계 13개국에 161개 매장을 가진 가장 유명한 딤섬 레스토랑 딘타이펑. 한국에도 지점이 많아 사실상 설명이 필요 없는 곳이다. 항상 대기 시간이 길어서 먼저 번호표를 뽑고 마리나 베이 샌즈 몰을 구경하는 것도 방법이다. 밖에서 만두 만드는 모습을 지켜보는 것도 재미있다. 매콤한 탄탄면과 샤오롱바오, 새우 달걀 볶음밥이 인기다.

- **MRT** Bayfront역 D 출구에서 도보 4분, MBS 몰 지하 1층
- 2 Bayfront Avenue B1, #01, Singapore 018972
- 매일 11:00-21:00
- $ 샤오롱바오(10pcs) $12.8

파라다이스 다이너스티
Paradise Dynasty

만두피에 치즈, 트러플, 김치 등 다양한 재료를 섞어서 예쁜 색을 입힌 스페셜 다이너스티 샤오롱바오가 시그니처 메뉴다. 만둣국과 베지터블 앤드 포크 수프 Vegetable and Pork Soup도 인기가 높다. 크리스피 스위트 앤드 사워 포크 Crispy Sweet and Sour Pork는 탕수육과 비슷하지만 파인애플과 함께 새콤달콤한 맛이 더해져 새로운 맛이다. 그림 메뉴판이 있어 편하게 주문할 수 있다.

- **MRT** Orchard역 2번 출구에서 도보 3분
- 435 Orchard Rd, #01-18 Wisma Atria, Singapore 238877
- 월~금요일 11:00-22:00, 토~일요일 10:30-22:00
- $ 스페셜 샤오롱바오(8pcs) $16.8, 크리스피 스위트 앤드 사워 포크 $15.3, 베지터블 앤드 포크 수프 $10.8

SINGAPORE DINING

두툼한 생선 살에 뽀얀 생선 수프가 매력 만점인

피시 수프 Fish Soup

싱가포르 현지인이 비 오는 날, 술 먹은 다음 날 찾는 음식이 뭘까? 바로 피시 수프다. 맑은 생선 국물에 토마토, 양배추, 생선 조각 등을 넣어 만들며 면이나 밥 중 선택해서 주문할 수 있다. 같이 나오는 소스에 생선을 찍어 먹으면 감칠맛 폭발이다. 이 간단한 생선 국물의 매력에 한번 빠지면 매일 긴 줄에도 기다려서 먹으려는 사람이 많으며, 호커 센터나 푸드 코트에서 쉽게 찾아볼 수 있다.

한키 피시 수프
Han Kee Fish Soup

매일 구불구불 늘어선 줄이 맛집임을 증명하는 곳이다. 듬뿍 담긴 생선 살의 부드러움과 맑은 탕의 깊은 맛이 특징. 길게 늘어선 줄을 따라 아주머니 한 분이 주문을 받으며 계산까지 끝내는데 종이에 적지도 않는다. 걱정하지 말자. 내 주문을 누락하는 경우는 거의 없다. 현금 결제만 가능하며 피시 슬라이스 수프 누들을 추천한다.

- **MRT** Tanjong Pagar역 B 출구에서 도보 5분
- 7 Maxwell Rd, #02-129, Singapore 069111
- 월~금요일 11:00-15:00, 토~일요일 휴무
- $ 피시 수프 누들 $5~

다민족의 역사가 담긴
페라나칸 음식

싱가포르 전통 음식 중 하나로 중국, 말레이시아, 인도네시아, 유럽 등 여러 나라의 맛이 혼합되어 개성 있고 독특한 요리가 많다. 중국식 재료에 코코넛 밀크, 라임, 바나나 잎, 강황, 향신료 등을 사용해 고소하면서도 매콤 달콤한 맛이 특징이다. 또한 다양한 종류의 조미료와 향신료를 사용해 맛과 향이 풍부하다.

• 페라나칸 대표 음식은? •

락사
Laksa

매콤하면서 고소한 코코넛 밀크 누들 수프.

퐁테
Pongteh

닭고기나 돼지고기에 발효장, 설탕 등 갖은 양념을 넣고 끓여 만든 요리. 닭고기는 Ayam Pongteh, 돼지고기는 Babi Pongteh.

아삼 락사
Asam Laksa

생선 국물에 채소, 생선 살, 타마린드 등을 넣어 만든 새콤하고 매콤한 국수 요리.

바비 아삼
Babi Assam

타마린드 주스로 요리한 돼지고기 스튜.

비프 렌당
Beef Rendang

소고기를 코코넛 밀크, 타마린드 등의 소스에 졸여 만든 요리.

삼발 소통
Sambal Sotong

한국의 오징어 볶음과 비슷한 요리로 오징어를 살짝 튀겨 매콤한 소스에 볶은 요리.

오탁오탁
Otak Otak

생선 살을 다져 고추, 레몬그라스, 샬롯 등으로 양념하고 바나나 잎에 싸서 구운 어묵 요리.

첸돌
Chendol

코코넛 밀크, 쌀가루로 만든 젤리, 얼음, 팥 등을 넣어 만든 디저트.

캡차이
Cap Cai(Chap Chye)

배추, 양배추 등 다양한 채소와 말린 새우를 볶은 요리.

카리 카피탄
Kari Kapitan

코코넛 밀크와 라임을 넣어 만든 치킨 카레.

미시암
Mee Siam

그레이비 소스를 곁들여 볶아 새콤달콤한 얇은 쌀국수.

포피아
Popia

얇은 크레이프에 순무 조림, 채소, 으깬 땅콩을 소스와 함께 말아서 만든 부드럽고 담백한 스프링 롤.

파이티
Pie Tee

얇고 바삭한 페이스트리에 새우, 채소 등을 올리고 달콤한 칠리소스를 넣어 만든 애피타이저.

응오 히앙
Ngoh Hiang

두부피로 감싼 오향 돼지고기 롤.

온데온데
Onde Onde

판단 잎을 넣어 초록색을 띠는 찹쌀에 야자 설탕으로 속을 채운 후 잘게 썬 코코넛을 묻혀 만든 달콤한 디저트.

앙쿠쿠에
Ang Ku Kueh

행운과 장수를 의미하는 거북이 모양의 떡으로 고구마나 녹두 소를 넣어 바나나 잎에 쪄서 만든 디저트.

풀룻 인티
Pulut Inti

코코넛 밀크를 넣어 찹쌀밥을 짓고 그 위에 달콤한 코코넛 토핑을 얹어 쪄낸, 고소함과 달콤함이 가득한 디저트.

퀘 라피스
Kueh Lapis(Sagu)

코코넛 밀크와 판단 잎, 밀가루로 만들어 쫄깃한 식감을 자랑하며 색감이 예뻐 먹기 전부터 반하는 디저트.

페라마칸
Restaurant Pera Makan@Owe Road

군더더기 없이 맛있는 전통의 페라나칸 가정식을 맛볼 수 있는 식당이다. 셰프의 목표 또한 진짜 할머니가 해준 가정식을 선보이는 것이라서 모든 음식이 정갈하고 맛있다. 비프 렌당과 매콤한 삼발 소통, 디저트 첸돌이 꾸준한 사랑을 받고 있다.

- MRT Farrer Park역 D 출구에서 도보 4분
- 119 Owen Rd, Singapore 218924
- 매일 11:30-20:30
- 비프 렌당 $16.2, 삼발 소통 $10.2, 첸돌 $3.6, 락사 $9.2

즉석요리의 천국, 호커 센터

물가가 비싸기로 유명한 싱가포르에서 저렴한 가격에 맛있는 음식을 즐길 수 있는 곳이 호커 센터다. '호커'는 다문화 사회 및 도시를 배경으로 탄생한 음식 문화이며 유네스코 무형 문화유산에까지 등재된 싱가포르의 소중한 유산이다. 또한 다양한 배경을 지닌 사람들이 모여 아침, 점심, 저녁을 먹으며 식사 경험을 공유하는 '공동체 식당'이라고도 볼 수 있다. 여러 문화가 어우러진 다문화 도시국가인 싱가포르를 상징하는 대표적인 곳인 호커는 이런 의미에서 단순 푸드 코트, 맛집이 아닌 싱가포르 여행에서 놓치지 말아야 할 경험과 즐거움이다.

• 주문 방법 •

❶ 물티슈나 물병 등 간단한 물건을 올려놓아 자리 먼저 확보하자.
❷ 원하는 음식점에서 주문한 후 음식을 픽업하면 된다.
❸ 음료 전문점에서 음료를 주문하자.
❹ 식사를 마친 후 식기 반납구에 음식 트레이를 갖다 놓으면 되고, 미반납 시 벌금이 부과된다.
❺ 포장(take away)도 가능하며 $1 이하의 포장비가 추가된다.

> **촙Chope이란?**
> 호커 센터나 푸드 코트에 가면 빈 테이블에 미니 휴지가 올려져 있는 모습을 쉽게 볼 수 있다. '싱글리시 촙'이라고 불리는 문화로 테이블 자리를 맡아놓는 방법이다.

> **TIP** 호커 센터 이용 방법
>
> ❶ 물티슈와 티슈를 미리 챙겨 가자.
> ❷ 메뉴를 고르기 어렵다면 한 바퀴 돌아보고 줄이 가장 긴 가게를 선택하는 것도 방법이다.
> ❸ 카드 결제가 가능한 곳도 있지만 현금만 받는 가게도 있으니 현금을 미리 준비하자.
> ❹ 호커 센터별로 영업시간이 다르니 참고하자. 직장인이 많이 찾는 아모이 스트리트 호커 센터는 주말에 문을 닫고 이스트 코스트 라군 빌리지는 평일에는 오후 늦게 문을 연다.

티옹 바루 마켓
Tiong Bahru Market

티옹 바루에 위치한 호커 센터로 1층에는 재래시장이, 2층에는 호커 센터가 자리하고 있으며 역사 깊은 맛집, 미슐랭 빕 구르망 Bib Gourmand 수상 가게들이 있다. 다른 호커 센터보다 비교적 넓고 깨끗한 편이며 주말에는 많이 붐빈다. 자세한 내용은 203P.

📍 MRT Havelok역 1번 출구에서 도보 7분
🕒 52 Tiong Bahru Road, Singapore 168716

라우 파 삿
Lau Pa Sat

사테 스트리트로 유명한 라우 파 삿 호커 센터는 빅토리아 양식의 기둥과 우아한 시계탑 등 옛 모습을 그대로 간직하고 있어 1973년 싱가포르의 국가 기념물로 지정된 곳이다. 나시 르막, 치킨라이스 등 모든 음식이 평타 이상이다. 점심에는 직장인들로 늘 붐비니 저녁에 사테를 먹으며 라이스나 누들을 곁들이면 좋다.

📍 MRT Telok Ayer역 C 출구에서 도보 3분
🕒 18 Raffles Quay, Singapore 048582

뉴튼 푸드 센터
Newton Food Centre

한국 관광객에게 가성비 칠리 크랩 맛집으로 유명한 곳으로 다양한 싱가포르 로컬 음식을 맛볼 수 있으며 특히 한국어 안내가 되어 있는 27번 가게가 유명하다. 육즙 풍부한 굴 오믈렛 Hup Kee Fried Oyster Omelette을 많이 먹는다.

- **MRT** Newton역 B 출구에서 도보 5분
- 500 Clemenceau Ave Newton Food Centre, Singapore 229495

이스트 코스트 라군 푸드 빌리지
East Coast Lagoon Food Village

이스트 코스트 파크에 자리 잡은 곳으로 해변에서 식사를 할 수 있어 더 기분 좋은 곳이다. 해산물 바비큐와 칠리 크랩을 비롯한 다양한 요리를 즐길 수 있으며 특히 사테, 캐럿 케이크, 삼발 가오리 등이 유명하다. 자세한 내용은 217P.

- **BUS** 36, 401번 Seaside Residence 하차 후 도보 12분, 택시 탑승 추천
- 1220 ECP, East Coast Lagoon Food Village, Singapore 468960

아모이 스트리트 푸드 센터
Amoy Street Food Centre

역사 깊은 전통적인 가게들과 현대식 퓨전 요리까지 부담 없는 가격에 맛볼 수 있다. 한키 피시 수프 Han Kee Fish Soup(#02-129)의 생선 수프, J2 페이머스 크리스피 커리 퍼프 J2 Famous Crispy Curry Puff(#01-21)의 커리 퍼프가 유명하다. 커리 치킨도 맛있지만 사르딘(정어리) 퍼프가 별미다. 겹겹이 쌓인 파이 안에 매콤시큼한 소가 느끼함을 확 잡아준다. 한키 피시 수프의 줄이 너무 길다면 숨은 맛집 미스터 바탕 피시 Mr Batang Fish(#02-96)로 가서 피시 슬라이스 누들을 먹어 보자. 직장인이 많으니 점심시간을 피해서 방문하고 주말은 대부분의 가게가 영업하지 않는다.

- **MRT** Tanjong Pagar역 G 출구에서 도보 5분
- 7 Maxwell Rd, Singapore 069111

맥스웰 푸드 센터
Maxwell Food Centre

원래 차이나 스퀘어 주변 지역에 있던 아주 오래된 노점들이 옮겨온 곳으로 현지인이나 관광객 모두에게 사랑받는 호커. 대부분이 80년 이상 운영한 전통이 있고 2대, 3대가 운영하는 곳도 있다. 설명이 필요 없는 티엔 티엔 하이난 치킨라이스Tian Tian Hainanese Chicken Rice(#01-10/11)의 치킨라이스와 맥스웰 푸조우 오이스터 케이크Maxwell Fuzhou Oyster Cake(#01-06)의 굴튀김, 아공 민스드 포크 누들Ah Gong Minced Pork Noodle(#01-02)의 클레이팟 박초미Claypot Bak Chor Mee 누들이 유명하다. 단, 일요일에 문을 열지 않는 가게도 꽤 있는 편이다.

- **MRT** Maxwell역 2번 출구에서 도보 1분
- 1 Kadayanallur St, Singapore 069184

홍림 푸드 센터
Hong Lim Food Centre

1978년에 지어진 후 2009년과 2018년에 레노베이션된 이곳은 차이나타운 최초의 호커 센터다. 관광객은 거의 없지만 늘 현지인들로 붐비는 곳이다. 커리 미의 또 다른 맛집 헹키 커리 치킨 비훈미Heng Kee Curry Chicken Bee Hoon Mee(#01-58)와 지지 완탕 누들 스페셜리스트Ji Ji Wanton Noodle Specialist(#02-48/49), 아우트램 파크 프라이드 퀘티아우 미Outram Park Fried Kway Teow Mee(#02-17)는 매일 긴 줄이 늘어서는 로컬 맛집이다. 푸드 센터 1층 옆에는 나양한 과일을 먹기 좋게 잘라 판매하는 큰 과일 가게도 있다.

- **MRT** Chinatown역 E 출구 방면으로 올라와 G 출구 차이나타운 포인트 쇼핑몰 지하로 연결, 1층 KFC 옆문으로 나가서 직진하면 왼쪽 홍림 호커 센터
- 531A Upper Cross St, Singapore 051531
- 매일 09:00~21:00(점포별 다름)
- 커리 미 $6~, 치킨카츠 누들볼 $4.5~

나른한 오후 달콤한 유혹, 애프터눈 티 & 하이 티

애프터눈 티 Afternoon Tea

애프터눈 티는 일반적으로 오후 4~5시에 먹는 가벼운 간식이다. 19세기 당시 영국의 귀족들은 아침을 먹은 뒤 점심을 간단히 먹고 저녁 8시경에 만찬을 먹었다. 오후 4시쯤 배가 고팠던 베드포드 공작부인 안나가 사교 행사에서 차와 함께 핑거 샌드위치, 스콘, 케이크를 즐기면서 애프터눈 티 문화가 영국 전역에 퍼져 나갔다. 이후 영국이 전 세계에 식민지를 건설하면서 캐나다, 호주, 뉴질랜드, 남아프리카 등에 애프터눈 티 문화가 전래되었다. 특히 홍콩, 싱가포르에서는 중화권의 전통 차와 같이 혼합되어 다양하게 발전했다. 애프터눈 티는 보통 삼단 스탠드에 샌드위치, 스콘, 비스킷, 케이크 등이 담겨 나와 차와 곁들여 먹는다. 삼단 스탠드 1층에는 여러 종류의 짭짤한 핑거 푸드와 샌드위치, 2층에는 잼과 크림을 곁들인 스콘, 3층에는 케이크, 비스킷 등의 디저트를 담는다. 1층의 짭짤한 디저트부터 먼저 먹고 그 후 2층, 3층 순서대로 먹으면 된다.

아티스티크@만다린 갤러리
Arteastiq@Mandarin Gallery

오차드 로드 만다린 갤러리 4층에 자리한 아티스티크는 프리미엄 티 하우스이자 레스토랑이다. 이곳의 시그니처 메뉴인 리치 우롱차는 우디한 향과 달콤한 리치의 절묘한 조화로 많은 이들의 사랑을 받고 있다. 2단 트레이에 나오는 기본 애프터눈 티부터 해산물 요리가 포함된 애프터눈 티까지 총 4종류를 제공한다. 짭짤한 세이버리로 입맛을 돋운 후 달콤한 스위츠와 함께 리치 우롱차나 취향에 맞는 차를 곁들여 완벽한 티타임을 즐겨보자. 창이 공항과 플라자 싱가포라에도 지점이 있다.

- MRT Somerset역 B 출구에서 도보 9분
- 333A Orchard Rd, #04-14/15 Mandarin Gallery, Singapore 238897
- 매일 11:00-22:00 / 애프터눈 티 13:00-17:00
- 드림 애프터눈 티 1인 $38, 2인 $68, 파라다이스 애프터눈 티 1인 $59, 2인 $88

TWG 티 앳 아이온 오차드
TWG Tea at ION Orchard

홍차의 가장 큰 매력은 다양성이다. TWG만 해도 800여 종류의 차가 있어 선택하기 어려우니 후보를 고른 후 방문하자. 달콤한 향의 1837 블랙 티는 누구나 거부감 없이 즐길 수 있는 차로 애프터눈 티 세트의 어떤 디저트와도 무난하게 잘 어우러진다. 스콘을 한입 베어 문 후 차를 한 모금 머금어보면 더욱 그 진가를 알 수 있다. 머핀이나 스콘에 차가 포함된 1837 세트부터 간단한 점심으로도 손색없는 풍성한 파리지앵 세트(2인)까지 메뉴도 다양하다. 아이온 오차드, 마리나 베이 샌즈 등 인기 지점은 대기 줄이 있는 편이다.

- MRT Orchard역 4번 출구와 연결된 아이온 오차드 2층에 위치
- 2 Orchard Turn, #02-20/21 ION Orchard, Singapore 238801
- 매일 10:00-21:30 / 티타임 14:00-18:00
- 티타임 세트 1인 $25~60, 파리지앵 세트(2인) $92

더 그랜드 로비
The Grand Lobby

래플스 호텔 1층에 들어서는 순간 우아하고 아름다운 그랜드 로비를 마주하게 된다. 화려한 파티를 연상케 하는 이곳에서 럭셔리한 애프터눈 티를 즐길 수 있다. 핑거 샌드위치, 홈메이드 스콘, 케이크와 함께 엄선된 차와 커피가 준비된다. 티타임이 끝나면 호텔 외부의 조경도 구경하고 아름다운 분수 앞에서 인증 숏도 찍는 걸 잊지 말자. 사전 예약은 필수이며 복장은 시크 캐주얼(슬립온, 슬리퍼 불가)이다.

- 📍 MRT City Hall역 C 출구에서 도보 4분
- ⏱ Grand Lobby, Raffles Singapore 1 Beach Rd, Singapore189673
- 🕐 매일 12:30-17:30
- 💲 애프터눈 티 세트 1인 $98(세금 및 봉사료 별도)

> **TIP** 하이 티High Tea란?
>
> 애프터눈 티가 응접실에서 담소를 나누며 즐기는 로 티Low Tea라면 하이 티Hight Tea는 근로자가 퇴근 후 높은 등받이 테이블 의자에 앉아 즐기는 푸짐한 식사를 의미한다. 19세기 부자들의 전유물이었던 애프터눈 티와는 달리 하이 티는 신흥 산업화된 영국의 노동자들이 하루 종일 고된 노동을 한 후 5~7시에 먹는 저녁 식사로 고기, 감자, 채소와 홍차 등이 주를 이룬다. 하이 티는 보통 데운 요리가 먼저 나오고 케이크, 빵 등이 나중에 나온다.

하루 에너지 충전,
아침 식사 메뉴

외식 문화가 발달한 도시답게 싱가포르에서는 아침 식사도 사 먹는 사람들이 많다. 아침 식사 메뉴는 카야 토스트와 커피가 대표적이며 문화가 다양한 만큼 죽이나 면, 밥 등 여러 요리를 저렴하게 즐길 수 있다. 로컬 분위기를 느끼며 소박하지만 잊을 수 없는 아침 식사를 원한다면 추천한다.

카야 토스트
Kaya Toast

향긋한 코코넛 잼을 바른 바삭바삭한 토스트, 부드러운 수란, 전통 커피나 차로 구성된 카야 토스트 세트 메뉴는 싱가포르 국민 조식이다. 토스트 박스, 야쿤 카야 토스트, 호커 센터 등 이른 아침부터 어디서든 맛볼 수 있다.

나시 르막
Nasi Lemak

점심까지 허기지지 않도록 배를 든든히 채우기 위한 아침 식사로 안성맞춤이다. 향긋한 코코넛 향의 라이스, 튀긴 멸치인 이칸 빌리스Ikan Bilis, 땅콩, 달걀 반쪽, 매콤한 삼발 소스, 치킨이 곁들여 나오는 밥 요리. 호커 센터나 푸드 코트에서 쉽게 찾을 수 있으며 음식점마다 조금씩 메뉴가 다르다.

콘지
Congee

중국이나 홍콩에서 아침 식사로 즐겨 먹는 죽이다. 한국의 죽보다는 좀 더 묽은 수프 느낌으로 후루룩 먹기 좋으며 하루 종일 속을 편안하게 해줘 인기가 좋다. 해산물, 고기, 달걀 등 다양한 재료를 선택할 수 있으며 맛 또한 훌륭하다.

포리지
Porridge

한국에서는 아플 때 먹는 게 죽이지만 싱가포르에서는 1년 내내 즐기는 최애 아침 메뉴다. 그만큼 종류도 다양하며 고명으로 생선, 어묵, 고기, 두부, 채소, 달걀 등 골라 먹는 재미가 있다. 호커 센터에서 쉽게 찾을 수 있다.

로티 프라타
Roti Prata

동남아시아 인기 아침 메뉴로 납작한 인도식 빵이다. 겉은 바삭하고 속은 부드러우며 함께 나오는 커리 소스에 찍어 먹으면 별미다. 오리지널 프라타에 달걀, 치즈 등 추가 재료를 넣어 주문할 수 있으며 소박하지만 훌륭한 아침 식사로 손색이 없다.

궁극의 달콤함, 싱가포르 전통 스위츠

한국 여행객에게 싱가포르의 디저트는 음식만큼 인지도나 인기가 높지 않다. 다채로운 전통 간식이 많은 싱가포르에서 더위를 식혀줄 차가운 간식부터 따뜻한 디저트까지, 달콤함에서 담백함까지 다양한 디저트를 맛보길 추천한다. 말레이부터 인도, 중국 등 다양한 문화가 뒤섞여 만들어낸, 한번 맛보면 자꾸 생각나는 전통 스위츠는 어떤 게 있을까?

Local Sweets	Chinese Sweets
아이스 카창 Ais Kachang	망고 포멜로 사고 Mango Pomelo Sago
레드 루비 Red Ruby	얌 페이스트 Yam Paste
허니 시 코코넛 Honey Sea Coconut	피넛 수프 Peanut Soup
청팅 Cheng Tng	밀크 푸딩 Milk Pudding
타우 수안 Tau Suan	구이링가오 Gui Ling Gao
보보차차 Bobo Chacha	그린빈 페이스트리 위드 요크 Green Bean Pastry with Yolk
롱간친초 Longan Chin Chow	
망고 아이스 젤리 Mango Ice Jelly	
허니듀 사고 Honeydew Sago	

• Local Sweets •

아이스 카창
Ais Kachang

옥수수, 젤리, 팥 위에 곱게 간 얼음을 산처럼 쌓아 올린 팥빙수를 연상케 하는 디저트.

레드 루비
Red Ruby

타이식 디저트. 빨간색 타피오카 펄과 자몽, 코코넛 밀크, 얼음을 섞어 만든 음료다.

허니 시 코코넛
Honey Sea Coconut

해초와 코코넛을 섞어 만든 통조림 과일. 물이나 시럽에 담겨 달콤하고 쫄깃한 맛이 특징이며 열을 식혀주는 효과가 있다.

청팅
Cheng Tng

중국식 디저트. 찹쌀가루로 작은 공 모양으로 빚어 설탕물이나 코코넛 밀크에 넣어 만든다.

타우 수안
Tau Suan

녹두와 코코넛 밀크로 만든 달콤한 수프. 튀긴 도넛과 함께 먹으면 훨씬 맛있다.

보보차차
Bobo Chacha

싱가포르의 전통 디저트. 고구마, 타로, 코코넛 밀크, 팜슈거 등을 섞어서 만든다.

롱간친초
Longan Chin Chow

선초 잎과 녹말로 만든 검은색 젤리 위에 롱간이라는 하얀색 과일을 올려 만든 디저트. 코코넛이나 망고와 같은 다른 과일을 넣어서 먹기도 한다.

망고 아이스 젤리
Mango Ice Jelly

얼음 위에 망고와 젤리를 올린 시원하고 달콤한 디저트.

허니듀 사고
Honeydew Sago

멜론과 사고를 코코넛 밀크에 넣어 만든 달콤한 디저트. 사고Sago는 야자나무에서 추출해 만든 작은 알 모양의 전분으로 동남아시아 디저트에 자주 사용된다. 타피오카 펄과 맛과 생김새가 비슷하다.

● Chinese Sweets ●

망고 포멜로 사고
Mango Pomelo Sago

신선한 망고, 톡톡 터지는 포멜로, 쫄깃한 식감의 사고를 함께 넣어 만든 디저트. 우유, 코코넛 밀크를 넣어서 부드럽고 달콤하며 식감이 좋다.

얌 페이스트
Yam Paste

고구마 페이스트로 만든 싱가포르의 전통 디저트. 코코넛 크림을 얹어서 먹고 웨딩 케이크 재료로도 쓴다.

피넛 수프
Peanut Soup

땅콩 수프로 싱가포르의 전통 디저트이며 보통 찹쌀떡을 넣어서 함께 먹는다.

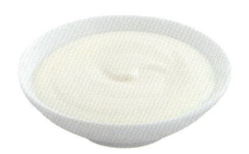
밀크 푸딩
Milk Pudding

우유로 만든 부드러운 식감의 푸딩으로 홍콩식 디저트로 유명하다.

구이링가오
Gui Ling Gao

피부를 개선하고 혈액을 해독하는 효능이 있다는 약용 디저트. 보통 꿀이나 레몬즙과 함께 먹는다.

그린빈 페이스트리 위드 요크
Green Bean Pastry with Yolk

두부로 만든 푸딩에 달걀노른자를 넣은 중국식 과자다.

티엔 왕
Tian Wang

네온 불빛과 마작 타일 벽의 인테리어가 독특하고 재미있어 사진 찍기에 좋고 늦은 시간까지 영업해 하루 일성 마무리에 방문해도 좋다. 두리안 무스 망고 사고가 스테디셀러다. 두리안이 부담스럽다면 망고 포멜로 사고, 망고 사고 등을 추천한다.

- 📍 MRT Outram Park역 4번 출구에서 도보 5분
- 🏠 50 Keong Saik Road, Singapore 089154
- 🕒 월~금요일 17:00-02:00, 토~일요일 및 공휴일 15:00-02:00
- 💲 두리안 무스 $7.8, 패션푸르트 사고 $7.2

메이헝유엔 디저트
Mei Heong Yuen Dessert

차이나타운에 가면 누구나 한 번쯤 방문하는 전통 빙수 맛집이다. 특히 스노 아이스가 인기 높고 종류도 다양해서 원하는 맛을 선택할 수 있다. 자리를 잡고 테이블 번호를 확인한 후 입구 프런트에서 주문하면 된다. 망고 스노 아이스와 망고 포멜로 사고는 언제 먹어도 맛있다. 현금만 받으니 참고하자.

- 📍 MRT Chinatown역 A 출구에서 도보 2분
- 🏠 63-67 Temple St, #63-67, Singapore 058611
- 🕒 화~일요일 12:00-21:30, 월요일 휴무
- 💲 망고 포멜로 사고 $7, 망고 스노 아이스 $7

입안 가득 톡톡 터지는
열대 과일 페스티벌

싱가포르는 식품의 해외 수입 비중이 높아 전 세계의 다양한 채소나 과일을 구경하고 맛보는 재미가 있다. 1년 내내 모든 계절 과일을 맛볼 수 있는 것도 싱가포르 여행의 특별한 재미 중 하나다. 재래시장이나 대형 마트에 들러 다양한 과일을 구경하고 한국에서 쉽게 만날 수 없는 열대 과일을 맛보자!

어디에서 사야 할까?
페어프라이스나 콜드 스토리지에 가면 다양한 과일을 먹기 좋게 썰어서 포장 판매한다. 부기스 스트리트 끝에 있는 과일 가게에서는 좀 더 저렴하게 살 수 있고 현금 결제만 가능하다.

망고
Mango

한국 사람 대부분이 좋아하는 과일로 싱가포르에서는 좀 더 저렴한 가격에 다양한 망고를 맛볼 수 있다.

람부탄
Rambutan

'털이 많다'는 뜻의 이름 그대로 겉모습은 털이 수북하지만 안에 하얀 속살을 품고 있는 과일이다. 과즙이 풍부해 갈증 해소와 피로 해소에도 좋다. 진한 붉은빛을 띠는 것이 좋은 품종이다.

망고스틴
Mangosteen

두툼한 껍질 속에 마늘같이 생긴 여섯 쪽의 하얀 알맹이가 들어 있고 '과일의 여왕'이라 불린다. 껍질에 진액이 묻어 있거나 너무 딱딱하면 썩은 것일 확률이 높다. 만졌을 때 살짝 물렁한 것을 고르자.

잭 프루트
Jack Fruit

나무에 달려 있는 것이 신기할 만큼 크고 무거운 과일로 노란색 과질은 지방 함량이 적고 칼로리가 낮아 다이어트 식품으로 사랑받는다. 채식주의자들이 고기 대신 요리에 사용할 정도로 식감도 향도 독특하다.

용과
Dragon Fruit

선인장 줄기 끝에 달린 열매의 모습이 여의주를 물고 있는 용과 닮았다 하여 붙은 이름이다. 껍질 안쪽의 과육이 붉은 것과 하얀 것 두 종류인데 붉은 것이 좀 더 단맛이 강하다. 냉장고에 보관해두고 차갑게 먹는 것을 추천한다.

파파야
Papaya

껍질이 노란색이나 주황색을 띠면 잘 익은 것이고 녹색은 그냥 먹을 수 없어 식재료로 활용된다. 비타민 C가 풍부하고 단백질 분해 효소가 많아 천연 소화제 역할도 한다.

코코넛
Coconut

생각보다 단맛도 덜하고 밍밍하지만 더운 날씨에 시원하게 먹으면 갈증 해소에 이만한 과일이 없다. 마트에는 코코넛 워터도 판매한다.

카람볼라
Carambola

단면을 자르면 별 모양이 나와 흔히 스타프루트라 부른다. 새콤달콤한 맛의 과육은 과즙을 충분히 머금어 갈증 해소에 도움된다.

두리안
Durian

'과일의 왕'이라는 별명이 무색할 만큼 지독한 냄새 때문에 입에 대는 것 자체가 모험인 과일이다. 하지만 한번 맛을 들이면 부드러운 식감과 오묘한 맛에 반해 계속 찾게 된다.

• 두리안 품종 •

마오산왕
Mao Shan Wang

싱가포르 최고 인기 품종으로 '버터 두리안'이라고 불린다.

디24
D24

너무 달지도 너무 쓰지도 않은 식감으로 초보자에게 추천한다.

골든 피닉스
Golden Phoenix

마오산왕보다 가격은 저렴하며 크리미한 식감에 달콤 씁싸름한 뒷맛이 특징이다.

엑스오
XO

씁쓸한 맛과 숙성된 진한 알코올 맛으로 유명해 두리안 마니아에게 적합하다.

• 어디에서 사야 할까? •

보통 5~8월이 최고 시즌이며 게일랑, 앙모키오, 차이나타운 등에서 길거리에 산처럼 쌓아놓고 판매한다. 즉석에서 원하는 두리안을 고르면 먹기 좋은 사이즈로 잘라주는데, 가판에 마련된 테이블에 앉아 먹으면 된다. 여행자에게 추천하는 곳은 단연 가까운 차이나타운이다. 하나를 사서 여러 명이 나눠 먹으면 되고 조각으로 소량 포장된 것도 많아 시도해보기 좋다.

> **TIP 국민 과일 두리안!**
>
> 싱가포르에서 두리안은 국민 과일로 많은 사람들에게 사랑받지만 냄새 때문에 특히 조심해야 한다. 두리안을 가지고 대중교통을 이용할 수 없으며 호텔 내에서 먹는 것도 안 된다. 따라서 두리안 가게에서 바로 먹는 걸 추천한다. 또한 술과 함께 먹으면 두통, 소화불량이 생길 수 있어 조심해야 한다.
>
>

Nice

진하고 강렬한 맛!
코피티암에서 커피 타임 즐기기

싱가포르의 커피는 설탕과 마가린을 사용해 고열에서 로스팅하는 로부스타Robusta 커피 원두로 만드는데 캐러멜화되어 독특한 풍미가 더해진다. 커피는 카페인도 강하고 커피 향과 맛이 진해서 아침에 마시면 잠이 확 달아난다. 또한 싱가포르만의 다양한 버전이 있고 주문할 때 사용하는 용어도 있다. 주문할 때는 원하는 커피를 고르고 당도, 진하기, 아이스 등을 선택하면 된다. 아메리카노는 코피 O 코송, 믹스 커피를 마시고 싶다면 코피 C, 아이스 아메리카노는 코피 O 코송 펭을 주문하면 된다.

코피 오
Kopi O

| 커피+물+설탕 |

코피
Kopi

| 커피+가당 연유+물 |

코피 시
Kopi C

| 커피+무가당 연유+물+설탕 |

코송
Kosong

| 설탕 없이 No Sugar |

시우 다이
Siew Dai

| 덜 달게 Less Sugar |

가다이
Gah Dai

| 더 달게 More Sugar |

포
Po

| 연하게 Weaker Coffee/More Water |

가우
Gau

| 진하게 Strong Coffee/Less Water |

펭
Peng

| 아이스 |

난양 올드 커피
Nanyang Old Coffee

독특한 붉은색 외관이 눈에 띄는 레트로 커피숍으로 1층에서 주문하고 2층으로 올라가면 아기자기한 소품들로 이루어진 커피 박물관이 나온다. 마치 타임머신을 타고 시간 여행을 떠나온 듯 독특한 재미를 더한다. 싱가포르 전통 찻잔에 담겨 나오는 커피와 카야 토스트를 즐기며 예쁜 사진을 남기기 좋은 장소다. 간단한 식사부터 디저트까지 메뉴도 다양하다. 2층은 오후 5시에 문을 닫으니 참고하자.

- MRT Chinatown역 A 출구에서 도보 4분
- 268 South Bridge Rd, Singapore 058817
- 매일 1층 07:00-18:30, 2층 07:00-17:00
- $ 카야 토스트 세트 $5.8, 판단 시폰 케이크 $1.8

힙셍롱
Heap Seng Leong

1970년대에 처음 문을 연 이곳은 아직까지도 옛날 전통 방식으로 커피를 만들고 숯불에 토스트를 굽는다. 주황색 전화기와 주판 등의 오브제는 물론 흰 러닝셔츠에 파자마 바지를 입고 출근한 나이 지긋한 사장님까지 가게에 들어선 순간 타임캡슐을 타고 먼 옛날의 한 장면으로 이동한 듯한 느낌이 든다. 바삭하면서도 푹신한 토스트는 부드러우면서도 고소하다. 뜨거운 커피 위에 차가운 버터를 얹어 녹여 먹는 전통 버터 커피를 아직까지 판매하는 곳이니 무조건 맛봐야 한다. 이른 아침부터 문을 열기 때문에 아침 식사를 위해 방문해도 좋다.

- MRT Lavender역 A 출구에서 도보 5분
- 10 North Bridge Rd, #01-5109, Singapore 190010
- 매일 05:00-15:00
- $ 코피 버터 $1.3, 카야 토스트 $1.4

TIP 코피티암 Kopitiam이란?

코피Kopi는 말레이어로 '커피'를, 티암Tiam은 호키엔어로 '상점'을 뜻한다. 코피티암에서는 싱가포르 전통 코피와 카야 토스트를 맛볼 수 있으며 아침 일찍부터 문을 열기 때문에 아침 식사도 즐길 수 있다. 오래된 전통을 지닌 코피티암은 동아이팅 하우스, 힙셍롱, 친미친 등이 있으며 호커 센터나 푸드 코트에서도 쉽게 찾을 수 있다. 별개로 싱가포르에 있는 푸드 코트 체인 이름이 '코피티암'인 곳도 있다. 다양한 음식을 판매하는 일종의 푸드 코트로 비보시티, 플라자 싱가푸라 등에 지점이 있다.

달콤, 상큼, 씁쓸!
취향대로 즐기는 밀크 티

• 테 타릭 Teh Tarik

말레이어로 테Teh는 '차'를, 타릭Tarik은 '당기다'를 의미한다. 한 손으로는 컵을, 다른 한 손으로는 차가 담긴 스테인리스 용기를 잡고 높은 곳에서 여러 번 반복해 차를 따르는 모습이 마치 손으로 차를 끌어당기는 모습 같다고 하여, 테 타릭Teh Tarik이라는 이름이 붙었다. 사실 이러한 퍼포먼스는 뜨거운 차를 먹기 좋게 식히고 거품을 만들기 위한 일종의 작업이다. 홍차와 연유를 섞어 홍차 특유의 씁쓸한 맛과 달콤함이 느껴지며 보통 카야 토스트, 로티 프라타와 함께 먹는다. 싱가포르의 호커 센터나 코피티암에서 쉽게 맛볼 수 있으며 가격은 $2 내외다.

• 버블 티 Bubble Tea

1980년대 대만에서 개발된 음료로 홍차나 우롱차, 녹차 등 차 종류에 우유나 설탕, 타피오카 펄을 넣어 만든 음료다. 싱가포르에는 다양한 버블 티 체인점이 있으며 클래식한 밀크 티부터 트로피컬 과일이 더해진 상큼한 맛까지 즐길 수 있다.

리호 티
LiHO TEA

싱가포르의 공차인 리호 티는 현지인에게 꾸준히 사랑받는 브랜드다. 골든 펄이 들어간 클래식 밀크 티와 향긋한 얼그레이 밀크 티, 아보카도 시리즈가 인기이며 다양한 메뉴로 선택하기 어렵다면 메뉴 앞 왕관 모양의 'Top Picks' 중에서 고르면 실패할 확률이 적다.

📍 MRT HarbourFront역 E 출구에서 도보 3분, 비보시티 몰 2층
🏠 1 HarbourFront Walk, #02-95 VivoCity, Singapore 098585
🕐 매일 11:00~22:00
💲 브라운 슈거 러버 $4.3, 골든 아보카도 $5.3

TIP 전통차 주문 시 참고 사항

테 Teh
| 차+가당 연유+물+설탕 |
(설탕 / 물 / 가당 연유 / 차)

테오 Teh O
| 차+물+설탕 |
(설탕 / 물 / 차)

테시 Teh C
| 차+무가당 연유+물+설탕 |
(설탕 / 물 / 무가당 연유 / 차)

테오 코송 Teh O Kosong
| 차+물 |
(물 / 차)

테 시우 다이 Teh Siew Dai
| 차+물+설탕 적게 |
(설탕 / 물 / 차)

테 펭 Teh Peng
| 차+가당 연유+물+얼음+설탕 |
(설탕 / 물+얼음 / 가당 연유 / 차)

코송 Kosong | 설탕 없이 No Sugar |

시우 다이 Siew Dai | 덜 달게 Less Sugar |

펭 Peng | 얼음 Ice |

· SPECIAL ·

 # 더위를 한 방에 물리쳐줄 음료

뜨거운 태양 아래에서 지친 몸과 마음을 시원하게 달래줄 음료 한잔이 필요하다면 눈여겨보자. 각기 다른 매력과 상큼함으로 눅눅한 기분을 날려주고 한 모금만 마셔도 찌푸려졌던 미간이 순식간에 확 펴진다.

미스터 코코넛 Mr. Coconut@Bugis Street

무더위는 사라지고 갈증까지 한 번에 해소하는 마법 같은 음료다. 시그니처 메뉴인 코코넛 셰이크를 당도 0%로 주문하기를 추천한다. 코코넛 고유의 단맛이 느껴지며 먹다 보면 씹히는 하얀 코코넛이 자꾸만 생각난다. 코코넛 아이스크림이나 토핑을 추가할 수 있다.

- 📍 MRT Bugis역 C 출구에서 도보 2분, 부기스 스트리트 입구 왼쪽에 위치
- 🕐 3 New Bugis St, #01-201, Singapore 188867
- ⏰ 매일 10:00-21:45
- $ 시그니처 코코넛 셰이크(M) $4.6

부스트 주스@아이온 오차드 Boost Juice@Ion Orchard

호주의 유명 브랜드로 스무디 맛집이다. 특히 망고, 패션푸르트 스무디는 최고 인기다. 채소 과일 주스와 프로틴, 에너지 스무디까지 건강하면서도 맛있는 주스들로 다양하다. 어느 쇼핑몰에서나 쉽게 찾을 수 있으며 작은 키즈 사이즈도 판매한다.

- 📍 MRT Orchard역 2번 출구에서 도보 2분, 아이온 오차드 몰 지하 4층에 위치
- 🕐 Orchard Turn, #B4-64 #B4-65, Singapore 238801
- ⏰ 매일 10:00-22:00
- $ 패션망고 $5.6~

자판기 오렌지 주스 IJOOZ

유명 관광지, MRT 역, 쇼핑몰 등 어디에서나 쉽게 찾을 수 있는 오렌지 착즙 자판기다. 24시간 이용 가능하며 위치에 따라 $2~3다. 오렌지 4개를 착즙해 1분 이내에 신선한 오렌지 주스를 만들어준다. 더위에 지치거나 목마를 때 가성비 좋은 음료다. 카드와 현금 결제 가능.

인스타 저장각!
맛과 멋을 사로잡은 카페

옛 건물을 보존해 빈티지하면서도 시크한 매력을 지닌 장소부터 럭셔리한 느낌의 부티크 카페, 포토제닉한 메뉴까지 감성을 자극하는 카페들이 싱가포르에는 정말 많다. 수많은 선택지 가운데 더위를 이기고 찾아갈 만큼 개성 넘치는 곳을 소개한다.

바샤 Bacha

아이온 오차드에 있는 바샤의 커피 룸 & 부티크는 오랜 전통의 모로코 커피하우스를 재현해 화려한 인테리어, 향기로운 커피 향, 최고의 서비스, 우아한 분위기까지 모두 완벽하다. 많은 메뉴 중 원하는 커피를 고르기 어렵다면 커피 마스터에게 추천해달라고 부탁해보자. 뜨거운 커피는 황금빛 주전자와 커피 잔에 내오고, 아이스를 시키면 유리 빨대를 제공하는데 가져가도 된다. 매일 길게 늘어서는 대기 줄 때문에 오픈 런은 필수다.

- ♀ MRT Orchard역 3번 출구에서 도보 1분
- ⏱ 2 Orchard Turn #01-15/16 ION Orchard Mall, 238801
- 🕐 매일 09:30-22:00
- $ 미니 크루아상(2pcs) $8, 커피 $11~

체 셍 후앗 하드웨어
Chye Seng Huat Hardware

철물점으로 사용하던 곳을 세련된 인더스트리얼 스타일의 공간으로 바꿔 싱가포르의 핫 플레이스로 떠오른 곳으로 빈티지한 분위기가 물씬 풍긴다. 플랫 화이트 커피와 아이스 콜드브루가 유명하다. 다양한 베이커리와 함께 즐기거나 브렉퍼스트 플레이트와 함께 브런치를 즐겨도 좋다. 대형 커피 로스팅 기계가 있는 공간이 따로 마련되어 있어 고소한 커피 향이 가득하고 야외석에서는 맥주, 칵테일 등 주류도 판매한다.

- ♀ MRT Lavender역 B 출구에서 도보 7분
- ⏱ 150 Tyrwhitt Rd, Singapore 207563
- 🕐 매일 08:30-22:00
- $ 파파스 브렉퍼스트 $26, 블랙 콜드브루 $7.5, 플랫 화이트 $6

더 포플러스
The Populus

브런치와 커피 맛집으로 유명한 이곳은 항상 사람들로 붐비며 예약도 가능하다. 화이트 콜드브루와 아이스크림을 높이 쌓아 올린 선데는 단연코 일등 메뉴이며 인스타 사진을 찍기에도 안성맞춤이다. 브런치 메뉴로는 부드럽고 달콤한 프렌치토스트와 크루아상 위에 스크램블과 베이컨을 올린 포플러스 스크램블을 추천한다.

- 📍 MRT Outram Park역 5번 출구에서 도보 5분
- 🕐 146 Neil Rd, Singapore 088875
- ⏰ 일~목요일 09:00-18:30, 금~토요일 09:00-21:30
- 💲 화이트 콜드브루 $8, 포플러스 스크램블 $22, 다크 초콜릿 선데 $15

마이 어섬 카페
My Awesome Cafe

한약방을 개조해 만든 감성 카페로 간판, 중고 가구, 빈티지 식기류, 콘크리트 벽 등에서 세월의 흐름이 묻어난다. 음식, 서비스, 분위기가 모두 좋아서 늘 붐빈다. 오전에는 브런치와 커피를, 저녁에는 맥주나 와인을 즐길 수 있다.

- 📍 MRT Telok Ayer역 A 출구에서 도보 4분
- 🕐 202 Telok Ayer St, Singapore 068639
- ⏰ 월요일 11:00-23:00, 화~금요일 11:00-24:00, 토요일, 공휴일 10:30-24:00, 일요일 10:30-21:00
- 💲 진저 허니티 $6, 비프 버거 $28

% 아라비카 아랍 스트리트점
% Arabica Singapore Arab Street

일본 도쿄에서 시작해 한국에도 진출한 카페. 아랍 스트리트 56번지 1층 모퉁이에 위치해 있다. 건물 대각선에서 아랍 스트리트 글자가 보이게 찍으면 인스타 감성 사진이 완성된다. 라테가 유명해 맛집 탐방 스폿으로도 손색없는 곳이다.

- 📍 MRT Bugis역 B 출구에서 도보 7분
- 🕐 56 Arab St, Singapore 199753
- ⏰ 일~목요일 08:00-18:00, 금~토요일 08:00-20:00
- 💲 아메리카노 $6, 라테 $7

친미친 Chin Mee Chin

푸른 하늘을 닮은 예쁜 외관에 마음이 사로잡혀 사진을 찍게 만드는 곳이다. 실내 또는 실외에 자리를 잡고 카운터에서 주문하면 된다. 카야 토스트를 시키면 겉은 바삭, 속은 부드러운 동그란 번을 반으로 잘라 카야 잼과 함께 버터를 올려준다. 전통 찻잔에 담겨 나오는 코피와 함께 먹으면 환상의 조합이다. 페이스트리 안에 크림이 잔뜩 들어간 크림 호른 Cream Horn 도 맛있다.

- **BUS** 36, 135, 196, 966번 Opp Blk 72 하차 후 도보 5분
- 204 E Coast Rd, Singapore 428903
- 화~일요일 08:00-16:00, 월요일 휴무
- $ 카야 번 세트 $5.2

카페 모노크롬 Cafe Monochrome

카페 모노크롬 차이나타운점은 글로벌 여행 사이트 빅7 트래블에서 선정한 '2023년 세계에서 가장 인스타그래머블한 카페 50' 중 27위를 차지한 곳이다. 흰색 바탕에 검은색으로 직접 그림을 그려놓은 듯한 인테리어가 인스타용 사진 찍기에 안성맞춤이다. 부기스 지점도 있다.

- **MRT** Chinatown역 A 출구에서 도보 4분
- Along Smith Street Side, 25 Trengganu St, #01-12, Singapore 058476
- 매일 10:00-21:00
- $ 라테 $6, 얼그레이 $6, 트러플 크림 파스타 $21

싱가포르의 밤이 파도치는
야경 바

싱가포르의 스카이라인에 밤이 찾아오면 한 폭의 그림 같은 야경이 완성된다. 황홀한 밤 풍경을 바라보며 칵테일 한잔 즐길 수 있는 야경 바는 싱가포르 여행에서 놓치지 말아야 할 필수 코스다.

레벨 33 Level 33

마리나 베이 파이낸셜 센터 33층에 위치한 루프톱 바 레벨 33은 싱가포르 야경을 한눈에 바라볼 수 있는 최고의 장소다. 야외석에서 싱가포르의 야경을 바라보며 마시는 맥주는 특별함을 넘어 감동을 선사한다. 야경을 보며 식사할 수 있는 야외석은 1인당 $100 이상 주문해야 하며, 실내 좌석 선택 시 식사 후 외부 포토 존에서 야경을 감상하며 멋진 사진을 남길 수 있다. 소규모 양조장을 보유해 신선하고 다양한 수제 맥주를 즐길 수 있으며 8시 이후에는 맥주 가격이 더 비싸다. 6시쯤 가면 석양과 야경을 모두 감상할 수 있다. 예약은 필수이며 예약 시 보증금을 선결제해야 한다.

- MRT Downtown역 C 출구에서 도보 2분
- 8 Marina Blvd, #33-01 Tower 1, Singapore 018981
- 매일 12:00-23:00
- 리틀 조 립아이 $84, 맥주 테이스팅 패들 $26.9

랜턴 Lantern

마리나 베이 샌즈 맞은편 풀러턴 베이 호텔에 있는 랜턴은 슬링과 맥주를 마시며 싱가포르 랜드마크 야경을 즐기기에 최고의 장소다. 세련된 풀사이드 바에서는 마리나 베이 해안가와 도시 스카이라인의 탁 트인 전망을 함께 감상할 수 있다. 예약 시 보증금을 받으니 참고하자.

- MRT Raffles Place역 J 출구에서 도보 7분
- 80 Collyer Quay, Singapore 049326
- 일~목요일 17:00-24:00, 금~토요일 17:00-01:00, 수~토일 DJ 공연
- 피자 $48, 풀러턴 슬링 $32, 생맥주(500ml) $22

세라비 CÉ LA VI

마리나 베이 샌즈 57층에 위치한 이곳은 레스토랑, 스카이 바, 클럽 라운지가 함께 있는 힙한 분위기의 레스토랑이다. 아름다운 도시 전망이 파노라마 뷰로 펼쳐지며 가든스 바이 더 베이와 쓸라이어, 싱가포르 강을 배경으로 그림 같은 인생 사진을 찍을 수 있다. 홈페이지(www.celavi.com)에서 매일 펼쳐지는 이벤트를 꼭 확인하자.

- MRT Bayfront역 D 출구에서 도보 5분, 마리나 베이 샌즈 호텔 타워 3, 1층에서 엘리베이터 탑승
- 1 Bayfront Avenue Marina Bay Sands, Hotel, Tower 3, 018971
- 매일 12:00-01:00 (요일별, 장소별 다름)
- 칵테일 $25~

스모크 & 미러스
Smoke & Mirrors

내셔널 갤러리 싱가포르 꼭대기에 위치한 스모크 & 미러스는 멋진 스카이라인 전망과 다양한 칵테일로 사랑받는 곳이다. 파당Padang에서 베이Bay까지 야경을 감상하며 세련된 분위기에서 싱가포르 밤 분위기를 감상하고 멋진 사진을 찍기에 안성맞춤이다. 2주 전부터 예약할 수 있으며 18세 이하는 오후 7시 이후 출입이 불가하다.

- MRT City Hall역 C 출구에서 도보 6분
- 1 St. Andrew's Road, #06-01 National Gallery Singapore, 178957
- 월~수요일 18:00-24:00, 목~토요일 18:00-01:00, 일요일 17:00-24:00
- 칵테일 $28~, 치킨 사테 $22

미스터 스토크
Mr. Stork

부기스에 위치한 안다즈 호텔 싱가포르 39층에 있는 루프톱 바. 도심 속 오아시스처럼 푸른 숲이 우거진 원형 루프톱 테라스는 옥상 정원처럼 꾸며져 있다. 360도 파노라마 뷰로 도시 스카이라인의 탁 트인 전망을 감상할 수 있으며 미리 예약하고 방문하자. 일몰을 감상할 수 있도록 6시쯤 방문하는 것을 추천한다.

- MRT Bugis역 B 출구에서 도보 5분
- 5 Fraser St, Level 39, Andaz 189354
- 일~목요일 17:00-24:00, 금~토요일 17:00-01:00
- 칵테일 $27~

TIP

일정이 정확하지 않아 예약을 하지 못했다면 워크인을 도전해보자. 세라비는 1층 입구에서 1인당 $30 티켓을 구매하면 테이블 예약 없이 입장할 수 있다. 티켓은 결제 시 현금처럼 사용할 수 있으며 1인당 $30 이상만 구매하면 된다. 테이블을 기다리는 동안 사진을 찍고 야경도 구경할 수 있다. 의외로 테이블 회전도 빠르다. 랜턴, 레벨 33도 평일 9시가 넘어가면 워크인이 가능하기도 하니 전화로 확인하고 방문해도 좋다.

SINGAPORE SHOPPING

오리지널은 못 참지!
메이드 인 싱가포르

• 티더블유지 TWG •

TWG에 새겨진 1837의 숫자 때문에 오랜 역사를 지닌 브랜드라는 생각이 들겠지만, 사실은 2008년 더 웰니스 그룹The Wellness Group의 자회사로 설립된 싱가포르 로컬 티 브랜드다. 창업자이자 CEO 타하 부크딥Taha Bouqdib은 모로코계 프랑스인으로 1837년 상공회의소의 설립으로 동서양 차 무역의 중심이 된 싱가포르의 영광스러운 역사를 기념하기 위해 로고에 1837 숫자를 새겼다고 한다. 고풍스러운 디자인과 패키지, 예쁜 틴 케이스 등으로 고급스러움을 추구하며 지금은 전 세계적으로 유명한 럭셔리 차 브랜드로 자리 잡았다.

• 어떤 제품을 사야 할까? •

녹차 베이스에 베리 종류와 바닐라 향이 첨가돼 부드러운 향의 베스트셀러인 실버문과 싱가포르 브렉퍼스트 티, 그랜드 웨딩 티가 유명하다. 매장에서 차의 향을 맡아보고 본인에게 맞는 차를 골라보자. 또는 코노소어(Connoisseur, 티 전문가)에게 추천받는 것도 좋다. 본인이 직접 마실 거라면 찻잎으로 구매하는 게 경제적이다. 선물용은 틴 케이스나 박스를 구매하고 선물 포장을 요청하면 예쁘게 포장해주며 쇼핑백도 제공한다.

$ 티백 박스(15개입) $30
　 틴 케이스(100g) $48

• 어디에서 사야 할까? •

마리나 베이 샌즈 몰, 아이온 오차드 등 시내에 5개 매장이 있으며 창이 공항 터미널 1부터 4까지 모두 입점해 있다. 공항은 GST 9%가 부가되지 않아 $3 정도 더 저렴하며 오전 6시부터 새벽 1시까지 운영한다.

바샤 커피 Bacha Coffee

'커피계의 에르메스'라 불리는 바샤 커피는 싱가포르를 대표하는 프리미엄 커피 브랜드로 TWG를 창립한 타하 부크딥이 만들었다. 100% 아라비카 원두를 모로코 전통 방식의 슬로 로스팅을 거쳐 만들어 신선하고 풍성한 향을 즐길 수 있다. 로고의 1910은 모로코의 유명 커피하우스 '다 엘 바샤 팰리스Dar el Bacha Palace'가 지어진 연도다. 찰리 채플린, 프랭클린 루스벨트, 윈스턴 처칠 등 수많은 유명인이 다녀간 커피하우스이자 사교 중심지였던 다 엘 바샤 팰리스는 제2차 세계 대전과 함께 사라졌다. 그 역사를 2019년 바샤 커피가 재현하며 전 세계 사람들의 사랑을 받고 있으며 종류만 해도 200개가 넘는다.

• 어떤 제품을 사야 할까? •

초콜릿 향과 브리오슈의 버터 향을 풍기는 밀라노 모닝, 야생 딸기와 크림 향을 지닌 1910, 산뜻한 오렌지 풍미에 초콜릿의 달콤한 향이 어우러진 세빌 오렌지가 베스트셀러다. 매장에서 시향하고 원하는 커피를 골라보길 추천한다. 선물용으로 구매 시 포장을 요청하자. 럭셔리하게 개별 포장하며 쇼핑백도 개수에 맞춰 제공한다.

$ 티백 박스(12개입) $30
　 기프트 박스(25개입) $60

• 어디에서 사야 할까? •

마리나 베이 샌즈, 아이온 오차드를 비롯해 6개의 직영점이 있으며 창이 공항 터미널 1, 3, 4에 매장이 있다. 공항에서 구매 시 GST 9%가 부과되지 않아 저렴하지만 인기가 많은 제품은 재고가 없는 경우가 많아 시내에서 미리 구매하는 걸 추천한다.

1872 클리퍼 티 1872 Clipper Tea

고품질의 차를 생산하는 데 중점을 둔 헤리티지 차 브랜드로 우수한 품질과 시그니처 향, 세련된 맛으로 유명하다. 1872년 스리랑카 출신의 젊은 사업가 발레지 포롤리스 데 실바 Balage Porolis de Silva가 싱가포르의 힐 스트리트에 가게를 열었고, 자신이 좋아하는 차를 고객에게 판매했는데 반응이 좋아 스리랑카 차 재배량을 늘려 본격적으로 사업을 시작하게 된 브랜드다. 창업 연도와 차를 운반한 배의 이름을 따서 '1872 Clipper' 브랜드가 탄생했으며 현재까지 오래도록 사랑받고 있다.

어떤 제품을 사야 할까?

베스트셀러인 디카페인 히비스커스 멜란지와 달콤한 베리로 맛을 낸 블리스플 베리즈 Blissful Berries, 홍차에 생강, 망고, 파인애플, 패션푸르트를 넣어 풍미 가득한 테이스트 오브 싱가포르 Taste of Singapore가 가장 인기다.

$ 티백 박스(20개입) $28
  틴 케이스(30개입) $37

어디에서 사야 할까?

아이온 오차드와 내셔널 오키드 가든 등 시내의 4개 매장과 주얼 창이 공항 터미널 1, 2, 3에 5개 매장이 있다. 특히 아이온 오차드는 플래그십 리테일 스토어로 차를 이용한 페이스트리 디저트를 맛볼 수 있는 티 바도 있다.

찰스 & 키스 Charles & Keith

1996년 설립한 싱가포르 자체 패션 브랜드다. 세련된 신발 및 심플한 가방으로 유명하며 가격도 저렴하고 종류도 다양해서 싱가포르 여행 필수 쇼핑 아이템이다. 특히 2023년에 배우 한소희가 찰스 & 키스 글로벌 앰배서더로 선정되며 인기가 더 높아졌다.

어떤 제품을 사야 할까?

3만 원대 카드 지갑이나 여름 샌들을 구매하기 좋다. 심플한 디자인의 데일리 백이나 캐주얼하면서도 포인트가 있는 가방도 10만 원 이하에 구매할 수 있다.

$ 신발 $30~
  가방 $60~
  카드 지갑 $30~

어디에서 사야 할까?

마리나 베이 샌즈, 아이온 오차드, 비보시티, 선텍 시티 등 20개가 넘는 매장이 있어 어디서든 쉽게 만날 수 있다. 매장별로 보유 제품이 다르니 참고하자. 창이 공항 터미널 1, 2, 3, 4에 모두 입점해 있으며 그중에서도 터미널 4의 매장이 크고 다양한 제품을 갖고 있다.

페드로 Pedro

2006년 창립한 패션 액세서리 및 신발 브랜드로 아시아, 미국, 중동 등 19개국에 100개가 넘는 매장을 갖고 있다. 꾸미지 않은 듯 자연스러운 멋을 추구하는 브랜드로 심플하면서도 세련된 디자인으로 유명하다.

• 어떤 제품을 사야 할까? •

간단히 선물하기에 좋은 카드 지갑이나 데일리 가방이 인기다. 특히 심플하면서도 편안한 남성 신발은 가성비 좋은 쇼핑템이다.

$ 카드 지갑 $40~
　가방 $70~
　신발 $70~

• 어디에서 사야 할까? •

마리나 베이 샌즈, 아이온 오차드, 비보시티, 래플스 시티 등 10개가 넘는 지점이 있어 쇼핑몰에서 쉽게 찾을 수 있다. 보통 찰스 & 키스 매장과 나란히 있어 두 매장을 한번에 둘러보고 비교해 구매하기 좋다. 각 매장마다 갖고 있는 제품이 다르니 참고하자.

여행 중 최대 고민 해결!
싱가포르 기념품 베스트

어플리 초콜릿 Awfully Chocolate

싱가포르 수제 초콜릿 전문점 어플리 초콜릿은 처음에는 한 가지 아이템만 판매하던 인디 베이커리였으나 인기를 끌며 상점, 카페, 레스토랑 체인으로 확장했다. 진한 초콜릿 맛을 느낄 수 있는 올 초콜릿 케이크All Chocolate Cake가 인기. 틴 케이스에 담긴 다양한 종류의 초콜릿은 선물용으로 좋다.

• 어떤 제품을 사야 할까? •

틴 케이스에 담긴 초콜릿이 종류도 다양하고 부피도 많이 차지하지 않아 지인 선물로 안성맞춤이다. 다크 초콜릿에 딸기, 블루베리, 체리 등을 토핑한 서머 베리Summer Berries, 캐러멜의 단맛에 소금과 다크 초콜릿의 맛이 어우러져 특별한 맛을 내는 캐러멜 브리틀 & 시솔트Caramel Brittle & Sea Salt가 인기다.

$ 틴 케이스에 담긴 초콜릿 파우더 $15
  틴 케이스에 담긴 다양한 초콜릿 $13.2~15.8
  서머 베리 85g $15.8, 캐러멜 브리틀 & 시 솔트 85g $13.2

• 어디에서 사야 할까? •

아이온 오차드, 래플스 시티 등 10개 지점이 있다. 이스트 코스트 지점은 디너, 주말 브런치, 베이커리를 즐길 수 있는 베이커리 & 카페이고 래플스 시티, 비보시티 지점은 조각 케이크와 커피를 맛볼 수 있는 카페다.

스타벅스 Starbucks

각 나라마다 판매하는 굿즈가 다르기 때문에 해외여행 시 스타벅스에 방문하는 건 또 하나의 즐거움이다. 싱가포르의 추억을 오래도록 간직할 수 있는 기념품을 구매하자.

• 어떤 제품을 사야 할까? •

싱가포르를 대표하는 멀라이언 인형이나 키 체인이 귀엽고 예쁘다. 싱가포르 랜드마크가 모두 그려진 싱가포르 시티 컵과 컵 받침이나 뚜껑으로 이용할 수 있는 베어리스타 코스터도 유용하다.

$ 멀라이언 인형 $35.9
  멀라이언 인형 키 체인 $20.9
  싱가포르 시티 컵 $16.9~$25.9
  멀라이언 베어리스타 코스터 $29.9

쿠키 뮤지엄 The Cookie Museum

틴 케이스를 보자마자 고급스러움에 반하게 되는 싱가포르 수제 쿠키 숍이다. 두리안, 치킨라이스, 칠리 크랩 등 싱가포르만의 다양하고 독특한 맛을 더해 만들어낸 쿠키는 특별함을 선물하는 재미가 있다. 초콜릿, 리치 로즈 쿠키 등이 인기이며 매장에서 쿠키를 맛보고 선택할 수 있다.

• 어떤 제품을 사야 할까? •

화이트 & 다크 초콜릿 칩이 박힌 쿠키가 스테디셀러다. 어른에게 선물한다면 리큐어가 포함된 핑크 솔트 리치 마티니Pink Salt Lychee Martini 쿠키를 추천한다.

- $ 샴페인 리치 로즈, 핑크 솔트 리치 마티니, 초콜릿 쿠키(15개입) $39

• 어디에서 사야 할까? •

선텍 시티와 래플스 시티 몰에 2개의 직영점을 운영한다.

벵가완 솔로 Bengawan Solo

홍콩에 제니 쿠키가 있다면 싱가포르는 벵가완 솔로 쿠키가 있다. 옛 감성에 클래식한 맛을 더한 이곳은 홈 베이커리에서 시작해 변함없는 맛으로 오랜 시간 사랑받아 온 로컬 쿠키 브랜드다. 평범해 보이는 모습과는 달리 입안에 들어가면 묵직하게 퍼져 나가는 진한 쿠키 맛 덕분에 계속 생각난다. 판단 케이크는 조각으로도 구매할 수 있으니 함께 맛보는 걸 추천한다.

• 어떤 제품을 사야 할까? •

가장 인기 있는 제품은 캐슈넛 수지 쿠키와 마카다미아 수지 쿠키다. 선물용이라면 틴 케이스로 구매하고 본인이나 가족이 먹을 거라면 좀 더 저렴한 트레이를 구매하는 게 경제적이다.

- $ 캐슈넛 수지 쿠키 틴 케이스 $28.5
  마카다미아 수지 쿠키 틴 케이스 $30.8
  판단 케이크 $20

• 어디에서 사야 할까? •

무려 42개 지점이 있어 쇼핑몰 어디에서도 쉽게 찾아볼 수 있다. 주얼 창이, 창이 공항 터미널 2, 3, 4에서도 구매할 수 있다. 공항 내 터미널에서 구매 시 GST 9%가 부과되지 않아 조금 저렴하게 살 수 있다. 선물용은 틴 케이스, 그 외에는 플라스틱 케이스 구매 추천.

> **판단Pandan이란?**
> 판단은 동남아시아 일대에 서식하는 식물로, 재스민과 바닐라의 중간쯤인 꽃향기를 풍긴다. 말레이시아, 태국, 인도네시아에서 요리 식재료로 다양하게 이용한다. 판단 시폰 케이크는 판단의 독특한 맛과 부드럽고 푹신한 빵이 어우러져 개성 있는 맛을 느낄 수 있으며 담백하면서도 묘한 매력이 있어 한번 맛보면 자꾸 생각난다.

• 파인애플 타르트 Pineapple Tart

버터로 만든 페이스트리에 농축시킨 달콤한 파인애플 필링을 채워 구운 디저트. 마트나 음식점 어디서든 쉽게 만날 수 있으며 가격도 천차만별이다.

켈레 Kele

오래도록 사랑받는 파인애플 타르트 맛집이다. 다양한 종류의 파인애플 타르트를 맛볼 수 있으며 차이나타운과 비보시티에 매장이 있다.

$ 30개 700g $33.8

• 카야 잼 Kaya Jam

코코넛 밀크와 판단 잎을 넣어 만든 카야 잼. 카야 토스트에 반했다면 구매하길 추천한다. 야쿤 카야 토스트, 토스트 박스에서 선물용 미니 카야 잼을 살 수 있으며 슈퍼마켓에서도 다양한 브랜드의 카야 잼을 구매할 수 있다.

$ 토스트 박스 1개 $3.4, 2개 $6.4

• 박물관 기념품점 Museum Shop

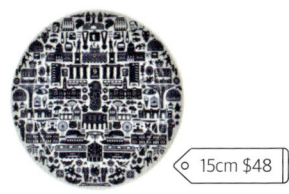

15cm $48

내셔널 갤러리, 아시아 문명 박물관, 싱가포르 국립박물관을 관람하고 나오면서 기념품 숍에 들러보자. 가격대는 좀 있지만 퀄리티 좋은 기념품을 구매하기 좋다. 싱가포르 아이콘 플레이트 브랜드로 유명한 슈퍼마마 제품도 구매 가능하다.

$ 슈퍼마마 싱가포르 랜드마크가 그려진 접시 $24~88

• 차이나타운 기념품점 Chinatown Souvenir Shop

차이나타운 거리를 걷다 보면 수많은 기념품 숍을 만날 수 있다. 멀라이언 초콜릿, 자석 및 열쇠고리 등 작은 기념품을 구매하기 좋으며 가격이 저렴한 대신 높은 퀄리티는 기대하지 말자.

$ $2~10

실용성 만렙!
드러그스토어 베스트

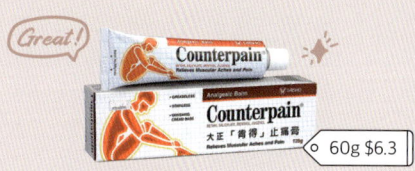

60g $6.3

카운터페인 Counterpain

태국의 바르는 파스로 유명하다. 효과가 빠르고 가격도 저렴하며 싱가포르에서는 어디서든 쉽게 구매할 수 있다.

19.4g $4.9

타이거 밤 Tiger Balm

호랑이 연고로 유명한 타이거 밤은 통증 완화에 효과적이며 작고 가격도 저렴해서 가볍게 선물하기 좋다. 파스, 스프레이 등 종류가 다양하며 하얀색은 두통, 비염, 벌레 물린 가려움에, 빨간색은 근육통이나 타박상에 좋다.

24ml $5.81

풍유정 Eagle Medicated Oil

초록색 오일 제품으로 통증 부위에 발라주면 빠르게 효과를 볼 수 있다. 천연 유칼립투스, 민트, 장미, 멘톨 성분 등이 들어 있으며 두통, 근육통, 관절통 등을 완화시켜준다. 2세 미만 사용 불가.

24개입 $5.5

스트렙실 Strepsils

코로나19로 다시 유명해진 스트렙실은 인후염 소염 진통제다. 사탕처럼 빨아 먹어 인후염에 직접 효과를 전하는 트로키제로 빠른 회복력을 보인다. 색깔별로 효능이 조금씩 다르며 6세 미만 어린이 복용 불가.

• **어디에서 사야 할까?** •

싱가포르에서 병원 진료 없이 약을 구매하려면 왓슨스나 가디언을 가면 된다. 대부분의 쇼핑몰 내에 입점해 있어 찾기 쉬우며 수시로 프로모션을 진행한다.

• **가디언** Guardian
1927년에 영업을 시작한 싱가포르 최대의 건강 및 미용 제품 체인점으로 의약품도 판매한다.

• **왓슨스** Watsons
뷰티 용품과 생활용품뿐 아니라 건강식품과 의약품도 판매한다. 주얼 창이에도 입점해 있다.

25g $10.9

이고 수브 바이트 EGO SOOV Bite

모기, 벌레 물림, 날카로운 식물에 찔림 등 통증 및 가려움증에 즉각적인 효과가 있는 것으로 유명하다. 투명 쿨링 젤 타입으로 톡톡 두드려 발라주면 막이 형성된다. 2세 이상 어린이와 어른에게 적합.

부담 없는 금액의 선물 고르기!
편의점·슈퍼마켓 베스트

◦ 250g $4.3

달리 치약 Darlie Toothpaste
중국과 동남아시아에서 인기 있는 치약으로 미백 효과가 뛰어나고 상쾌한 민트 맛이 유명하다.

◦ 수분 크림 150ml $10   ◦ 립밤 10g $3.9

히말라야 너리싱 수분 크림 & 립밤
Himalaya Nourishing Skin Cream & Lip Care
보습 효과가 뛰어나고 싱가포르에서 구매 시 가격도 저렴해 간단한 선물로 인기가 좋다.

◦ 설탕, 크림이 들어간 믹스 커피(30개입) $6.98

◦ 12개입 $3.97, 50개입 $11.6

엘립스 헤어 오일 Ellips Hair Vitamin
여행을 가거나 골프 및 운동 후 사용하기 편리한 캡슐형 헤어 오일. 종류도 다양하고 가격도 저렴하다.

◦ 490ml $4.74

타이거 맥주 Tiger Beer
1932년 처음 생산된 싱가포르 대표 맥주. 종류가 다양해 맥주 마니아에게는 안성맞춤이다.

부엉이 커피 Sleepy Owl Coffee
싱가포르에서 유명한 커피 브랜드로 다양한 맛과 향이 있어 취향에 맞게 고를 수 있는 인스턴트 커피다. 커피의 농도, 당도, 밀키한 정도가 상세히 표시되어 원하는 커피를 선택할 수 있다. 믹스 커피를 원한다면 레귤러 3in1, 아메리카노를 원한다면 코피티암 로스트 블렌드 커피를 구매하자. 코코넛 화이트 커피와 헤이즐넛도 유명하며 매장마다 보유 제품이 다르다.

◦ 1박스(5개입) $3.9

킨더 해피 히포 헤이즐넛
Kinder Happy Hippo Hazelnut
귀여운 모양의 킨더 해피 히포 초콜릿은 친구들에게 나눠주기 좋은 선물이다. 한국에도 이제 편의점에서 만날 수 있지만 헤이즐넛 맛은 구하기 어렵다.

◦ $7~

멀라이언 초콜릿
Merlion Chocolate
멀라이언 모양의 초콜릿으로 아이나 지인에게 선물하기 좋다. 창이 공항 기념품 숍이나 무스타파, 차이나타운, 부기스 등에서 쉽게 찾아볼 수 있으며 제품마다 가격 차이가 있다.

70g $5.8

알프레드 두리안 밀크 초콜릿
Alfred Durian Milk Chocolate

한국에서는 찾아보기 힘든 두리안 초콜릿! 두리안을 좋아하는 지인들에게 선물하기 좋다.

6개입 $5

누텔라 브레디 Nutella B-ready

싱가포르 필수 쇼핑 아이템 누텔라 초코 과자. 겉은 바삭, 속은 누텔라 초코 잼이 가득 들어 있어 한번 먹으면 계속 생각난다.

솔티드 에그 피시 스킨
95g 1봉지 $9.17

솔티드 에그 포테이토칩
105g 1봉지 $9.17

얼빈스 Irvins

단짠단짠 마약 스낵으로 싱가포르에서 가장 핫한 스낵이다. 솔티드 에그 포테이토칩과 피시 스킨이 유명하다. 피시 스킨은 연어 껍질로 만들어 단백질과 콜라겐이 풍부하다. 싱가포르에서도 비싸게 느껴지겠지만 한국에서는 더 비싸게 주고 사야 하는 과자다.

1봉지 100g $2.32

프라운 롤 Prawn Rolls

싱가포르의 유명한 새우 과자다. 바삭하고 술안주로도 좋아 한번 뜯으면 멈추기 어려운 중독성이 있다. 비첸향, 벵가완 솔로 쿠키 숍 등에서 판매하며 마트에서도 다양한 종류와 가격대의 상품을 구매할 수 있다.

185g(4개입) $9.9

락사 라면 Laksa La Mian

싱가포르 소울 푸드 락사의 매력에 빠졌다면 꼭 사야 하는 프리마 락사 라면. 쫄깃한 면과 진하고 고소한 국물이 일품이며 간편하게 먹기 좋다. 숙주와 오뎅을 넣어서 끓이면 훨씬 더 맛있다.

270g $4.39

카야 잼 Kaya Jam

XO 브랜드의 저설탕 카야 잼이다. 마트에서는 레스 슈거, 노 슈거 등 다양한 브랜드와 종류의 카야 잼을 살 수 있다.

100g $2.98

닛신 얼빈스 솔티드 에그 오리지널 & 매운맛 컵라면
Nissin Irvins Salted Egg Original & Spicy

일본의 유명 라면 회사 닛신과 싱가포르의 얼빈스가 함께 만든 라면이다. 진한 고소함이 특징이며 오리지널과 매운맛이 있다. 한국인 입맛엔 역시 매운맛이 제격이다.

300g $8.78

35g $3.6

싱가포르 커리 Singapore Curry

싱가포르 유명 식료품 브랜드인 프리마 테이스트의 커리 제품이다. 닭고기, 감자와 이 커리 소스만 있으면 싱가포르에서 먹었던 색다른 커리를 집에서도 맛볼 수 있다.

바쿠테 소스 Bak Kut Teh Sauce

바쿠테를 간단히 만들 수 있는 소스로 등갈비와 소스, 간장을 넣어서 끓이면 완성된다. 마트에서 구매할 수 있으며 송파 바쿠테(10팩, $26)에서도 판매한다.

320g $8.78

칠리 크랩 소스
Singapore Chilli Crab Sauce

프리마 제품으로 싱가포르 칠리 크랩에 반했다면 사와야 하는 소스 꽃게, 달걀 그리고 이 소스만 있으면 식당에서 먹었던 맛을 비슷하게 낼 수 있다. 꽃게가 아니더라도 새우, 오징어 등의 해산물과 함께 요리해도 맛있다.

── 어디에서 사야 할까? ──

페어프라이스
NTUC Fair Price

콜드 스토리지
Cold Storage

무스타파 센터
Mustafa Centre

싱가포르의 가장 큰 슈퍼마켓 체인이다. 비보시티, 오차드, 주얼 창이까지 싱가포르 전역에 점포가 많아 여행 중 가까운 곳에서 쇼핑할 수 있다. 초콜릿, 쿠키, 스트렙실, 소스, 커피 등 다양한 제품을 사기에 좋고 할인 행사가 많아서 가격도 저렴하다.

싱가포르 대형 마트 체인 중 하나로 생필품 및 식료품을 판매한다. 페어프라이스보다는 작지만 빠르게 둘러보기 좋고 체인점이 많아 쇼핑몰 안에서 쉽게 찾을 수 있다. 과자, 소스, 라면, 맥주 등 다양한 제품의 특별 행사도 자주 진행한다.

리틀 인디아 분화 지구인 칼랑에 있으며 30만 가지가 넘는 품목을 판매하는 대형 쇼핑센터로 없는 거 빼고 다 있다. 엘립스 오일, 초콜릿, 수분 크림 등 다양한 기념품을 저렴하게 구매할 수 있으며 새벽 2시까지 영업한다.

• SPECIAL •

Don Don Donki
돈돈돈키

일본의 대형 할인 매장 체인인 '돈키호테'의 싱가포르 버전이다. 돈키호테는 다양한 상품을 저렴한 가격에 판매하는 할인 매장으로 유명한데 돈돈돈키 역시 일본 식품, 생활용품, 화장품 등 다양한 제품을 저렴한 가격에 판매해 인기가 많다. 싱가포르에서 일본 식료품을 쇼핑하고 싶다면 방문해보는 것을 추천하지만 매장별 재고 상품이 다르다는 점을 참고하자. 오차드 센트럴, 선텍 시티, 하버프런트 센터 등 쇼핑몰에 입점해 있어 찾기 쉬우며 공항 내 주얼 창이 에어포트 몰 지하에도 입점해 있다.

10개입 1봉지 $5.9

말차 킷캣 미니
Nestle Kitkat Strong Matcha

향긋한 말차 향과 달콤한 킷캣이 만났다. 말차를 좋아하는 사람에게 선물하기 좋다.

80g 1봉지 $8.8

살몬 스킨
Crispy Salmon Skin

바삭하고 고소한 맛의 살몬 스킨으로 와사비, 치즈 등 다양한 맛 중 선택할 수 있다.

6g 30개입 $5.9

우마이봉
うまいぼん

너무나 유명한 스틱 과자 우마이봉. 종류도 다양하고 가격도 저렴하다.

198g $4.9

골든 커리
Golden Curry

진하고 깊은 맛의 일본 커리를 좋아한다면 추천한다. 매운 정도를 선택할 수 있다.

코로로 젤리 48g $1.9

젤리
Gummy

유명한 일본 젤리가 가득하며 종류가 다양해 고르는 재미가 있다.

66g $4.9

홋카이도 치즈 모찌
Hokkaido Cheese Mochi

에치고 제과의 제품으로 입안에서 부드럽게 녹으며 진한 치즈 맛을 느낄 수 있다.

30개입 $17.9

가네보 수이사이
뷰티 클리어 파우더
Kanebo Suisai Beauty Clear Powder

여행이나 골프 치러 갈 때 유용한 일회용 뷰티 클렌저로 휴대하기 편하다.

20개입 $10.9

네슬레 마차라테
Nestle Matcha Latte

마차를 좋아한다면 네슬레 마차라테는 필수 쇼핑 아이템이다.

8개입 $9.9

사케 킷캣
Sake Kitkat

마스이즈미 카라쿠치 사케를 넣어 만든 킷캣이다. 일본 전통 사케 특유의 향과 맛을 느낄 수 있고 한정판이며 선물용으로 손색이 없다.

140g $3.9

휩 프리미엄 세안제
Whip Premium

피부 타입별로 선택할 수 있는 세안제로 가격까지 저렴하다.

> **TIP 그레이트 싱가포르 세일** Great Singapore Sale
>
> 싱가포르 관광 활성화를 위해 1994년부터 시작된 '싱가포르 최대 세일 전쟁'으로 유명한 연례행사다. 의류, 보석, 장난감, 전자 제품 등 최대 90% 규모의 할인을 진행해 쇼핑하는 즐거움을 선사한다. 보통 6~8월에 4주 동안 진행하며 오차드 로드를 비롯한 쇼핑몰, 탕린 몰뿐만 아니라 차이나타운, 리틀 인디아 등 전역에 걸쳐 세일이 진행되므로 여행 일정과 겹친다면 절대 놓쳐서는 안 된다. 쇼핑몰이 보통 10시까지 영업을 하기 때문에 관광 일정을 마치고 오후에 쇼핑하거나 더운 날씨에 지친다면 아침과 저녁에 관광을 하고 더운 낮에 쇼핑몰에서 시간을 보내도 좋다.

SINGAPORE TRAVEL

MARINA BAY

마리나 베이

싱가포르로 여행을 떠나게 만드는 곳이 바로 마리나 베이다. 1992년 간척지 위에 지어진 싱가포르의 새로운 도심으로 싱가포르 대표 명소 마리나 베이 샌즈, 사이언스 박물관, 가든스 바이 더 베이, 마리나 베이 파이낸셜 센터가 자리 잡고 있다. 또한 싱가포르의 유명한 도시 야경을 즐길 수 있는 랜드마크다.

· 찾아가기 ·

MRT

베이프런트 Bayfront역	
더 숍스 앳 마리나 베이 샌즈	C, D 출구와 연결
가든스 바이 더 베이	B 출구에서 지하보도로 도보 10분
마리나 베이 샌즈 호텔	C, D 출구에서 도보 5분
아트사이언스 뮤지엄	D 출구에서 도보 8분

가든스 바이 더 베이 Gardens by the Bay역	
가든 랩소디	1번 출구에서 도보 15분
플라워 돔	1번 출구에서 도보 10분
마리나 배라지	1번 출구에서 도보 5분

프롬나드 Promenade역	
싱가포르 플라이어	A 출구로 나가면 보임

MARINA BAY — 지도 및 찾아가기

마리나 배라지

가든 랩소디

가든스 바이 더 베이

마리나 베이 샌즈 호텔

플라워 돔

더 숍스 앳 마리나 베이 샌즈

싱가포르 플라이어

아트사이언스 뮤지엄

Gardens by the Bay

가든스 바이 더 베이

싱가포르에서 무조건 가봐야 하는 관광지 중 하나로 3만 2000여 개가 넘는 식물을 보유한 플라워 돔과 클라우드 포레스트 돔이 있고, 9~16층 높이의 수직 정원 슈퍼트리에서는 멋진 쇼인 '가든 랩소디'가 매일 저녁 펼쳐진다. 슈퍼트리의 전체적인 모습을 보려면 마리나 베이 샌즈 호텔과 연결된 드래곤플라이 다리 근처의 마리나 베이 오버패스 뷰잉 포인트가 좋다. 슈퍼트리를 좀 더 가까이 보려면 OCBC 스카이웨이가 좋은 선택이다. 단, 한 달에 한 번 휴무이니 홈페이지에서 운영 시간을 확인하자.

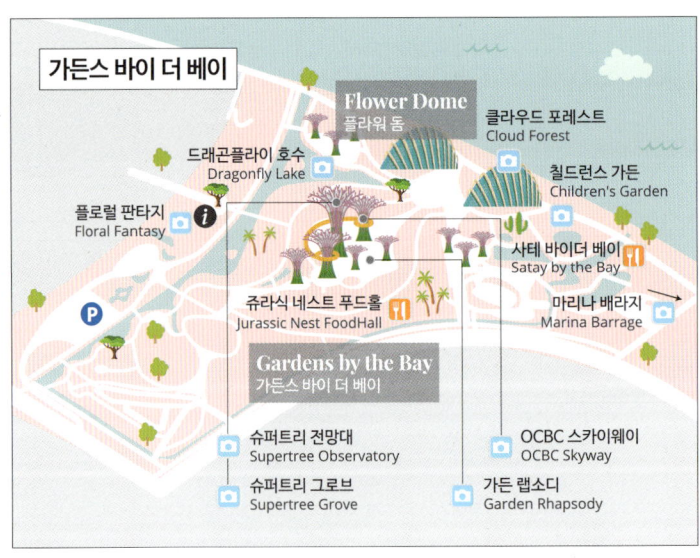

- MRT 베이프런트Bayfront역 B 출구에서 도보 10분 / 가든스 바이 더 베이Gardens by the Bay역 1번 출구에서 도보 10분
  BUS 97, 106, 133, 518번 Bayfront Stn Exit B/MBS 하차 후 도보 10분
- 05:00-02:00 슈퍼트리 쇼(가든 랩소디) 19:45, 20:45 (15분간)
- www.gardensbythebay.com.sg

가든스 바이 더 베이 추천 코스

1 마리나 배라지

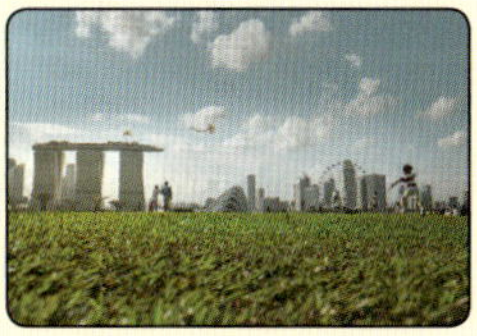

도보 8분

2 칠드런스 가든
(10세 이하 아이 동반 시 추천)

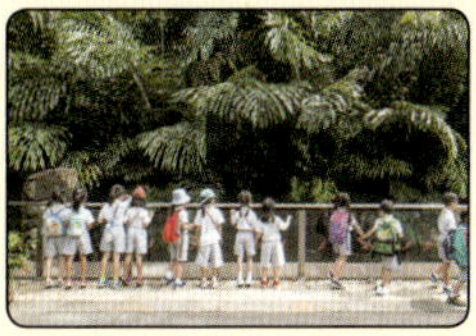

도보 3분

3 클라우드 포레스트

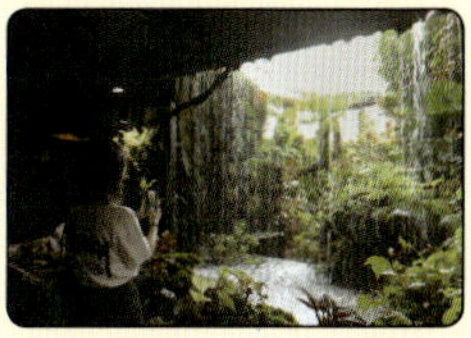

도보 1분

4 플라워 돔

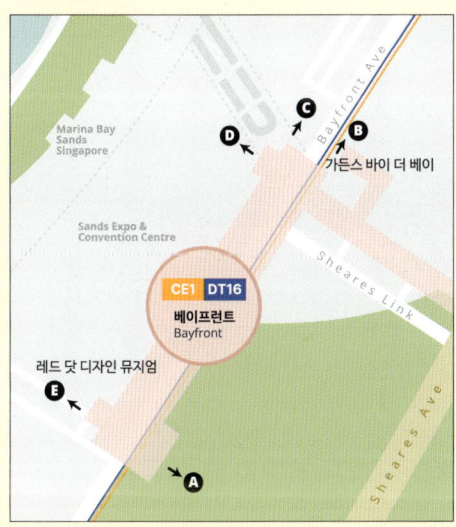

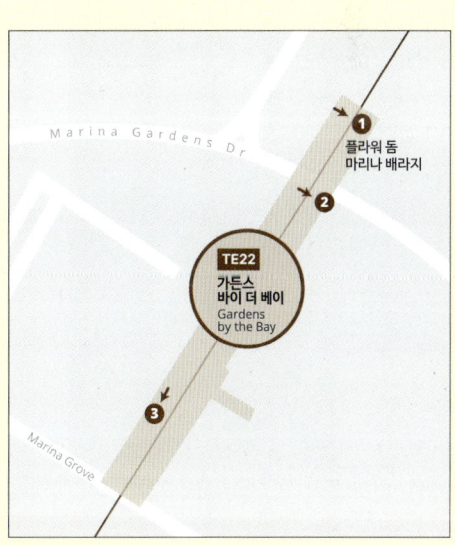

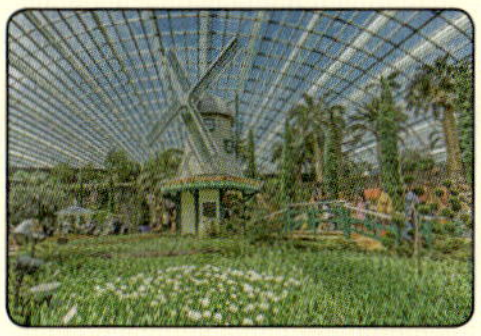

도보 6분

5 슈퍼트리 그로브

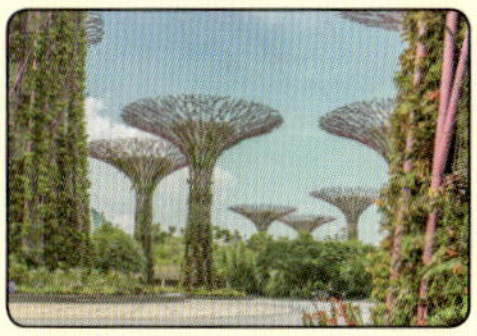

MRT 역 출구

Marina Bay Sands Singapore
Sands Expo & Convention Centre
Bayfront Ave
Sheares Link
Sheares Ave
CE1 DT16
베이프런트
Bayfront
A
B
가든스 바이 더 베이
C
D
E
레드 닷 디자인 뮤지엄

Marina Gardens Dr
Marina Grove
1
플라워 돔
마리나 배라지
2
3
TE22
가든스 바이 더 베이
Gardens by the Bay

TRAVEL HIGHLIGHTS

슈퍼트리 그로브
Supertree Grove

가든스 바이 더 베이의 18개 슈퍼트리 중 12그루가 모여 있는 곳이다. 슈퍼트리에 가까이 다가가면 온갖 종류의 식물이 빼곡히 있어 진짜 나무를 보는 듯한 착각을 일으킨다. 나무가 광합성을 하듯 슈퍼트리에도 광전지를 심어 자체적으로 전기를 생산하도록 했다. 또한 빗물을 받는 장치를 설치해 슈퍼트리에 있는 식물에게 물을 공급하고 실제 숲처럼 공기 정화 기능까지 갖췄다.

가든 랩소디
Garden Rhapsody

사운드트랙과 조명이 만나 완벽한 조화를 이루며 잊지 못할 감동을 선사하는 슈퍼트리 쇼. 아름다운 음악에 맞춰 거대한 슈퍼트리에 불빛이 반짝이면 어느 영화 속 한 장면에 남겨진 느낌이다. 음악은 시즌별 새로운 주제로 바뀐다. 얇은 돗자리나 비닐을 준비해 가서 슈퍼트리 중앙에 누워 관람하면 감동이 배가된다. 매일 저녁 19:45, 20:45 15분 동안 진행되며 무료다.

$ 무료(12월 크리스마스 시즌 유료)

> **TIP 가든스 바이 더 베이 알차게 즐기기**
> - 얇은 돗자리나 휴대용 매트 등을 준비해 가서 슈퍼트리 중앙에 누워 슈퍼트리 쇼를 감상하고 야경을 즐겨보자.
> - 더운 날씨를 피하려면 클라우드 포레스트와 플라워 돔을 먼저 관람하는 것이 좋다.
> - 슈퍼트리 그로브의 가든 랩소디 쇼(19:45, 20:45)를 관람하도록 시간을 맞춰 계획을 세우자.
> - 가든 랩소디 - 스펙트라 쇼 - 헬릭스 브리지 - 멀라이언 순서대로 야경 관람을 하면 효율적이다.

슈퍼트리 전망대
Supertree Observatory

16층 건물 높이의 슈퍼트리에 올라가 가든스 바이 더 베이의 탁 트인 전망과 싱가포르의 도시경관, 스카이라인을 감상할 수 있는 전망대다. 전망대 데크에서는 슈퍼트리 나뭇가지를 따라 한 바퀴 돌며 이색적인 사진을 남길 수 있으며, 계단을 통해 야외 루프톱 데크에 오르면 가든스 바이 더 베이의 울창한 주변 지역과 마리나 베이 지역을 막힘없이 감상할 수 있다.

- 매일 09:00-21:00(입장 마감 20:30)
- 성인 $14, 어린이(3-12세) $10

OCBC 스카이웨이
OCBC Skyway

지상 22m 높이의 두 슈퍼트리 사이에 128m 길이의 공중 산책로를 만들었다. 엘리베이터를 타고 올라가 두 슈퍼트리를 산책하며 울창한 숲속을 관람하면 마치 공중에 떠 있는 듯한 기분이 든다. 슈퍼트리 중앙 부분을 아주 가까이에서 볼 수 있으며 마리나 베이 샌즈를 배경으로 사진을 찍기에도 좋다. 입장 시간은 15분으로 제한되어 있으며 사람이 많은 경우에는 대기 시간이 있을 수 있다.

- 매일 09:00-21:00(입장 마감 20:30)
- 성인 $14, 어린이(3-12세) $10

플로럴 판타지
Floral Fantasy

1만 5000개의 꽃으로 꾸며진 감성 가득한 판타지 정원이다. 각각의 개성이 가득한 댄스, 왈츠, 플로트, 드리프트의 4개 정원과 4D 판타지 극장이 있으며 독특하고 아름다운 꽃들과 함께 특별한 사진을 남길 수 있다. 특히 하늘에 매달린 꽃 장식 밑에서 찍는 사진이 유명하다.

- **댄스** Dance
  네 가지 정원 중 첫 번째 정원으로 마치 공중에서 춤을 추듯 만발한 꽃들이 캐노피에 매달려 흔들린다.

- **플로트** Float
  시냇물 흐르는 소리를 들으며 식물을 지키는 정원 수호자 노부의 머리 위에 매달린 수백 개의 꽃을 관람하며 꽃 사이에 숨어 있는 9명의 요정 친구들을 찾아볼 수 있다.

- **왈츠** Waltz
  계단, 바위 사이로 피어난 꽃, 비처럼 내리는 물줄기, 화려한 색상의 개구리를 만날 수 있다.

- **드리프트** Drift
  마지막 정원으로 계단식 암석으로 둘러싸인 동굴 안에 중남미에서 온 베고니아, 후페르지아, 난초를 관람할 수 있다.

- **판타지 극장 – 잠자리의 비행 4D 라이드** Fantasy Theatre - 'Flight of the Dragonfly' 4D Ride
  잠자리의 눈을 통해 가든스 바이 더 베이 주변을 시뮬레이션 비행하는 4D 영상이다. 키 100cm 이상.

🕐 월~금요일 10:00-19:00, 주말 및 휴일 10:00-20:00

💲 성인 $24, 어린이(3~12세) $16

클라우드 포레스트
Cloud Forest

입구에 들어서자마자 높이 35m의 실내 인공 폭포를 만나면 가슴이 벅차오른다. 싱가포르산 난초, 양치류를 포함한 전 세계 다양한 종의 꽃과 식물로 둘러싸인 구름산이자 유명한 실내 정원으로 싱가포르 여행 중 놓치지 말아야 할 곳이다. 열대우림의 울창한 공중 산책로 '클라우드 워크'를 따라 산책하면서 열대 고산지대 및 세계의 이국적인 식물을 관람할 수 있다. 해발 1000~3000m에서 서식하는 식물을 위해 시원하고 습한 환경을 재현했으며, 매일 오전 10시에서 오후 8시까지 2시간마다 물을 뿌리는 미스트 타임이 있어 몽환적인 풍경을 자아낸다. 내부가 추우니 긴팔 카디건을 준비하자.

- 매일 09:00-21:00(입장 마감 20:30), 미스트 타임 10:00-20:00(2시간마다)
- $ 플라워 돔 & 클라우드 포레스트 성인 $32, 어린이(3~12세) $18

칠드런스 가든
Children's Garden

울창한 자연에서 물놀이를 즐길 수 있는 놀이터다. 성인 방문객은 12세 이하 어린이와 동반 시 입장할 수 있다. 유아 놀이 구역과 130m 길이의 숲길을 따라가는 열대우림 트리하우스, 아이들의 움직임을 감지하는 모션 센서가 있는 워터 플레이까지 아이들이 있다면 들러볼 만하다.

- 파 이스트 그룹Far East Organization 목~일요일 09:00-19:00, 월~수요일 휴무, 방학 시즌 화~일요일 09:00-19:00, 월요일 휴무
- $ 무료

플라워 돔
Flower Dome

3332개 유리 패널로 만들어진 플라워 돔은 올림픽 규격 수영장 75개 규모로 최대 1000명을 수용할 수 있는 실내 정원이다. 캘리포니아 가든, 남아프리카 정원 등 9개 섹션으로 구성되며 지중해부터 남아프리카 사막까지 다양하고 독특한 서식지의 식물을 만날 수 있다. 또한 중앙 정원에는 시즌별로 특별한 주제를 지닌 다양한 꽃이 전시된다. 1000년 된 올리브 나무 앞에서 사진 찍는 걸 잊지 말자. 실내가 매우 추우니 얇은 카디건을 준비하면 좋다. 무료 가이드 투어도 진행하니 홈페이지를 참고하자.

- 매일 09:00-21:00(입장 마감 20:30)
- $ 플라워 돔 & 클라우드 포레스트 성인 $32, 어린이(3-12세) $18(전시나 이벤트가 있을 경우 가격 변동)
- www.gardensbythebay.com.sg

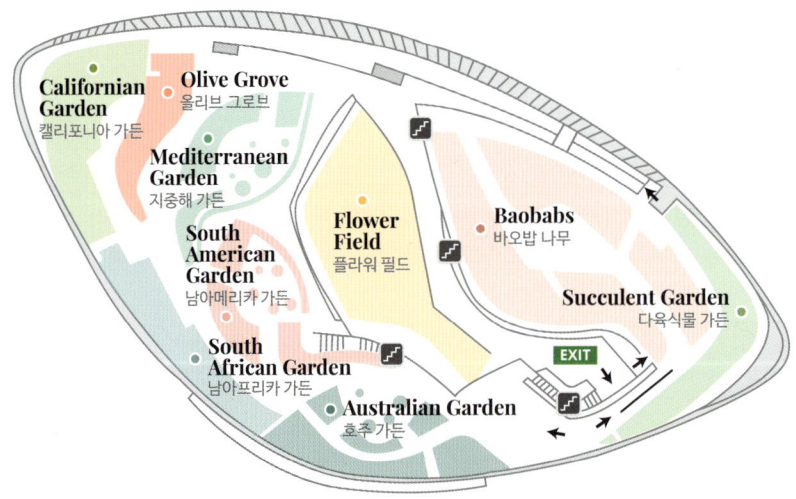

❶ 다육식물 가든 Succulent Garden
더운 사막에서 자라는 선인장, 알로에, 크라슐라 등과 같은 물을 저장하는 다육식물을 볼 수 있다.

❷ 바오밥 나무 Baobabs
생김새 때문에 병나무Bottle Tree라고도 불리는 바오밥 나무는 아프리카 사바나 주민들에게 피난처, 음식 및 옷을 제공하기 때문에 생명의 나무로 유명하다.

❸ 호주 가든 Australian Garden
서늘하고 건조한 기후에서 잘 자라는 서호주와 남호주의 다양한 식물을 감상하자.

❹ 남아프리카 가든 South African Garden
형형색색의 꽃과 핀보스Fynbos를 만날 수 있는 곳. 핀보스는 모래가 많고 영양분이 적은 토양에서 자라 잎이 바늘 모양인 것이 특이하다.

❺ 남아메리카 가든 South American Garden
칠레 정원을 거닐며 칠레 중부의 원숭이 퍼즐 트리, 푸야 같은 이국적인 식물을 감상할 수 있다.

❻ 캘리포니아 가든 Californian Garden
계단을 올라가면 캘리포니아 지역의 관목 식물인 다채로운 샤파랄Chaparral을 만날 수 있다.

❼ 지중해 가든 Mediterranean Garden
스톤 파인과 대추야자 나무를 볼 수 있으며 이탈리아 사이프러스 나무를 놓치지 말자.

❽ 올리브 그로브 Olive Grove
1000년 된 올리브 나무를 감상하고 배경으로 사진을 찍으면 이국적인 인증 숏을 건질 수 있다.

❾ 플라워 필드 Flower Field
시즌별로 다양한 주제에 따라 아름다운 꽃들로 꽃밭을 장식한다.

드래곤플라이 호수
Dragonfly Lake

마리나 베이 샌즈 호텔과 가든스 바이 더 베이 중간에 있는 호수다. 440m 길이의 보드워크를 따라 펼쳐지는 산책로는 사진 찍기 좋은 보물 같은 명소다. 이 호수는 자연 여과 시스템 역할을 하며 물고기와 잠자리 같은 다양한 수생 서식지를 제공한다. 더운 낮보다는 이른 아침이나 해 질 녘 방문하길 추천한다. 호수를 걷다 보면 멋진 대형 잠자리 조각상을 발견할 수 있으며 밤에는 곳곳에 조명이 켜져 낮과는 또 다른 느낌이다. 드래곤플라이 호수 브리지 위에서 호수, 싱가포르 플라이어, 가든스 바이 더 베이를 배경으로 사진을 찍는 것도 잊지 말자. 한 폭의 그림 같은 사진을 남길 수 있다.

⏱ 매일 05:00-02:00
$ 무료

마리나 배라지
Marina Barrage

폭 350m, 1만 헥타르에 이르는 저수지로 홍수 피해를 막기 위해 중요한 역할을 하는 곳이다. 싱가포르는 평범한 이 저수지 주변을 관광 명소, 레크리에이션 장소로 만들어 주말이면 사람들의 발길이 끊이지 않는다. 저수지에는 카약을 즐기는 사람이 많고 잔디 언덕에는 연 날리는 가족, 연인들로 북적인다. 싱가포르 스카이라인을 감상하며 유유자적 여유롭게 시간을 보내도 좋고, 늦은 오후 방문해 일몰을 즐기는 것도 추천한다. 마리나 베이 샌즈, 가든스 바이 더 베이, 싱가포르 플라이어까지 한 앵글에 담아 사진을 찍을 수 있는 특별한 곳이기도 하다.

⏱ 24시간
$ 무료

사테 바이 더 베이 |푸드 코트|
Satay by the Bay

가든스 바이 더 베이와 마리나 배러지 사이에 있는 푸드 코트로 사테 굽는 냄새가 예술이다. 사테 콤보 세트를 시키거나 좋아하는 종류만 골라 단품 주문도 할 수 있다. 음료 판매점에서 맥주나 음료를 구매하고 주변 가게에서 만두나 치킨라이스 등 간단한 식사 메뉴를 선택할 수 있다. 수박, 파파야 등 조각 과일을 판매하는 곳에서 과일을 먹으며 더위를 식혀도 좋다. 특히 맥주 판매점 옆쪽 테이블에 앉아 정원 뷰를 바라보면서 식사하면 이색 레스토랑에 온 느낌이다.

- 📍 MRT Gardens by the Bay역 1번 출구에서 도보 5분
- 📍 18 Marina Gardens Dr, #01-19, Singapore 018953
- 🕒 매일 11:00-22:00
- 💲 콤보 세트 16꼬치+밥 $19, 새우 꼬치 $2, 치킨 꼬치 $0.9

쥬라식 네스트 푸드 홀 |푸드 코트|
Jurassic Nest Food Hall

미슐랭 등급을 받은 음식점이 한곳에 모인 푸드 코트로 공룡을 테마로 한 곳이다. 1972년부터 변함없이 사랑받는 태국 음식 맛집 툭래디Took Lae Dee, 2년 연속 미슐랭 가이드에 소개된 인도네시아 나시 르막 맛집 아얌 탈리왕Ayam Taliwang, 브리야니 최초 미슐랭을 받은 비스밀라 비르야니Bismillah Biryani, 정통 일본 라멘 츠타Tsuta, 미슐랭 1스타를 받은 치킨라이스 맛집 호커찬Hawker Chan이 한자리에 모여 행복한 고민을 하게 만든다. 실내 및 야외 공간에서는 쥬라기 네스트 쇼도 진행돼 아이들과 식사하기에도 안성맞춤이다. 샐러드, 파스타, 아이스크림을 즐길 수 있는 JN 카페는 오전 9시부터 운영한다.

- 📍 MRT Gardens by the Bay역 1번 출구에시 도보 10분 / 가든스 바이 더 베이 슈퍼트리에서 도보 2분
- 📍 18 Marina Gardens Dr, #01-19, Singapore 018953
- 🕒 카페 매일 09:00-21:00, 푸드 홀 매일 11:00-21:00
- 💲 나시 르막 $12.9

> **TIP** 가든스 바이 더 베이 택시 탑승장 앞에 스타벅스, 맥도날드가 있으며, 플라워 돔과 클라우드 포레스트 맞은편에는 셰이크쉑 버거가 있어 이동 중에 간단한 식사가 가능하다.

Marina Bay Sands

마리나 베이 샌즈

싱가포르의 활기찬 도심 한복판에 있는 복합 리조트로 최고의 전망을 갖춘 인피니티 풀이 있는 호텔이다. 뿐만 아니라 쇼핑, 카지노, 공연장까지 럭셔리한 경험을 가능케 하는 곳이다. 이스라엘 출신 건축가 모세 샤프디가 설계하고 쌍용건설이 건설했다. 55층의 3개 타워 위를 연결하는 스카이파크와 200m 높이의 루프톱 인피니티 풀이 압권이다. 이 수영장에서 그림 같은 일몰을 감상하기 위해 호텔은 늘 풀 부킹이다. 아트사이언스 뮤지엄, 마리나 베이 샌즈 극장, 카지노, 유명 셰프의 레스토랑과 더 숍스 앳 마리나 베이 샌즈 등 하루 종일 시간을 보내도 부족하다.

- **MRT** Bayfront역 D 출구에서 마리나 베이 샌즈 몰과 연결
  BUS 97, 97e, 106, 133번 Aft Bayfront Stn Exit E 하차 후 도보 1분
- 10 Bayfront Ave, Singapore 018956

마리나 베이 샌즈 추천 코스

1. 더 숍스 앳 마리나 베이 샌즈 — 도보 5분 →
2. 아트사이언스 뮤지엄 — 도보 8분 →
3. 애플 마리나 베이 샌즈 — 도보 15분 ↓
4. 스카이파크 전망대 ← 도보 5분 —
5. 헬릭스 브리지 ← 도보 7분 —
6. 스펙트라 쇼

MRT 역 출구

- C, D: 더 숍스 앳 마리나 베이 샌즈 / 마리나 베이 샌즈 호텔
- B: 더 숍스 앳 마리나 베이 샌즈 / 마리나 베이 샌즈 호텔 / 아트사이언스 뮤지엄 / 스펙트라 쇼
- CE1 DT16 베이프론트 Bayfront

TIP 마리나 베이 샌즈 알차게 즐기기

- 더운 낮에는 쇼핑몰과 아트사이언스 뮤지엄에서 시원하게 즐기자.
- 스카이파크는 6시 30분에 방문해 일몰과 야경을 모두 즐기자.
- 헬릭스 브리지는 저녁 7시 이후 방문을 추천한다.
- 스펙트라 쇼는 오후 8시, 9시(금~토요일 10시 추가 공연)에 있으며 공연 시간은 15분이다.

마리나 베이 샌즈

사진 라벨:
- 스카이파크 전망대
- 3 타워
- 2 타워
- 1 타워
- 클라우드 포레스트
- 아트사이언스 뮤지엄
- 가든스 바이 더 베이
- 더 숍스 앳 마리나 베이 샌즈
- 스펙트라 쇼(이벤트 플라자)
- 애플 마리나 베이 샌즈

지도 라벨:
- 드래곤플라이 호수 / Dragonfly Lake
- 스카이파크 전망대 / SkyPark Observation Deck
- 더 숍스 앳 마리나 베이 샌즈 / The Shoppes at Marina Bay Sands
- 라사푸라 마스터즈 / Rasapura Masters
- 플로럴 판타지 / Floral Fantasy
- TWG 티 가든 앳 마리나 베이 샌즈 / TWG Tea Garden at Marina Bay Sands
- 라보 / Lavo
- 랄프스 커피 마리나 베이 샌즈 / Ralph's Coffee Marina Bay Sands
- 알&비 티 / R&B Tea
- 빈스 트로 / Beanstro
- 삼판 라이드 / Sampan Ride
- 아트사이언스 뮤지엄 / ArtScience Museum
- 바샤 커피 / Bacha Coffee
- CE1 DT16 Bayfront
- 브레드 토크 / Bread Talk
- 디지털 라이트 캔버스 / Digital Light Canvas
- 레인 오큘러스 / Rain Oculus
- 팀호완 / Tim Ho Wan
- 스펙트라 쇼 / Spectra A Light & Water Show
- 블랙 탭 크래프트 버거 & 비어 / Black Tap Craft Burgers & Beers
- 애플 마리나 베이 샌즈 / Apple Marina Bay Sands
- 고든 램지 브레드 스트리트 키친 / Bread Street Kitchen by Gordon Ramsay

스펙트라 쇼와 가든 랩소디 쇼를 하루에 보고 싶다면?

스펙트라 쇼 8시 공연을 보고 가든 랩소디 쇼 8시 45분 공연을 관람하면 여유롭게 두 쇼 모두 즐길 수 있다. 가장 효율적인 지름길은 마리나 베이 샌즈 몰에 들어가 L1층의 샤넬 매장을 찾는 것이다. 샤넬 매장 옆 통로와 연결된 긴 에스컬레이터를 타면 가든스 바이 더 베이에 빠르게 도착할 수 있다. 반대로 이동할 때도 마찬가지이니 공연 시간만 잘 확인하자. 아래에 소개한 동선은 가든 랩소디 쇼를 보고 스펙트라 쇼를 감상하는 루트다.

샤넬 매장 옆 통로

❶ 가든 랩소디 향연 속으로!
유니크한 트리 타워 '슈퍼트리'가 빛의 매직과 웅장한 음악으로 연출되는 약 15분의 판타스틱 쇼 즐기기
🕐 19:45-20:00, 20:45-21:00
▶ www.gardensbythebay.com.sg

❷ 잔디밭에 앉아 슈퍼트리 담은 사진 찍기

❸ 불꽃놀이 같은 느낌의 슈퍼트리 감상하기

❹ 에스컬레이터
샌즈 방면으로 이어진 다리를 건너 왼쪽에 있는 에스컬레이터를 타고 위로 올라간다.

❺ 전망 스페이스
올라가면 전망 스페이스가 있어 가든스 바이 더 베이가 한눈에 예쁘게 보인다.

❻ 샌즈로 가는 오버패스
오버패스를 지나서 마리나 베이 샌즈 호텔을 통과하자.

❼ 샌즈의 쇼핑센터 옥상
옥상에서 연결된 에스컬레이터를 타고 L1층으로 이동하면 된다.

❽ 이벤트 플라자 도착
마리나 베이를 향한 계단 모양의 데크에 자리를 잡자.

❾ 스펙트라 쇼 감상하기
마리나 베이를 무대로 펼쳐지는 음악, 물, 빛의 웅장한 심포니. 중앙 맨 앞자리에서 보고 싶다면 시작 30분 전부터 자리를 맡아야 한다.
🕐 20:00-20:15, 21:00-21:15, 22:00-22:15(금~토요일만 개최)
▶ ko.marinabaysands.com

The Shoppes at Marina Bay Sands
더 숍스 앳 마리나 베이 샌즈

마리나 베이 샌즈에 있는 대형 쇼핑몰로 다양한 고급 브랜드, 레스토랑, 엔터테인먼트 시설을 갖추고 있다. 세계적으로 유명한 고급 시계, 주얼리, 샤넬Chanel, 에르메스Hermès, 루이 비통Louis Vuitton 등의 디자이너 브랜드와 럭셔리 프리미엄 부티크가 모여 있어 명품 쇼핑도 즐길 수 있다. 특히 동남아시아 최대 규모의 고급 시계 브랜드 컬렉션을 보유하고 있는 것으로도 유명하다. 또한 바샤, TWG, 찰스 & 키스, 가디언까지 있어 기념품을 한번에 쇼핑할 수 있으며 멤버십 혜택도 누릴 수 있으니 놓치지 말자.

• 주요 숍 •

바샤 커피
Bacha Coffee

에르메스 커피로 불리는 세련된 포장과 선택의 폭이 넓은 다양한 커피 종류로 선물하기 좋다.

- 지하 2층 레인 오큘러스 옆
- 매일 10:00-22:00

티더블유지
TWG

전 세계적으로 유명한 싱가포르의 차 브랜드로 지인들에게 선물하기 좋다. 다른 매장보다 종류가 많은 것이 특징.

- MRT Bayfront역 D 출구에서 몰로 연결되는 입구 지하 1층 및 지하 2층에 위치
- 매일 10:00-22:00

찰스 & 키스
Charles & Keith

싱가포르 패션 브랜드로 신발, 가방, 액세서리 등 모던하고 심플한 디자인에 합리적 가격으로 꾸준히 사랑받고 있다. 대형 쇼핑몰답게 다른 지점보다 다양한 종류의 가방과 신발이 있어 쇼핑하기 편리하다.

- MRT Bayfront역 D 출구에서 몰 연결 입구에 위치
- 매일 10:30-23:00

로저 비비에
Roger Vivier

1937년 구두 장인 로저 비비에Roger Vivier가 자신의 이름을 걸고 설립한 구두 브랜드로 전면이 보이는 사각 버클과 크리스털 아틀리에 로고가 시그니처다.

- 지하 2층 16번 매장
- 일~목요일 10:30-23:00, 금~토요일 10:30-22:00

올드 셍 충
Old Seng Choong

예쁜 틴 케이스와 싱가포르만의 독특한 맛 덕분에 선물용으로 좋은 쿠키 숍이다.

- 1층 서쪽 입구에서 도보 2분
- 매일 10:30-22:00

토스트 박스
Toast Box

미니 카야 잼 2개가 박스에 포장돼 선물하기 좋다.

- 지하 1층 딘타이펑 옆
- 매일 07:30-21:30

• 주요 볼거리 •

레인 오큘러스
Rain Oculus

미국의 설치미술가 네드칸의 작품으로, 지름 22m의 아크릴 볼에 지상의 물을 모아 실내 운하로 내려보내는 설치미술이다. 실내에서는 폭포수같이 떨어져 내리는 물줄기를 볼 수 있으며, 바깥에서는 소용돌이 속으로 물이 빨려 들어가는 모습을 볼 수 있다. 분당 2만 2000ℓ의 물이 쏟아지는 폭포 쇼는 놓치지 말아야 할 볼거리다. 앉아서 보고 싶다면 커피숍 빈스트로Beanstro에서 구경하자.

- 📍 삼판 라이드 운하 맨 끝 카페 빈스트로 옆
- 🕐 실내 폭포 쇼 10:00, 13:00, 15:00, 17:00, 20:15, 21:30, 23:00

삼판 라이드
Sampan Ride

나무 보트인 삼판을 타고 뱃사공이 직접 노를 저어 더 숍스 앳 마리나 베이 샌즈의 운하를 한 바퀴 돌아오는 체험이다. 운하를 따라 삼판 위에서 여유롭게 사진을 찍을 수 있으며 시간대를 잘 맞추면 레인 오큘러스의 폭포 쇼를 가까이에서 볼 수 있다.

- 📍 MRT Bayfront역 D 출구에서 몰 연결 입구
- 🕐 매일 11:00-21:00
- 💲 1인당 $15, 마리나 베이 샌즈 회원 시 할인 혜택

디지털 라이트 캔버스
Digital Light Canvas

팀랩Team Lab에서 기획한 4D 라이트 소식품과 LED 바닥을 합친 설치물이다. 천장에 매달린 크리스털 작품과 LED 바닥 캔버스가 만들어내는 디지털 라이트 안으로 들어가 걷고 달리며 시간을 보낼 수 있다. 푸드 코트 중앙에 있어 아이들을 바라보며 식사나 음료를 즐기기에도 좋다. 거대한 캔버스에 나의 발걸음으로 그림을 그려보는 체험을 할 수 있으며, 2층에서 럭셔리한 크리스털 작품을 배경으로 사진 촬영도 가능하다.

- 📍 라사푸라 마스터즈 푸드 코트 옆
- 🕐 매일 11:00-21:00
- 💲 $12, 샌즈 리워즈 멤버 및 퓨처월드 입장권 소재 시 할인 혜택

Restaurant & Cafe

팀호완 | 딤섬
Tim Ho Wan

홍콩식 딤섬 레스토랑으로 저렴한 가격에 훌륭한 음식을 제공해 유명해진 곳이다. 실제로 세계에서 가장 저렴한 미슐랭 스타 레스토랑으로 알려졌으며 한국에도 여러 지점이 있다. 차슈바오가 시그니처 메뉴다. 겉은 바삭바삭한 곰보빵 느낌인데 안은 특제 소스로 조리한 돼지고기가 들어 있어 색다른 맛이다.

- MRT Bayfront역 D 출구에서 도보 3분, MBS 몰 지하 2층
- B2-02/03/04, Canal Level, The Shoppes 2 Bayfront Ave, Marina Bay Sands, 018972
- 일~목요일 11:00~22:00, 금~토요일 11:00~23:00
- 새우 덤플링(3pcs) $6.5, 차슈바오(3pcs) $8.5

라보 | 이탤리언
Lavo

마리나 베이 샌즈 호텔 57층 인피니티 풀 옆에 있는 이탤리언 레스토랑이다. 고층 빌딩, 가든스 바이 더 베이, 싱가포르 동남쪽 해협에 정박해 있는 선박까지 파노라마 풍경을 한번에 즐길 수 있다. 거대한 미트볼 위에 치즈를 듬뿍 얹은 라보 미트볼과 20겹 레이어드된 초콜릿 케이크가 시그니처 메뉴다. 런치 세트를 즐기거나 늦은 오후 칵테일을 마시며 일몰을 감상해도 좋다. 방문 전 예약 추천.

- MRT Bayfront역 D 출구에서 도보 5분
- 10 Bayfront Ave, Tower 1, Level 57, Singapore 018956
- 매일 12:00-24:00
- 칵테일 $27~, 미트볼 $39

고든 램지 브레드 스트리트 키친 | 서양식
Bread Street Kitchen by Gordon Ramsay

소개가 필요 없는 세계적으로 유명한 셰프 고든 램지의 레스토랑이다. 비프 웰링턴, 피시앤칩스, 구운 대구 살이 시그니처 메뉴다. 가격은 좀 비싸지만 맛을 보면 감동해서 고개가 끄덕여진다. 창가석에서는 마리나 베이 뷰를 감상하며 식사할 수 있고, 예약하고 방문하는 것을 추천한다.

- MRT Bayfront역 D 출구에서 도보 4분
- 10 Bayfront Ave, L1-81 Singapore 018956
- 월~금요일 12:00-24:00, 토~일요일 11:30-24:00
- 비프 웰링턴 2인 $168, 브레드 스트리트 키친 버거 $32, 피시앤칩스 $38

블랙 탭 크래프트 버거 & 비어 | 버거, 맥주 |
Black Tap Craft Burgers & Beers

마리나 베이 샌즈 동쪽 입구에 있는 이곳은 수제 맥주, 밀크셰이크, 햄버거가 유명해 항상 사람들이 길게 줄 서는 곳이다. 뉴욕의 블랙 탭 분점으로 부드러운 밀크셰이크와 육즙 풍부한 햄버거는 한번 맛보면 엄지척하게 된다. 아이들과 함께 방문하기도 좋으며 예약 가능하다.

- 📍 MRT Bayfront역 D 출구에서 도보 5분
- 📍 10 Bayfront Ave #L1-80, The Shoppes at Marina Bay Sands, Singapore 018972
- 🕐 월~금요일 11:30-23:00, 토~일요일 11:00-23:00
- 💲 와규 스테이크 하우스 버거 $29, 케이크 셰이크 $22

브레드 토크 | 베이커리 |
Bread Talk

싱가포르 국민 빵집 브레드 토크는 어디서나 쉽게 마주칠 수 있나. 시그니처 메뉴는 폭신하고 부드러운 빵 위에 돼지고기를 실처럼 얇게 얹은 플로스Flosss다. 독특한 식감과 달콤 짭짤한 맛의 묘한 매력 때문에 두 번 세 번 찾게 된다. 빵 위에 올린 고명만 따로 구매할 수 있다. 밀크티와 커피도 판매하며 싱가포르만의 다양한 베이커리를 맛볼 수 있다.

- 📍 MRT Bayfront역 D 출구에서 도보 4분
- 📍 10 Bayfront Ave, B1-01F, Singapore 018956
- 🕐 월~금요일 09:00-21:00, 토~일요일 09:00-22:00
- 💲 플로스 $2.4, 크레이터 치즈 허니 케이크 $4.7

라사푸라 마스터즈 | 푸드 코트 |
Rasapura Masters

마리나 베이 샌즈 몰 지하에 있는 푸드 코트다. 간단하게 식사하기 좋고 다양한 음식이 있어서 한 바퀴 둘러보고 원하는 메뉴를 선택할 수 있다. 고기와 채소를 철판에 구워 나오는 페퍼 키친Pepper Kitchen, 난과 버터 치킨을 맛볼 수 있는 인디아 익스프레스India Express, 마라탕 맛집 주 바오 슈안 핫폿Ju Bao Xuan Hotpot 등이 인기 가게다.

- 📍 MRT Bayfront역 D 출구에서 도보 5분
- 📍 2 Bayfront Ave, #B2-49A/50-53, Singapore 018972
- 🕐 일~목요일 08:00-22:00, 금~토요일 08:00-23:00
- 💲 비프 페퍼 라이스 $9.7, 버터 치킨 세트 $11.5

TWG 티 가든 앳 마리나 베이 샌즈 |티|
TWG Tea Garden at Marina Bay Sands

럭셔리 숍에 둘러싸인 이곳은 마치 물 위에 떠 있는 로맨틱한 가든을 연상케 한다. 조식 대신 브렉퍼스트 세트를 먹거나 오후 2시부터 6시까지 티타임 세트를 즐길 수 있다. 가볍게 차와 함께 마카롱, 스콘을 먹으며 분위기를 만끽하기에도 좋은 곳이다. 다만 옆 테이블과 너무 붙어 있는 것이 유일한 단점이다.

- 📍 MRT Bayfront역 D 출구에서 도보 4분
- 📌 The Shoppes at Marina Bay Sands, 2 Bayfront Ave, B2-65/68A, 018972
- 🕐 일~목요일 10:00-22:00, 금~토요일 10:00-23:00
- 💲 브렉퍼스트 세트 $33~, 티타임 세트 $25~

랄프스 커피 마리나 베이 샌즈 |커피|
Ralph's Coffee Marina Bay Sands

패션 브랜드 랄프 로렌에서 운영하는 커피숍으로 입구에서부터 랄프 로렌의 시그니처 곰 인형이 스태프처럼 손님을 반겨준다. 매장이 좁은 데다 테이블이 3개뿐이라 여유롭게 커피를 즐기려면 줄을 설 각오를 해야 하지만, 커피 맛도 훌륭하다. 원두와 함께 굿즈도 판매해 선물용 물품을 고르기 좋으며 랄프 로렌 매장과 연결되어 있어 쇼핑을 즐기기에도 그만이다. 마리나 베이 샌즈 외 오차드 로드에도 지점 한 곳을 운영하고 있다.

- 📍 MRT Bayfront D 출구에서 도보 5분
- 📌 2 Bayfront Ave, #01-71 The Shoppes at Marina Bay Sands, Singapore 018972
- 🕐 매일 10:00-22:00
- 💲 랄프 커피 $5.5, 아메리카노 $6

빈스트로 |커피|
Beanstro

커피빈의 고급 버전으로 외부 좌석에 앉아 레인 오큘러스 폭포 쇼를 관람하기 가장 좋은 카페이다. 쇼핑몰 중앙에 있어 잠시 쉬어 가기에도 좋으며 식사보다는 커피와 티, 간단한 디저트를 추천한다.

- 📍 MRT Bayfront역 D 출구에서 도보 3분, 레인 오큘러스 옆
- 📌 2 Bayfront Ave, #B2-20 20A, Singapore 018972
- 🕐 일~목요일 10:30-22:00, 금~토요일 및 공휴일 전날 10:30-23:30
- 💲 커피 $8.8~

헤이 티 | 밀크티 |
Hey Tea

2012년 중국에서 시작된 차 브랜드로 인공감미료를 넣지 않은 건강한 차를 선보인다. 과일 차와 밀크티 등 다양한 음료를 판매하는데 얼음 양, 당도, 토핑 추가 등을 원하는 대로 선택할 수 있다. 시그니처 메뉴는 음료에 치즈를 넣은 치조Cheezo 시리즈이며 싱가포르 지점에서만 판매하는 판단 코코넛 셰이크도 인기다. 싱가포르 전역에 6개 매장이 성업 중이며 마리나 베이 샌즈 매장은 테이크 아웃만 가능하다.

- **MRT** Bayfront역 D 출구에서 도보 5분
- 2 Bayfront Ave, #01-73/74, 싱가포르 018956
- 매일 10:30-22:00
- 베리 그레이프 크리스털 $5.9, 로스티드 브라운 보바 밀크티 위드 치조 $5.8

알 & 비 티 | 밀크티 |
R & B Tea

싱가포르에 흑설탕 치즈 밀크티 열풍을 일으킨 선구자로 치즈 브륄레를 곁들인 브라운 슈거 보바 밀크티는 꼭 맛봐야 한다. 달콤함과 크리미함의 합이 환상적 조화를 이룬다. 상큼한 맛을 원한다면 패션 파라다이스를 추천한다. 마리나 베이 샌즈 몰 지점을 비롯해 13개 매장이 있다.

- **MRT** Bayfront역 D 출구에서 도보 5분, 마리나 베이 샌즈 몰 지하 2층
- 2 Bayfront Ave, #B2-50, Singapore 018972
- 일~목요일 11:00-21:30, 금~토요일 11:00-22:30
- 브라운 슈거 밀크티(R) $4.9, 패션 파라다이스 $6.2

> **TIP 마리나 베이 샌즈 멤버십이란?**
>
> 마리나 베이 샌즈 몰에서 소비하는 금액의 일부를 적립하는 멤버십으로 적립 후 다음 구매 시 바로 사용할 수 있으며 할인 혜택도 있다. 아래 QR 코드를 스캔하면 마리나 베이 샌즈 애플리케이션을 다운 받을 수 있는 링크로 연결된다.
>
> - 멤버십 무료 가능(유료 업그레이드 가능)
> - 어트랙션 및 아트사이언스 뮤지엄 30% 할인
> - 레스토랑 및 쇼핑 최대 20% 적립(일부 매장 제외)
>
>

TRAVEL HIGHLIGHTS

스펙트라 쇼
Spectra A Light & Water Show

레이저 빛과 분수, 오케스트라 음악이 함께 어울려 펼쳐지는 빛과 물의 환상적인 공연으로 매일 저녁 무료로 볼 수 있다. 아름다운 싱가포르의 야경을 배경으로 펼쳐지는 쇼는 언제 보아도 감동이다. 마리나 베이 샌즈 몰 야외 이벤트 플라자의 1층과 2층 난간 중앙 자리가 명당으로, 음악과 함께 완벽한 감동을 받을 수 있어 항상 사람들로 가득 찬다. 15분 미리 도착하면 좋은 자리에서 볼 수 있다. 리버 크루즈를 타면 레이저 쇼를 더 가까이에서 관람할 수 있으며 공연 시간 10분 전 탑승하면 된다. 또한 맞은편 멀라이언 파크에서는 마리나 베이 샌즈 루프톱에서 쏘아 내리는 화려한 레이저를 배경으로 관람이 가능하다. 다만 음악이 들리지 않는 것이 단점으로 100% 감동을 받기에는 아쉽다.

- MRT Bayfront역 D 출구에서 도보 5분, 마리나 베이 샌즈 몰 이벤트 광장
- 2 Bayfront Ave, Singapore 018972
- 쇼 타임 일~목요일 20:00, 21:00, 금~토요일 20:00, 21:00, 22:00
- 무료

스카이파크 전망대
SkyPark Observation Deck

마리나 베이 샌즈 57층에 있는 전망대에서 파노라마로 펼쳐지는 마리나 베이의 야경을 감상할 수 있다. 슈퍼트리 그로브, 에스플러네이드 등 싱가포르의 상징적인 랜드마크를 한눈에 볼 수 있으며 오후 6시 30분에 올라가면 해 질 녘 석양과 야경을 함께 즐길 수 있다.

- MRT Bayfront역 B 출구에서 도보 5분
- L56 Hotel Tower 3, 10 Bayfront Ave, Singapore 018956
- 매일 11:00-21:00(마지막 입장 20:30)
- 성인 $35, 어린이(2~12세), 장애인, 65세 이상 $31, 패밀리패키지(성인 2+어린이 2) $110

TIP 마리나 베이 샌즈 앱을 다운로드해 멤버십에 가입하면 할인 혜택을 받을 수 있다. 성인 $24.5, 어린이(2~12세) $21.7

아트사이언스 뮤지엄
ArtScience Museum

마리나 베이 워터 프런트의 대표 명소 아트사이언스는 인터랙티브 디지털 설치물을 통해 예술과 과학을 융합한 전시를 선보이는 곳이다. 연꽃에서 영감받아 만들어진 독특한 외관을 배경으로 인증 숏을 남기고 퓨처월드 전시를 보며 독특하고 특별한 사진을 찍어보자. 퓨처월드 전시는 빛과 색상, 자연과 도시, 공간과 시간 등의 주제를 다루고 있어 미래 세계로 여행하는 듯한 멋진 사진을 찍을 수 있으며 특히 마지막 크리스털 유니버스가 최고의 인증 숏 포인트다.

- MRT Bayfront역 D 출구에서 도보 10분, 마리나 베이 샌즈 몰 서쪽 끝 출구 앞
- 6 Bayfront Ave, Singapore 018974
- 일~목요일 10:00-19:00, 금~토요일 10:00-21:00
- 성인 $30, 어린이 $25

애플 마리나 베이 샌즈
Apple Marina Bay Sands

전 세계 애플 스토어 중 최초로 물 위에 떠 있는 특별한 애플 매장이다. 큰 유리 돔 모양의 설계로 천장과 벽이 모두 유리로 되어 있어 다양한 애플 제품을 구경하며 파노라마 전망을 즐길 수 있다. 독특한 외관도 인기가 많아 건물을 배경으로 사진 찍는 이들도 많다. 외부에서 입장할 수도 있고 쇼핑몰 지하 2층과 연결되어 있다.

- MRT Bayfront역 D 출구에서 도보 6분, 마리나 베이 샌즈 몰 야외 이벤트 플라자 옆
- 2 Bayfront Ave, B2-06, Singapore 018972
- 매일 10:00-22:00

헬릭스 브리지 Helix Bridge

싱가포르에서 가장 긴 보행자 전용 다리로 사람의 DNA를 형상화해 만든 게 특징이다. 다리 중앙이 인증 숏 포인트로 독특한 이중나선형 다리와 마리나 베이 샌즈를 배경으로 아름다운 사진을 남길 수 있다. 야경 포인트로 놓쳐서는 안 되는 곳으로 오후 7시 이후에 방문하자. 아트사이언스 뮤지엄에서 오른쪽 계단을 이용하면 바로 연결된다.

- MRT Bayfront역 D 출구에서 도보 12분
- Linking between Marina Bay and Marina Centre, Singapore 038981

싱가포르 플라이어
Singapore Flyer

세계 최대 규모의 대관람차 싱가포르 플라이어는 싱가포르 시내를 360도 파노라마로 감상할 수 있으며, 30분 동안 한 바퀴를 돈다. 165m, 42층 건물 정도 높이까지 올라가므로 싱가포르 주요 여행지를 모두 관람할 수 있다. 일몰 시간에 맞춰 탑승하면 금빛으로 물드는 아름다운 경관을 볼 수 있다. 좀 더 특별하게 즐기고 싶다면 싱가포르 슬링이나 샴페인, 저녁 식사 등이 포함된 패키지를 살펴보자. 좀 더 자세한 사항 및 예약은 홈페이지(www.singaporeflyer.com/en) 참고.

- **싱가포르 슬링 익스피리언스** | 싱가포르의 시그니처 칵테일 싱가포르 슬링, 18세 이하 어린이에게는 목테일 제공(성인 $79, 어린이 $31)
- **프리미엄 샴페인 익스피리언스** | 샴페인과 싱가포르의 초콜릿 장인 제니스 웡Janice Wong이 만든 초콜릿 포함(성인 $79)
- **165 스카이 다이닝 바이 싱가포르 플라이어** | 90분간 4코스 저녁 식사 및 기념품 포함(2인 $520)

- MRT Promenade역 A 출구에서 도보 8분
- 30 Raffles Ave, Singapore 039803
- 매일 10:00-22:00
- 성인 $40, 어린이(3~12세) $25

RIVERSIDE
리버사이드

싱가포르는 원래 어촌 마을이라는 뜻의 데미-섹Temasek이라 불렸다. 싱가포르를 건국한 스탬퍼드 래플스 경이 섬에 첫발을 내디딘 곳이 강어귀였으며, 상 닐라 우타마Sang Nila Utama 왕자가 사자 모습을 발견한 것도 강이었다. '사자의 도시'라는 뜻의 국명도 여기에서 유래했다. 식민지 시대의 싱가포르 리버사이드가 항만 근로자와 배들이 가득한 곳이었다면 현재는 낮이든 밤이든 매일 사람들로 붐비는 필수 관광 코스가 되었다.

📍 **MRT** Raffles Place역에서 도보 3분
　BUS 10, 70, 75, 100, 107, 130, 162, 196, 652, 660번 Raffles Pl Stn Exit F 하차 후 도보 6분

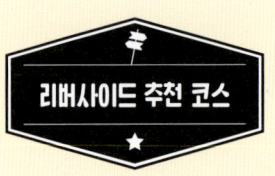

리버사이드 추천 코스

1 래플스 플레이스

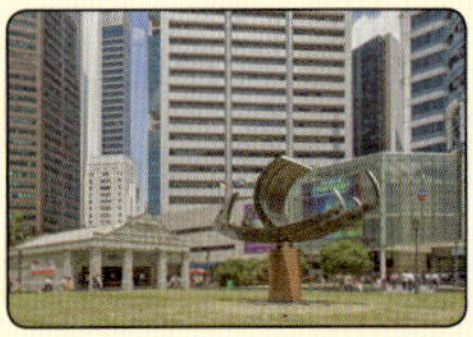

도보 3분

2 캐피타스프링

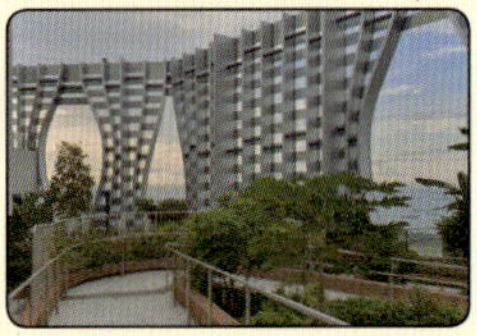

도보 10분

3 풀러턴 베이 호텔

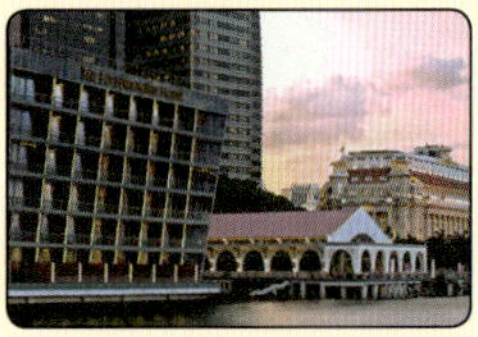

도보 1분

4 클리포드 피어

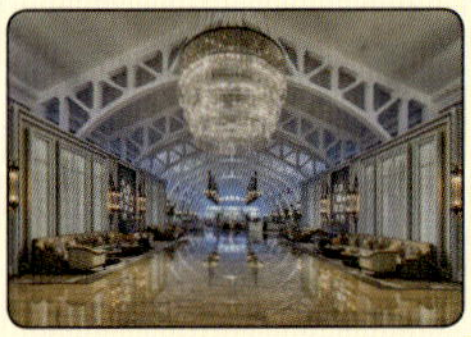

도보 2분

5 풀러턴 파빌리온

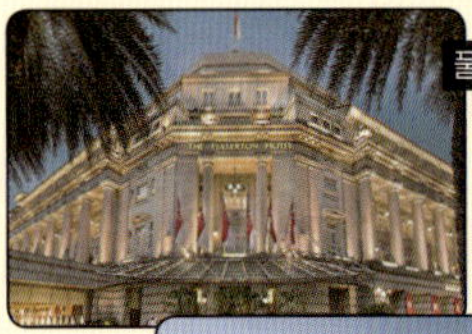

풀러턴 호텔

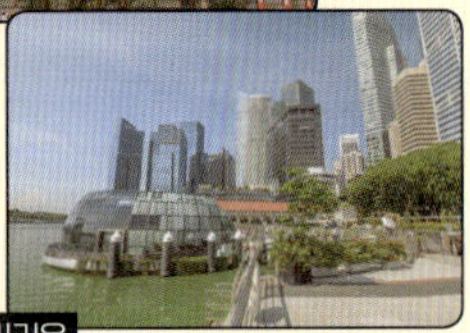

풀러턴 파빌리온

도보 4분

6 멀라이언 파크

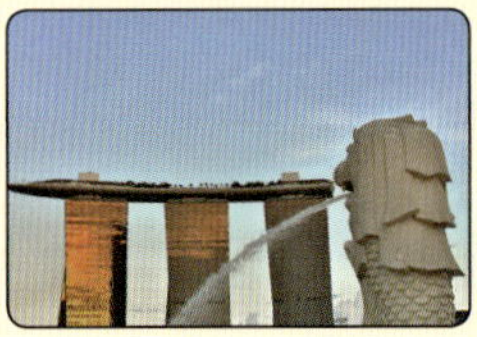

도보 6분

7 에스플러네이드 극장 & 에스플러네이드 파크

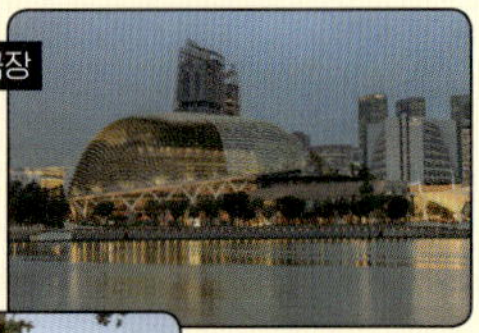

에스플러네이드 극장

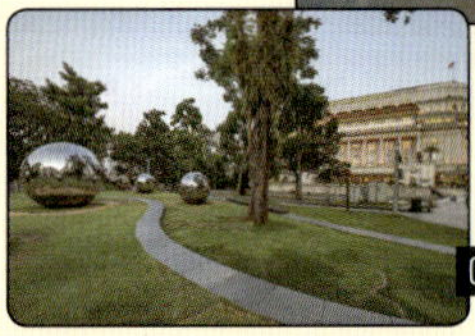

에스플러네이드 파크

RIVERSIDE 지도 및 추천 코스

리버사이드

• MRT 역 출구 •

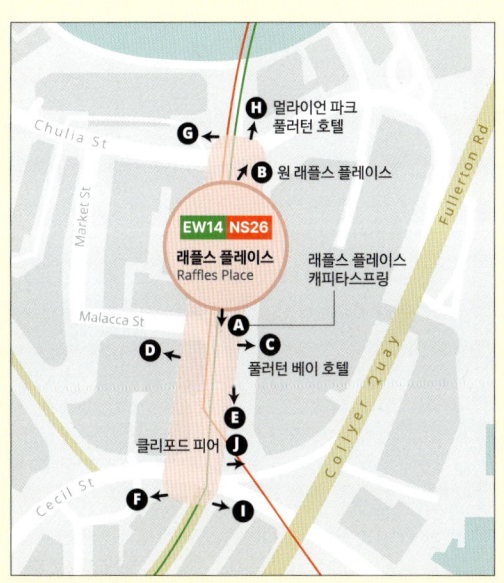

117

TRAVEL HIGHLIGHTS

래플스 플레이스
Raffles Place

싱가포르의 금융 지구로 싱가포르 강 입구 남쪽에 있다. 1820년대 싱가포르 상업 구역의 허브 역할을 하기 위해 상업 광장으로 계획하고 개발했으며 1858년에 래플스 플레이스로 이름이 바뀌었다. 현재는 여러 주요 은행이 입주해 국제적인 금융 센터 역할을 하고 있다.

- MRT Raffles Place역 A 출구에서 도보 1분
- Raffles Pl

캐피타스프링 CapitaSpring

높이 280m, 연면적 9만 3000m² 규모로 고층에 주거 시설, 저층에는 오피스와 상업 시설이 있는 주상 복합 빌딩이다. 덴마크 설계 사무소 빅BIG 스튜디오와 이탈리아 설계 사무소 카를로 라티 어소시에이트Carlo Ratti Associati가 공동 설계한 이 건물은 외부 디자인 또한 독특하다. 17층부터 20층까지 4개 층은 '그린 오아시스'로 조성해 열대식물과 나무가 가득하다. 꼭대기 층인 51층에는 스카이 가든 전망대가 있어 싱가포르 스카이라인을 360도로 관람할 수 있다. 그린 오아시스, 스카이 가든 모두 무료 입장이며 평일만 운영한다. 원하는 시간을 홈페이지에서 미리 예약하고 방문하거나 입장 전 등록하면 된다. 캐피타스프링 건물 2층과 3층에는 저렴하게 한 끼를 해결할 수 있는 마켓 스트리트 호커 센터Market Street Hawker Centre도 있다. 점심시간에는 직장인들로 붐비니 피해서 방문하자.

- MRT Raffles Place역 A 출구에서 도보 3분, 1층에서 엘리베이터 탑승
- 88 Market St, Singapore 048948
- 월~금요일 08:30-10:30, 14:30-18:00 (주말, 공휴일 및 전일 휴무, 기상 악화 시 입장 불가)
- $ 무료

풀러턴 베이 호텔
The Fullerton Bay Hotel Singapore

반짝이는 마리나 베이 해안가에 있는 5성급 호텔로 마리나 베이와 싱가포르 스카이라인을 360도로 감상할 수 있다. 싱가포르 야경 명소 루프톱 바 랜턴 옆에 있는 수영장과 탁트인 마리나 베이 뷰를 바라보며 애프터눈 티를 즐길 수 있는 더 랜딩 포인트The Landing Point가 유명하다.

- MRT Raffles Place역 B 출구에서 도보 3분
- 80 Collyer Quay, Singapore 049326

클리포드 피어
The Clifford Pier

싱가포르 센트럴 지역 마리나 베이의 콜리어 키Collyer Quay 옆에 있는 예전 부두다. 새로운 희망의 삶을 찾아 싱가포르에 온 해상 승객과 이민자들의 상륙지였다. 주지사 휴 찰스 클리포드 Hugh Charles Clifford 경의 이름을 따서 명명했으며 1933년 문을 열고 2006년 운영을 중단했다. 2008년에 중국 레스토랑 원 온 더 번드One on the Bund로 개조되었다가 2014년에 문을 닫고 풀러턴 베이 호텔The Fullerton Bay Hotel에서 운영하는 레스토랑인 클리포드 피어로 재탄생했다. 마리나 베이 샌즈 맞은편에 있어 야경을 감상하기도 좋고 마리나 베이 샌즈를 배경으로 사진 찍기에도 그만이다. 깔끔하고 간결한 아르 데코 양식의 디자인이 아름답다.

- MRT Raffles Place역 J 출구에서 도보 8분
- 80 Collyer Quay, Singapore 049326

풀러턴 호텔
The Fullerton Hotel Singapore

1928년에 싱가포르 우체국으로 지어진 건물을 2001년에 개조해 호텔로 만든 역사적 의미가 있는 건물이다. 제1차 세계대전이 연합군의 승리로 끝난 뒤 영국 식민지 100주년을 기념하기 위해 지어졌으며 2015년 싱가포르 국립 기념물National Monument of Singapore로 지정되었다. 현재 풀러턴 호텔은 400개의 고급스러운 객실에서 도시 스카이라인과 싱가포르 강의 멋진 전경을 누릴 수 있다. 참고로 리버사이드 주변 관광을 마치고 공유 차량을 부를 때 풀러턴 호텔 로비를 이용하면 편리하다.

- MRT Raffles Place역 B 출구에서 도보 3분
- 1 Fullerton Square, Singapore 049178

풀러턴 파빌리온
The Fullerton Pavilion

풀러턴 로드를 따라 걷다 보면 물에 떠 있는 유리 돔 모양의 건물이 보인다. 1층에 이탤리언 레스토랑 몬티Monti가 있어서 대부분의 관광객은 이 건물에 무료 루프톱 전망대가 있을 거라고 생각하지 못한다. 그러나 작은 계단을 따라 올라가면 탁 트인 마리나 베이 샌즈 뷰를 감상할 수 있는 작은 광장이 나온다. 마리나 베이 샌즈 배경으로 스펙트라 쇼도 즐길 수 있는 야경 맛집이다.

- MRT Raffles Place역 J 출구에서 도보 10분
- 82 Collyer Quay, Singapore 049213

멀라이언 파크
Merlion Park

인어를 뜻하는 'Mermaid'와 사자를 뜻하는 'Lion'의 합성어인 멀라이언은 싱가포르의 상징이다. 이 동상은 높이 8.6m, 무게 70톤에 이르며 하루 종일 입에서 물을 뿜어낸다. 1972년 싱가포르 강 입구에 있던 멀라이언을 2002년 4월 에스플러네이드 다리 반대편으로 옮겨왔으며 이동 공사에만 7500만 달러가 들었다. 시원하게 뿜어내는 물을 입으로 받아먹는 포즈와 손으로 멀라이언을 잡듯 찍는 인증 숏이 유명하다. 낮과 밤 모두 아름다우며 미니 멀라이언인 Merlion Cub도 있으니 한번 찾아보자.

- MRT Raffles Place역 B 출구에서 도보 7분
- 1 Fullerton Rd, Singapore 049213

에스플러네이드 극장
Esplanade Theatres on the Bay

2개의 유리 지붕에 7000개 이상의 삼각 알루미늄 햇빛 가리개를 이용해 만든 종합 문화 예술 시설이다. 돔 위에 뾰족하게 장식한 부분이 열대 과일 두리안을 닮았다고 해서 두리안 몰이라고도 부른다. 1600석 규모의 콘서트홀과 2000석 규모의 공연 예술 극장을 갖추고 있으며 싱가포르 심포니 오케스트라는 물론 다양한 국내 및 해외 음악 공연이 펼쳐진다. 또한 공연장 주변은 수많은 카페와 레스토랑, 상점들이 입점해 있는 문화 공간이다. 싱가포르의 야경을 한눈에 바라볼 수 있는 무료 루프 테라스가 3층에 있으며 금~일요일 저녁에는 1층 야외 DBS 재단 에스플러네이드 야외극장DBS Foundation Esplanade Outdoor Theatre에서 무료 공연을 즐길 수 있다.

- MRT City Hall역 C 출구에서 도보 8분
- 3F. 1 Esplanade Dr, Singapore 038981

에스플러네이드 파크
Esplanade Park

독특한 외관의 에스플러네이드 야외극장이 자리하고 있는 공원으로 24시간 열려 있다. 제2차 세계대전 당시 일본군에 맞선 싱가포르 저항 조직의 멤버를 기리기 위해 세워진 림보승 기념관Lim Bo Seng Memorial, 저명한 자선사업가의 업적을 기념하고자 만든 탄킴셍 분수Tan Kim Seng Fountain 등을 볼 수 있다. 에스플러네이드 파크는 싱가포르의 야경을 감상할 수 있는 명소이기도 하다. 마리나 베이의 레이저 쇼와 함께 에스플러네이드 해변 극장의 빛나는 모습이 어우러져 더욱 운치 있는 야경을 감상할 수 있다.

- 에스플러네이드 극장과 인접
- Along Connaught Drive, 179682

Restaurant & Cafe

브루웍스 원 풀러턴 Brewerkz One Fullerton | 맥주 |

풀러턴 로드에서 마리나 베이 샌즈를 바라보며 맥주를 즐기기 딱 좋다. 시크한 분위기와 다양한 수제 맥주가 매력적이며 오후 6시까지 해피 아워로 15% 할인된다. 인디아 페일 에일IPA과 보헤미안 필스너BP가 인기다.

- 📍 MRT Raffles Place역 H 출구에서 도보 7분, 원 풀러턴 쇼핑몰에 위치
- 🏠 1 Fullerton Rd, #01-01 One Fullerton, Singapore 049213
- 🕐 매일 12:00-24:00
- 💲 피시앤칩스 $26, 수제 맥주 330ml $13~18

오버이지 OverEasy | 아메리칸 |

깔끔한 인테리어의 마리나 베이 샌즈 뷰를 자랑하는 아메리칸 레스토랑이다. 야경을 보려면 야외석 예약은 필수. 평일 런치 코스가 있으며, 맥주 캔을 꽂아 구운 비어 캔 치킨Beer Can Chicken이 대표 메뉴다.

- 📍 MRT Raffles Place역 H 출구에서 도보 7분, 원 풀러턴 쇼핑몰에 위치
- 🏠 1 Fullerton Road 01-06 One Fullerton, 049213
- 🕐 월~금요일 12:00-23:00, 토~일요일 11:00-23:00
- 💲 평일 런치 2코스 $29, 임파서블 버거 $29

팜 비치 Palm Beach | 칠리 크랩 |

50년 전통의 팜 비치 칠리 크랩은 부드럽고 달콤한 맛이 일품이다. 덥지 않다면 저녁에 야외석을 예약해 싱가포르의 야경을 보며 식사를 즐겨보자. 골든 밀크 새우에 시푸드 볶음밥을 곁들이면 완벽한 한 끼가 된다.

- 📍 MRT Raffles Place역 H 출구에서 Fullerton Rd 방면
- 🏠 1 Fullerton Rd, #01-09 One Fullerton, Singapore 049213
- 🕐 매일 12:00-14:30, 17:30-22:30
- 💲 골든 밀크 새우(S) $20, 시푸드 볶음밥(S) $12, 크랩 시가
- ➤ www.palmbeachseafood.com

스타벅스 Starbucks | 커피 |

마리나 베이 샌즈를 마주한 풀러턴 로드의 스타벅스다. 야외석에서 아침 커피와 함께 뷰를 즐기거나 관광 후 휴식하기 좋다. 가성비 좋게 싱가포르의 환상적인 야경까지 즐길 수 있다.

- 📍 MRT Raffles Place역 H 출구에서 도보 7분, 원 풀러턴 쇼핑몰에 위치
- 🏠 1 Fullerton Rd, #01-04 One Fullerton, Singapore 049213
- 🕐 일~목요일 07:30-22:30, 금~토요일 07:30-24:00
- 💲 모닝 세트 $8.5~

CLARKE QUAY
클락 키

싱가포르 강을 따라 보트 키Boat Quay와 로버트슨 키Robertson Quay 사이에 있는 역사적인 부두 지역이다. 1824년부터 1902년까지 해협 식민지의 주지사였던 앤드루 클라크Andrew Clarke 경의 이름을 따서 지어졌다. 1800년대 강을 따라 위치한 창고와 상가에 화물을 운송하던 무역의 중심지였으며 항구 활동이 점진적으로 이전되고 강을 정화시켜 1989년 문화유산 보호구역으로 지정했다. 이후 상업 및 엔터테인먼트 지구로 재개발해 현재는 강을 따라 레스토랑, 바, 클럽 등이 있으며 밤이 되면 라이브 음악까지 더해져 관광객들로 북적인다. 낮보다는 밤이 더 매력적인 곳이다.

📍 **MRT** Clarke Quay역 E 출구에서 도보 3분
   BUS 124, 145, 147, 166, 174, 190, 851번 Old Hill St Police Stn 하차 후 도보 1분

클락 키 추천 코스

1 올드 힐 스트리트 경찰서

도보 8분

2 더 아트 하우스

도보 8분

3 래플스 상륙지

도보 2분

4 아시아 문명 박물관

도보 2분

5 빅토리아 콘서트홀

도보 2분

6 달후지 오벨리스크

CLARKE QUAY
클락 키

지도 및 추천 코스

• MRT 역 출구 •

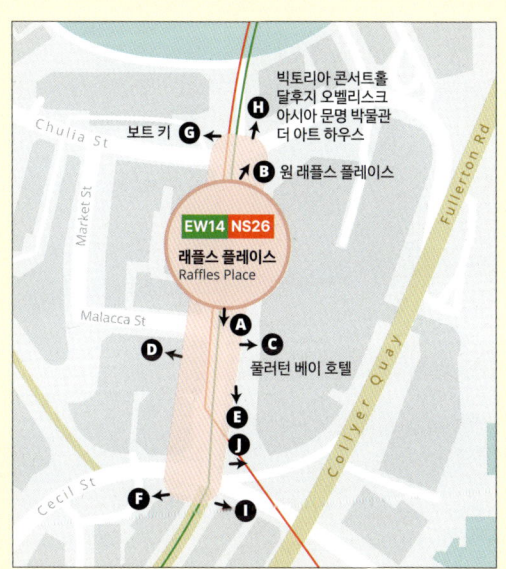

125

TRAVEL HIGHLIGHTS

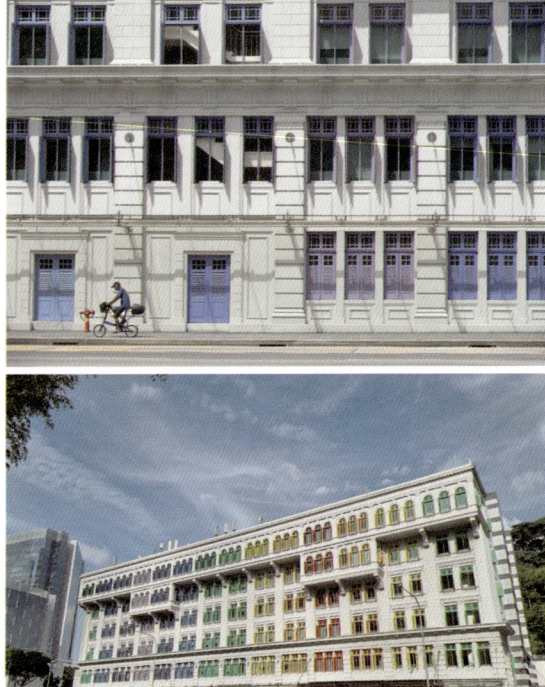

올드 힐 스트리트 경찰서
Old Hill Street Police Station

927개의 형형색색 무지갯빛 창문이 있는 건물로 세상에서 가장 예쁜 경찰서라고 해도 과언이 아니다. 1934년 지어진 이 건물은 과거 경찰서였으며 일본 점령기에는 수용소로도 사용되었다. 현재는 싱가포르 문화, 지역개발, 청소년부의 건물로 이용되고 있다. 낮과 밤 모두 멋진 사진을 찍을 수 있다. 건물 건너편에서 멋진 사진을 찍고 입구에 가면 작은 창문 설치물이 있으니 걸터앉아 귀여운 사진을 남겨보자.

- MRT Clarke Quay역 E 출구에서 도보 3분
- 140 Hill St, Singapore 179369
- 월~금요일 08:30-12:30, 14:00-17:30, 토~일요일 휴무

더 아트 하우스 The Arts House

1827년에 지어진 건물로 싱가포르에서 가장 오래된 정부 청사이자 현존하는 가장 오래된 건물이다. 1965년부터 1999년까지 싱가포르 국회의사당으로 쓰였으며 싱가포르에서 가장 역사적인 장소 중 하나이다. 1989년 건물을 보수하는 동안 13세기와 14세기의 석기와 토기가 발견되면서 이 지역의 오래된 거주지에 대한 고고학적 증거가 발견되기도 했다. 현재는 종합예술 공연장으로 영화제, 공연, 미술 전시회, 콘서트 등이 열리는 공간이다.

- MRT Raffles Place역 H 출구에서 도보 6분
- 1 Old Parliament Ln, Singapore 179429
- 매일 10:00-21:00

래플스 상륙지 Raffles' Landing Site

스탬퍼드 래플스 경이 1819년 1월 28일에 상륙한 것으로 추정되는 곳이다. 팔짱을 낀 채 바다를 바라보고 있는 래플스 경의 하얀 동상은 오리지널 청동 동상의 모작이다. 빅토리아 메모리얼 홀의 시계탑 앞으로 가면 영국의 저명한 조각가이자 시인인 토머스 울너Thomas Woolner가 조각한 스탬퍼드 래플스 경의 검은색 동상이 서 있다. 오늘날 이 하얀 동상은 싱가포르의 상징으로 남아 있으며 야외 공간이라 언제든 방문할 수 있다.

- MRT Clarke Quay역 E 출구에서 도보 10분
- 9 Empress Pl, Singapore 179556

아시아 문명 박물관 Asian Civilisations Museum

싱가포르의 국립 아시아 유물 및 장식 예술 박물관으로 엠프레스 플레이스 빌딩Empress Place Building에 있다. 신고전주의 양식의 건물은 100년이 넘는 세월 동안 싱가포르 정부 기관이 있었던 곳이다. 아시아 유일의 범아시아 박물관으로 말레이 및 기타 동남아시아 토착 문화의 공예품, 도구, 무기, 기구 및 의상을 볼 수 있다. 매월 첫 번째 목요일, 세 번째 화요일 오전 11시에 한국어 전시 해설 프로그램이 무료로 진행된다. 티켓 구매 시 신청하면 되고 1시간 정도 소요된다. 잠시 쉬어 가고 싶다면 1층 프리베Privé 카페를 추천한다.

- MRT Clarke Quay역 E 출구에서 도보 13분 / Raffles Place역 H 출구에서 도보 5분
- 1 Empress Pl, Singapore 179555
- 토~목요일 10:00-19:00, 금요일 10:00-21:00
- 성인 $25, 어린이, 만 60세 이상 $20, 6세 이하 무료, 전시별 금액 다름(홈페이지 참고)
- www.nhb.gov.sg/acm

빅토리아 콘서트홀 Victoria Concert Hall

싱가포르 공연 예술계의 중심인 이곳은 1862년 극장이 딸린 마을 회관으로 지어졌으나 크기가 너무 작아 어떤 용도로도 활용하기 쉽지 않았다. 1901년 1월 빅토리아 여왕이 사망하자 여왕을 위한 기념관 건설이 결정되었고, 이때 마을 회관 건물을 기념관 설계에 통합하기로 했다. 그리하여 빅토리아 기념관을 옆에 건립하며 두 건물을 연결하는 시계탑이 세워졌다. 마을 회관은 빅토리아 극장으로 이름이 바뀌었고 오늘날에는 싱가포르 도시 중심의 상징적 랜드마크가 되었다. 1층과 2층 건물을 둘러보면 사진 찍기 좋은 장소가 많다.

- MRT Raffles Place역 H 출구에서 도보 5분
- 11 Empress Pl, #01-02, Singapore 179558
- 매일 10:00-21:00

달후지 오벨리스크 Dalhousie Obelisk

멀리서도 쉽게 눈에 띄는 우뚝 솟은 하얀색 조각품이다. 1850년 2월, 달후지 후작이자 인도 총독직인 제임스 앤드루 경이 싱가포르를 방문한 것을 기념해 1851년 세워졌다. 그의 방문이 싱가포르의 자유무역과 관련된 지역 상업 이익에 도움이 될 것이라는 희망의 상징을 담아 세워진 기념물이다. 런던 템스 강가에 있는 유명한 클레오파트라 첨탑Cleopatra's Needle에서 영감을 받아 만들었으며 양쪽에 자위어(말레이어), 중국어, 타밀어 및 영어로 비문이 새겨져 있다.

- MRT Raffles Place역 H 출구에서 도보 5분
- 1 Empress Pl, Singapore 179555

· SPECIAL ·

Glittering Singapore Nights on the Water

배 위에서 즐기는 야경

싱가포르의 밤, 고요한 물결 위로 전통적인 범보트를 타고 떠나는 순간, 도시는 완전히 다른 얼굴을 보여준다. 차분하게 흐르는 강물을 따라 배가 나아가면, 화려하게 빛나는 스카이라인은 마음을 차분하게, 때로는 설레게 만든다. 강바람을 맞으며 보는 싱가포르의 야경은 그 자체로 로맨틱하고 도심 속에서 잠시 벗어나 또 다른 세상에 온 듯한 기분을 선사한다. 배 위에서 즐기는 이 특별한 야경은 단순한 풍경이 아니라 마법 같은 시간이다.

> **TIP 크루즈 승선 전 알아두자!**
> - 오후 6시 50분부터 7시 20분에 탑승 시 일몰과 야경을 모두 즐길 수 있다.
> - 배 위에서 스펙트라 쇼를 관람하려면 19:50, 20:50에 탑승하자. 단, 단체 관광객이 몰릴 경우 정확한 시간을 맞추기 어려울 수 있다.
> - 크루즈 뒷자리는 지붕이 없어서 탁 트인 야경을 관람할 수 있다.

싱가포르 리버 크루즈
Singapore River Cruise

클락 키에서 탑승해 싱가포르의 강을 따라 래플스 상륙지, 풀러턴 호텔, 아시아 문명 박물관, 멀라이언, 마리나 베이 샌즈 등 유명 관광지와 야경 포인트를 감상할 수 있는 보트다. 작은 무역항에서 부국이 된 싱가포르의 역사적 경로를 따라 이동하며 약 40분간 유람한다. 시간이 맞으면 크루즈에서 스펙트라 쇼도 관람할 수 있다.

- 📍 **MRT** Clarke Quay역 B 출구에서 도보 5분
- 🧭 3D River Valley Rd #01-03 Block D, Singapore 179023
- 🕐 월~목요일 13:00-22:00, 금~일요일, 공휴일 10:00-22:00
- 💲 성인 $28, 어린이(3~12세) $18

워터비
WaterB

워터비는 포트캐닝역 근처 및 클락 키 센트럴 쇼핑몰 앞, 아트사이언스 뮤지엄 근처, 멀라이언 파크 근처에서 출발하는 보트다. 노선과 소요 시간은 같아서 여행 일정에 맞춰 예약하면 된다. 한적한 어촌 마을에서 현대적인 대도시에 이르기까지 싱가포르의 역사적인 순간을 따라 랜드마크가 펼쳐진다. 워터비는 스펙트라 쇼 관람 전과 후에 탑승하기 좋은 위치이며 사람이 많지 않아 비교적 여유롭다. 다만 지붕 없는 맨 뒷좌석에 앉더라도 중간중간 조형물이 있어서 사진 찍기 불편할 수 있다.

- ⓘ 매일 14:00-21:00(30분마다 출발)
- $ 성인 $28, 어린이(3~12세) $18

포트캐닝역 근처	클락 키 센트럴 쇼핑몰 앞
📍 MRT Fort Canning역 A 출구에서 도보 4분 Tan Tye Pl, Singapore 170000	📍 MRT Clarke Quay역 G 출구에서 도보 2분 8 Eu Tong Sen St, Singapore 059818
아트사이언스 뮤지엄 근처	**멀라이언 파크 근처**
📍 MRT Bayfront역 D 출구에서 도보 10분 6 Bayfront Ave, Singapore 018974	📍 MRT Raffles Place역 B 출구 또는 H 출구에서 도보 8분 3D River Valley Rd #01-03 Block D, Singapore 179023

TIP 도심 속 클락 키에서 즐기는 스릴 만점 어트랙션

저녁이면 수많은 사람들로 북적이던 예전 클락 키의 명성을 되찾기 위해 클락 키가 변화하고 있다. 짜릿한 어트랙션을 타고 하늘 높이에서 클락 키 야경을 만끽하고 싶다면 추천한다.

GX-5 익스트림 스윙 GX-5 Extreme Swing
40m에서 시속 120km가 넘는 속도로 자유낙하하는 어트랙션. 12세 이상, 키 120cm 이상 탑승 가능

슬링샷 Slingshot
시속 160km로 거의 70m 상공까지 로켓처럼 쏘아 올리는 스릴 넘치는 놀이기구. 키 125cm 이상 탑승 가능

- 📍 MRT Clarke Quay역 E 출구에서 도보 5분
- 3E River Valley Road, 3E River Valley Rd, Block E, 179024
- ⓘ 매일 16:30-23:30
- $ 성인 $45, 학생(18세 이하) $35

· SPECIAL ·

Boat Quay vs Clarke Quay vs Robertson Quay
보트 키 vs 클락 키 vs 로버트슨 키

로버트슨 키

클락 키

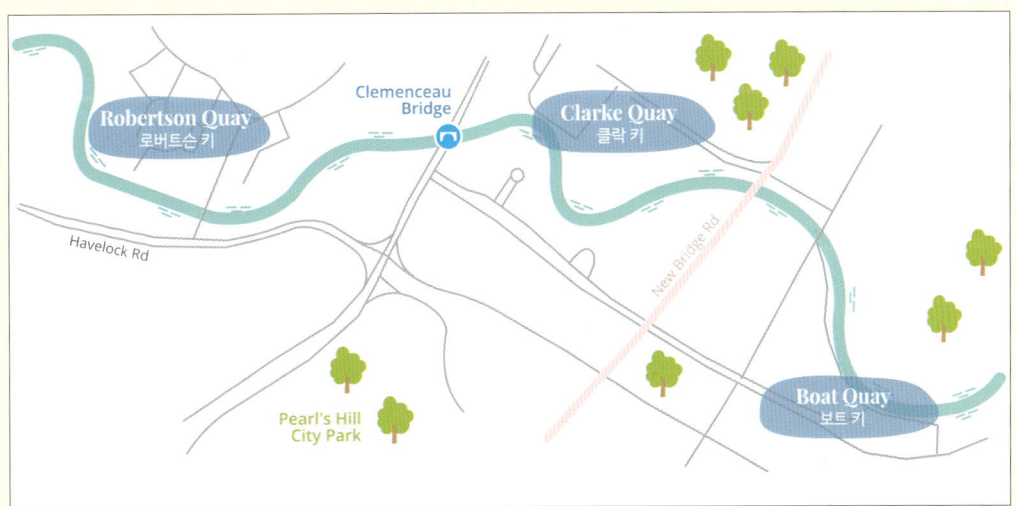

보트 키

싱가포르의 강은 1970년대 정화 프로젝트 이후 과거 무역 역할을 멈추고 관광 및 엔터테인먼트 역할로 바뀌었다. 호텔, 고층 빌딩, 쇼핑 센터, 강가 야외 식당 및 펍이 즐비해 있으며 강을 따라 걷는 것만으로도 힐링된다. 클락 키는 싱가포르 강에 인접한 지역으로 레스토랑, 바, 클럽 등이 있다. 최근 인기가 높아진 로버트슨 키는 조용하고 한적한 분위기의 지역으로 레스토랑, 카페 등이 있어 아침 산책을 즐기기에 좋다. 보트 키는 싱가포르 강을 따라 있는 지역으로, 야경을 즐기고 걷다가 와인 한잔 마시기 좋은 곳이다.

레드 하우스 시푸드 | 칠리 크랩 |
Red House Seafood

1976년에 문을 열어 현재까지 그 맛을 이어오고 있는 로컬 시푸드 맛집이다. 특히 그랜드 콥톤 워터 프런트 호텔 2층에 위치한 지점은 우아한 분위기다. 칠리 크랩과 미니 번을 시키고 부족하다면 새우 창편, 하가우를 곁들이자.

- MRT Havelock역 4번 출구에서 도보 4분
- 392 Havelock Rd, Level 2 Grand Copthorne Waterfront, Singapore 169663
- 매일 12:30-14:30, 17:30-22:00
- 싱가포르 칠리 크랩 시가, 시그니처 크리미 커스터드 소스 새우(S) $32

응아시오 바쿠테 | 바쿠테 |
NgAh Sio Bak Kut Teh

1955년 문을 연 이곳은 진한 국물에 감칠맛이 특징이다. 부드럽고 육즙이 풍부한 바쿠테 콤보와 얇게 썰어 나오는 족발 Braised Pig's Trotter이 유명하다. 밥 대신 얇은 면 Mee Sua을 주문해 함께 먹으면 별미다. 클락 키 분점이 송파 바쿠테 본점 맞은편에 문을 열었다. 런치 세트도 있어 송파 바쿠테와 비교하며 먹어봐도 좋다.

- MRT Clarke Quay역 E 출구에서 도보 2분
- 6 Eu Tong Sen St, #01-07 Singapre 059817
- 매일 09:00-21:00
- 족발 $10.8, 시그니처 바쿠테 $11.8

1826 | 맥주 |

보트 키 강변을 따라 있는 수제 맥주 맛집이다. 1826은 바가 있는 상점 건물이 지어진 연도를 의미한다. 페라나칸 음식과 퓨전 요리를 즐길 수 있으며 런치 및 디너 세트 메뉴도 있다. 야외 좌석에 앉아 강변의 야경을 즐기며 술 한잔하기에도 좋다.

- MRT Raffles Place역 H 출구에서 도보 3분
- 33/34 Boat Quay, Level 1, Singapore 049822
- 토~목요일 11:30-23:00, 금요일 11:30-24:00
- 맥주(PINT) $15~, 오징어 튀김 $18, 비프 렌당 $28, 커리 치킨 $18, 런치 세트 $23

커먼 맨 커피 로스터스 | 커피 |
Common Man Coffee Roasters Martin Rd

로버트슨 키에 첫 오픈한 이곳은 스페셜티 아라비카 커피와 올데이 브런치로 유명하다. 늦은 오후까지 제공하는 조식 메뉴 중에는 팬케이크가 인기다. 주치앗 로드, 센토사, 스탠리 스트리트 지점은 관광지 근처라 쉬기 좋다.

- MRT Clarke Quay역 B 출구에서 강변을 따라 도보 17분 / Fort Canning역 A 출구에서 도보 13분
- 22 Martin Rd, #01-00, Singapore 239058
- 매일 07:30-18:00
- 커피 $6~, 팬케이크 $26

레전더리 바쿠테 |바쿠테|
Legendary Bak Kut Teh

수많은 유명인이 찾았다는 이곳은 벽에 붙어 있는 사진과 사인만 봐도 맛집임을 알 수 있다. 싱가포르에 2개 지점이 있으며 3대째 전통의 맛을 유지하려고 노력한다. 부위별로 맛볼 수 있는 바쿠테 콤보와 족발이 유명하다. 기름에 튀긴 요우티아오Youtiao 맛집으로 바쿠테와 함께 시켜 국물에 적셔 먹으면 별미다.

- 📍 MRT Clarke Quay역 E 출구에서 도보 2분
- 🏠 46 South Bridge Rd, Singapore 058679
- 🕐 매일 11:00-22:00
- 💲 바쿠테 콤보 $10, 족발(S) $14

텐동 코하쿠 더 센트럴 |텐동|
Tendon Kohaku The Central

일본 최대 소바 체인점 나다이 후지소바Nadai Fujisoba와 킹스 노우 그룹Kings Know Group이 만든 브랜드로 싱가포르, 대만, 말레이시아, 필리핀 및 캐나다에 지점이 있다. 신선한 기름으로 바삭한 식감을 살리고 특제 소스로 감칠맛을 더한다. '코하쿠'라는 이름은 호박을 의미하며, 신선한 재료를 호박색으로 예쁘게 튀겨낸 코하쿠 텐동 세트가 시그니처 메뉴다. 항상 줄이 길게 늘어서니 피크 시간을 피해 방문하자.

- 📍 MRT Clarke Quay역 E 출구에서 도보 3분
- 🏠 6 Eu Tong Sen St, #B1-52/53, Singapore 059817
- 🕐 매일 11:30-15:30, 17:00-21:30
- 💲 텐동 세트 $18.8~

슈퍼 로코 |멕시코 요리|
Super Loco Robertson Quay

클락 키에서 5분 정도 강을 따라 걷다 보면 세련되고 분위기 있는 동네 로버트슨 키를 만난다. 슈퍼 로코는 로버트슨 키에 있는 멕시코 음식점이다. 주변을 걷다가 야외석에 앉아 잠시 쉬며 타코와 마가리타를 즐기기 좋다. 평일 3시부터 7시까지 해피 아워를 즐길 수 있고 멕시코 스트리트 푸드로 유명한 마약 옥수수 엘로테Elote는 꼭 맛봐야 하는 애피타이저다.

- 📍 MRT Clarke Quay역 B 출구에서 강변을 따라 도보 15분
- 🏠 60 Robertson Quay, #01-13 The Quayside, Singapore 238252
- 🕐 화~목요일 11:30-23:00, 금요일 11:30-23:30, 토요일 10:00-11:30, 일요일 10:00-23:00, 월요일 휴무
- 💲 퀘사딜라 $18, 타코 $10~13, 엘로테 $8

OLD CITY
올드 시티

싱가포르의 유명 박물관, 역사적인 관광지가 있어 발걸음 닿는 곳곳 볼거리 가득하며 다양한 식민지 시대의 건축물을 관람할 수 있다. 고층 건물이 즐비한 활기찬 금융가 도심 및 상업 지구 맞은편에 있으며 옛 건물을 그대로 보존해 역사적인 한 장면 속의 주인공이 될 수 있다.

📍 **MRT** Dhoby Ghaut역 E 출구에서 도보 7분
BUS 124, 131, 162, 175, 857, 951번 SMU 하차 후 도보 2분

올드 시티 추천 코스

1. 싱가포르 국립박물관 — 도보 6분 →
2. 굿 셰퍼드 성당 — 도보 3분 →
3. 차임스 
   ↓ 도보 6분
4. 페라나칸 박물관 ← 도보 3분 —
5. 싱가포르 어린이 박물관 ← 도보 2분 —
6. 아르메니안 교회 
   ↓ 도보 5분
7. 푸난몰 — 도보 6분 →
8. 세인트 앤드루 성당 — 도보 3분 →
9. 내셔널 갤러리 싱가포르 
   ↓ 도보 6분
10. 래플스 시티 ← 도보 7분 —
11. 래플스 호텔 ← 도보 10분 —
12. 선텍 시티

OLD CITY — 추천코스

135

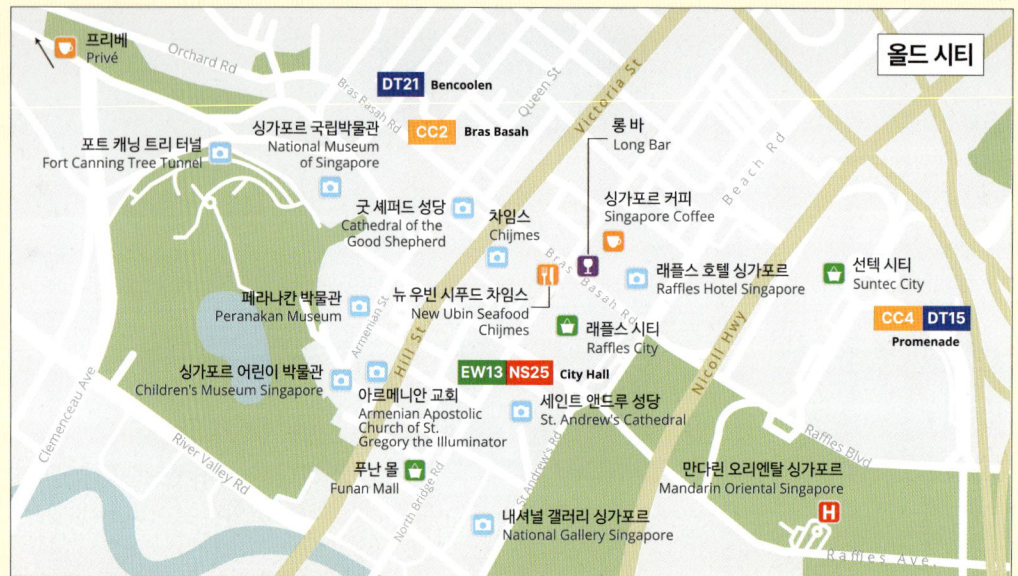

• MRT 역 출구 •

TRAVEL HIGHLIGHTS

싱가포르 국립박물관
National Museum of Singapore

1849년 설립되었으며 싱가포르에서 가장 오래된 박물관이다. 19세기의 외관 디자인을 보존하고 있으며 싱가포르의 예술, 문화, 역사를 알 수 있어 여행을 시작할 즈음에 방문하면 좋다. 1992년 싱가포르 국립기념물로 지정되었으며 조각품, 오브제, 회화, 드로잉, 고고학적 유물을 전시하고 있다. 매월 두 번째 목요일 오전 11시 30분에 한국어 전시 해설을 무료로 들을 수 있다. 미리 신청할 필요는 없으며 티켓 구매 시 안내 데스크에서 신청하면 되고 1시간 정도 소요된다.

- **MRT** Bencoolen역 C 출구에서 도보 5분 / Bras Basah역 D 출구에서 도보 4분
- 93 Stamford Rd, Singapore 178897
- 매일 10:00-19:00
- 상설전 어른 $15, 어린이 $11(6세 이하 무료)

> **TIP 입장 시 유의 사항**
> - 동영상 촬영은 불가하며 비상업적 용도의 사진 촬영만 가능하다. 사진 촬영 시 셀카봉, 플래시, 삼각대도 사용할 수 없다.
> - 부피가 큰 짐은 가지고 들어갈 수 없으며 배낭이나 캐리어를 가지고 갈 경우 유료 보관함에 넣어야 한다. 보관함은 지하와 2층에 있으며 정확한 위치는 방문객 서비스 카운터에 문의하자. 또한 50센트 및 2013년 이후에 발행된 1달러 동전(한쪽 면에 멀라이언이 있음)만 사용할 수 있다.

포트 캐닝 트리 터널
Fort Canning Tree Tunnel

포트 캐닝 파크는 과거 식민지 시절에 요새였던 공간으로 싱가포르의 역사적 랜드마크 중 하나다. 지금은 나무와 풀, 꽃이 우거진 공원으로 시민들의 휴식 공간이 되었으며 그중에서도 나선형 계단과 나무로 둘러싸인 포트 캐닝 트리 터널은 인스타 포토존으로 유명해 아침부터 사람들이 줄을 선다. 공원 북쪽에 있어 싱가포르 국립박물관과 함께 방문하면 좋다.

- **MRT** Dhoby Ghaut역 B 출구에서 도보 6분
- 51 Canning Rise, Singapore 179872

굿 셰퍼드 성당
Cathedral of the Good Shepherd

1847년에 지어진 이 성당은 싱가포르에서 가장 오래된 로마 가톨릭교회이며 1973년 국립 기념물로 지정되었다. 퀸 스트리트Queen Street와 빅토리아 스트리트Victoria Street, 브라스 바사 로드Bras Basah Road로 둘러싸인 대성당은 런던의 세인트 폴 대성당St Paul's Cathedral, 코벤트 가든Covent Garden 및 세인트 마틴 인 더 필즈St Martin-in-the-Fields를 연상시킨다. 제2차 세계대전 동안 피난처와 응급 병원으로 사용되었으며 현재도 도시의 번잡함 속에서 평화와 마음의 피난처 역할을 하고 있다. 평일 오후 1시 미사와 주말 미사가 있으니 방해되지 않도록 유의하자.

- **MRT** Bras Basah역 B 출구에서 도보 3분
- A Queen St, Singapore 188533
- 매일 10:00~19:00(미사 월~금요일 13:00, 토요일 18:00, 일요일 08:30, 10:30, 18:00)
- 무료

페라나칸 박물관
Peranakan Museum

수년간의 보수공사를 마치고 2023년에 다시 문을 열었다. 싱가포르의 페라나칸 역사와 문화를 알아보기 가장 좋은 곳으로 페라나칸 공예품을 비롯해 보석, 가구, 직물 등 다양한 페라나칸 유산을 만나볼 수 있다. 박물관이 크지 않아 둘러보는 데 시간이 오래 걸리지 않는다. 박물관을 관람한 후 나와서 왼쪽 방향인 아르메니안Armenian 스트리트를 걸으며 예쁜 건물을 배경으로 여러 장의 사진을 남겨보자.

- MRT Bras Basah역 B 출구에서 도보 5분
- 39 Armenian St, Singapore 179941
- 매일 10:00-19:00(금요일 ~21:00)
- 어른 $12, 어린이 $8(6세 이하 무료)

싱가포르 어린이 박물관
Children's Museum Singapore

식민지 시대 남학교와 서점으로 사용되었던 2층짜리 건물에 있는 싱가포르 최초 어린이 박물관이다. 포트 캐닝 근처에 위치한 이곳은 일반 박물관과 달리 어린이들이 직접 전시품을 만지고 체험할 수 있으며 싱가포르 역사를 여러 가지 활동과 게임을 통해 배울 수 있다. 화장실 등 모든 편의 시설도 어린이 눈높이에 맞췄다. 초등학교 저학년 이하 어린이들에게 추천하며 성인 단독 입장은 불가하다. 방문하려면 예약이 필수며 30일 전부터 가능하다.

- MRT City Hall역 B 출구에서 도보 7분
- 23-B Coleman St, Singapore 179807
- 화~일요일 09:00-12:45, 14:00-17:45, 월요일 휴무
- 어른 $15, 어린이(12세 이하) $10

아르메니안 교회
Armenian Apostolic Church of St. Gregory the Illuminator

1835년 싱가포르에 세워진 최초의 기독교 교회다. 아일랜드 건축가 조지 D. 콜먼George D. Coleman이 설계한 이 건물은 그의 걸작 중 하나로 꼽힌다. 1973년 7월 국립 기념물로 지정되었으며 볼거리가 가득하다. 교회 내부의 아치형 천장과 쿠폴라에서 아르메니아 교회 건축 전통을 엿볼 수 있다.

- **MRT** City Hall역 B 출구에서 도보 7분
- 60 Hill St, Singapore 179366
- 매일 10:00-18:00
- 무료

· 관람 포인트 ·

메모리얼 가든
Memorial Garden

싱가포르에 큰 공헌을 한 아르메니아인의 삶을 기념하는 독특한 묘비 컬렉션이다. 초기 아르메니아 정착민은 옛 포트 캐닝 묘지에, 나중에는 부킷 티마와 비다다리 묘지에 묻혔다. 1970년대 초에 이 지역이 공원으로 조성되며 당시 싱가포르에 거주하던 미국계 아르메니아인 레본 팔리안Levon Palian은 24개의 아르메니아인 묘비를 아르메니안 교회 부지로 옮겼다. 방문객은 싱가포르 국화의 창시자 아그네스 조아킴Agnes Joaquim, 싱가포르 신문 〈더 스트레이츠 타임스The Straits Times〉의 창립자 캐칙 모세Catchick Moses, 그리고 아름다운 래플스 호텔을 설립한 사키스 형제Sarkies Brothers의 가족을 포함한 다른 유명한 싱가포르 아르메니아인들의 묘비(실제 무덤이 아님)를 볼 수 있다.

아르메니안 헤리티지 갤러리
Armenian Heritage Gallery

아시아에 설립된 최초의 아르메니아 박물관으로 희귀 유물, 서적, 사진, 기타 역사 및 현대 물품을 전시하고 있다. 싱가포르 아르메니안 헤리티지 센터는 아시아 최초의 통합 아르메니안 문화유산 센터로, 아르메니안 헤리티지 갤러리, 싱가포르 아르메니안 커뮤니티 센터, 십자가의 길로 구성되어 있는 중요한 문화 여행지다.

> **TIP 아르메니안 Armenian이란?**
> 아제르바이잔, 튀르키예, 이란과 국경을 접한 아르메니아라는 나라는 우리에게 생소하다. 1920년대 무역을 하며 싱가포르로 이주한 아르메니아인들은 싱가포르 최초의 상인 중 하나로 초기 역사에서 중요한 역할을 했다. 특히 래플스 호텔 건설과 전국 신문인 〈더 스트레이츠 타임스〉 창간은 주요 업적으로 꼽힌다.

푸난 몰
Funan Mall

평범한 쇼핑몰이 아닌 특별함이 가득한 곳이다. 지하 2층부터 지상 3층까지 쇼핑몰 중앙에 있는 클라임 센트럴이 특히 유명하다. 암벽등반 명소로 항상 사람들로 북적이며 일일 티켓을 끊으면 하루 종일 자유롭게 입·퇴장할 수 있다. 1층 바닥은 자전거도로로 인테리어를 했다. 한식당 아줌마, 티옹 바루 베이커리, 토스트 박스, 레전더리 홍콩 등 다양한 음식점 및 카페가 있어 식사를 하고 잠시 쉬어 가기 좋으며 지하 1층에는 페어프라이스 파이니스트가 있다.

- 📍 MRT City Hall역 D 출구에서 도보 4분
- 📋 107 N Bridge Rd, Singapore 179105
- 🕐 매일 10:00-22:00

세인트 앤드루 성당 St. Andrew's Cathedral

싱가포르에서 가장 큰 성당으로 흰색 건물과 주변의 푸르른 나무들이 우아함을 자아낸다. 로널드 맥퍼슨 대령 Colonel Ronald MacPherson이 1852년에 두 번이나 번개를 맞아 파괴된 예배당을 대체하기 위해 1856년에 설계한 영국 고딕 양식의 건물이다. 스코틀랜드 상인들이 초기 공사 자금을 지원했기 때문에 스코틀랜드의 수호성인 이름에서 따왔다. 성당 건설에는 훈련을 받은 인도 죄수들이 노동자로 참여하기도 했다. 1942년 제2차 세계대전 중 싱가포르가 함락되기 직전에는 잦은 공습에 대비해 응급 의료 시설로도 사용되었다. 일본이 항복한 1945년 이후에는 예배가 다시 시작되었다. 1973년에 국립 기념물로 지정되었고 성당 내부 스테인드글라스가 유명하다. 이곳에서 세포이 항쟁 Sepoy Mutiny의 희생자를 기리는 명판도 찾아볼 수 있다. 무료 영어 가이드 투어(약 10분 소요)를 수시로 진행하며 한국어 안내문도 준비되어 있다.

- **MRT** City Hall역 B 출구에서 도보 3분
- 11 St Andrew's Rd, Singapore 178959
- 토요일 11:30-18:30, 일요일 07:30-17:30, 화~금요일 09:00-17:00, 월요일 및 공휴일 휴무
- $ 무료

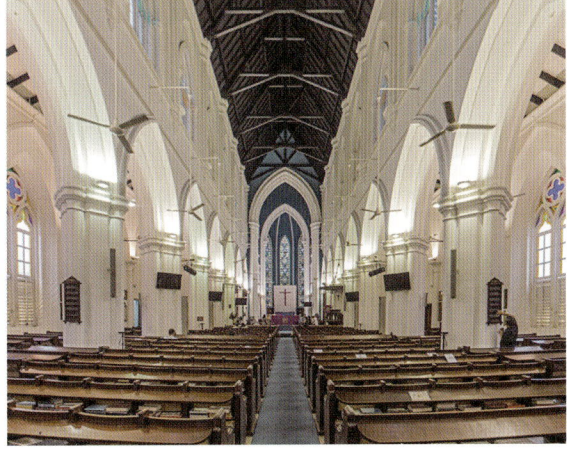

차임스 Chijmes

원래는 수녀원과 여학교였던 19세기 건축물 차임스. 낮의 차임스는 한적하고 평화로운 오아시스 같은 느낌을 선사하고, 밤이 되면 라이브 음악을 즐길 수 있는 흥미로운 나이트 라이프 장소들로 활기가 넘친다. 고딕 양식의 성당 입구를 배경으로 한 컷, 푸른 잔디와 함께 한 컷, 나선형 계단을 찾아 한 컷 찍어보자.

- **MRT** City Hall역 B 출구에서 도보 3분
- 30 Victoria St, Singapore 187996

래플스 시티 Raffles City

스위소텔 더 스탬퍼드와 페어몬트 싱가포르, 래플스 시티 타워가 있는 대규모 복합 단지로 1986년 쌍용건설이 완공했다. 싱가포르 최초의 학교인 래플스 인스티튜션Raffles Institution이 있던 자리에 세워졌으며 유서 깊은 래플스 호텔Raffles Hotel 옆에 있다. 세계적으로 유명한 건축가 이오 밍 페이I. M. Pei가 설계했으며 지하 2층, 지상 3층으로 200개 이상의 매장이 입점해 있다. 명품부터 중저가 매장까지 다양한 쇼핑을 즐길 수 있으며 마트에서 기념품을 구매하고 지하 푸드 코트에서 간단하게 식사까지 해결할 수 있다. 지하 1층은 MRT Esplanade역, 지상 1층은 MRT City Hall역과 연결된다.

- **MRT** City Hall역 A 출구에서 도보 1분 / Esplanade역 G 출구에서 도보 2분
- 252 North Bridge Rd, Singapore 179103
- 매일 10:00-22:00

래플스 호텔 싱가포르
Raffles Hotel Singapore

1887년 아르메니아인 사키스 형제가 지었으며 130년이 넘는 역사를 자랑하는 호텔이다. 싱가포르의 창시자 스탬퍼드 래플스 경의 이름을 따왔으며 1987년 국립 기념물로 지정되었다. 슬링으로 유명한 롱 바를 비롯해 약 7개의 레스토랑과 바가 있으며 작가, 영화배우, 고위 인사 등 수많은 전설적인 인물이 머물렀다. 래플스 호텔 안에는 정원과 안뜰이 있어 산책하며 둘러보기에도 좋다. 먼저 파스텔 톤의 하늘색 분수를 찾아보자. 그림 속에 있을 법한 색감의 분수와 열대우림, 하얀색 호텔이 조화를 이루며 만든 아름다운 배경은 그냥 서기만 해도 작품 같은 사진을 남길 수 있다. 다음은 래플스 도어맨을 만나보자. 래플스만의 특별하고 고유한 전통이자 세계적으로 유명한 래플스 도어맨은 문 앞에 항상 대기하고 있다. 하얀색 터번을 쓰고 제복을 입은 시크교 도어맨과 사진을 찍는 것이 유명한데, 만약 도어맨이 바쁘지 않다면 예의를 갖춰 사진을 부탁해도 된다. 마지막으로 래플스 호텔 부티크는 놓쳐서는 안 되는 곳이다. 래플스 호텔의 분위기를 한껏 느낄 수 있으며 특별한 사람에게 줄 선물을 고르기 좋다.

- **MRT** City Hall역 A 출구에서 도보 3분
- 1 Beach Rd, Singapore 189673

선텍 시티 Suntec City

쇼핑몰, 사무실 건물 및 컨벤션 센터가 결합된 복합 시설로 싱가포르에서 두 번째로 큰 쇼핑몰이다. 선텍은 중국어로 '새로운 성취'를 뜻하며 중국 풍수에 중점을 두고 설계해 5개 건물과 컨벤션 센터는 공중에서 볼 때 왼손처럼 보인다. 그 중앙에 있는 부의 분수Fountain of Wealth는 놓쳐서는 안 될 볼거리다. 물은 중국 문화에서 생명과 부의 상징으로 알려져 있으며, 안쪽으로 흐르는 물은 쏟아지는 부를 의미한다. 1998년 세계에서 가장 큰 분수로 기네스북에 등재되었다. 분수의 황금 고리는 우주를 의미하는 힌두교 만다라를 기반으로 디자인됐으며 싱가포르의 모든 인종과 종교의 평등과 조화를 상징한다. 분수 테라스 Fountain Terrace는 부의 분수 주변에 있는 식음료 전문 구역으로 부의 분수를 감상하며 쉬어 가기 좋다. 웨스트 윙West Wing에는 빅버스 탑승장이 있고 이스트 윙East Wing은 MRT 프롬나드Promenade역과 연결되며 타워 간 이동은 1층이 아닌 2층에서 할 수 있다.

- MRT Promenade역 C 출구에서 도보 1분
- 3 Temasek Blvd, Singapore 038983
- 매일 10:00-22:00

내셔널 갤러리 싱가포르
National Gallery Singapore

싱가포르와 동남아시아의 현대미술 작품을 전시하는 최대 규모의 미술관이다. 시빅 디스트릭트Civic District의 심장부에 있으며 옛 시청과 대법원 2개 건물을 아름답게 복원해 재탄생시킨 역사적 의미가 있다. 국가 기념물로 지정되었으며 자연을 콘셉트로 해 갤러리 내부에 나뭇가지를 연상케 하는 내부 구조물이 독특한 볼거리다. 6만 4000m² 규모에 9000점 이상의 컬렉션을 보유하며 금요일은 오후 9시까지 운영한다. 6층 무료 전망대에서는 마리나 베이 샌즈를 비롯한 싱가포르 도시 뷰를 마음껏 감상할 수 있으니 꼭 들러보자. 싱가포르 최초의 미술교육 센터인 케펠 예술교육 센터 Keppel Centre for Art Education가 있어 어린이를 위한 다채로운 프로그램과 액티비티도 즐길 수 있다. 프랑스 레스토랑 오데뜨Odette, 내셔널 키친 바이 바이올렛 운National Kitchen by Violet Oon, 루프톱 바 스모크 & 미러스Smoke & Mirrors가 유명하다.

- MRT City Hall역 B 출구에서 도보 4분
- 1 St Andrew's Rd, Singapore 178957
- 매일 10:00-19:00
- 상설전 어른 $20, 어린이(7~12세) $15
- www.nationalgallery.sg

내셔널 키친 바이 바이올렛 운

· SPECIAL ·

Singapore sling
싱가포르 슬링

영국 작가 서머싯 몸Somerset Maugham이 '동양의 신비'라고 극찬한 칵테일, 싱가포르 슬링. 그 독특한 분홍빛은 탄생 당시의 역사를 그대로 품고 있다. 1900년대 초 식민지 시대의 싱가포르에서 롱 바는 신사와 농장 소유자들이 모이는 장소였다. 당시 여성들은 공공 장소에서 술을 마실 수 없었고 음료도 차나 과일 주스로 제한되었다. 이를 기회로 삼은 롱 바의 하이난 출신 바텐더 응이암 통 분Ngiam Tong Boon은 과일 주스처럼 보이지만 실제로는 진과 리큐어가 들어간 칵테일을 선보인다. 그는 칵테일을 분홍색으로 만들어 여성들도 사회적으로 부담 없이 즐길 수 있도록 했고 이는 곧 높은 인기를 끌게 된다. 그렇게 탄생한 싱가포르 슬링은 오늘날까지 이어지며, 진과 체리 브랜디가 어우러진 달콤하면서도 상큼한 맛으로 사랑받고 있다.

롱 바
Long Bar

싱가포르 래플스 호텔 아케이드 2층에 있는 롱 바. 슬링이 탄생한 곳으로 유명해서 싱가포르 필수 코스가 되있다. 유니크한 인테리어가 매력적이며 정통의 싱가포르 슬링을 맛볼 수 있다. 슬링을 시키면 땅콩이 무료로 제공되는데 맛있게 먹으며 껍질은 바닥에 버리는 게 룰이다. 바 테이블에 앉으면 슬링 만드는 모습을 구경할 수 있다. 롱 바에 갔다면 래플스 호텔을 구경하며 예쁜 사진을 남기는 것도 잊지 말자.

- MRT City Hall역 A 출구에서 도보 5분
- 1 Beach Rd, Singapore 189673
- 일~수요일 11:00-22:30, 목~토요일 11:00-23:30
- $ 더 오리지널 싱가포르 슬링 $42, 래플스 1915 진 슬링 $36

Restaurant & Cafe

프리베 | 바·카페 |
Privé

프리베는 캐주얼 바 겸 카페로 보타닉 가든, 티옹 바루, 로버트슨 키, 주얼 창이 등 관광지에 많은 지점을 갖고 있다. 특히 차임스 지점은 정원을 배경 삼아 락사, 파스타, 햄버거까지 다양한 메뉴를 즐기며 휴식을 취하기 좋다. 오후 4시부터 8시까지는 해피 아워를 운영해 맥주나 와인 한잔을 즐기며 잠시 쉬어 가기에 안성맞춤이다. 낮에 시원한 그늘 아래서 하늘을 만끽하며 맥주 한잔을 즐기거나 밤에 들러 밤하늘을 감상하며 식사를 해도 좋다.

- 📍 MRT City Hall역 B 출구에서 도보 3분
- Victoria St, #01-33, Singapore 187996
- 월~목요일 11:30-22:30, 금요일 11:30-23:00, 토요일 10:30-23:00, 일요일 10:30-22:30
- $ 알리오 올리오 $25, 해피 아워 칵테일 $10

뉴 우빈 시푸드 차임스 | 해산물 요리 |
New Ubin Seafood Chijmes

싱가포르 북쪽 해안 플라우 우빈Pulau Ubin 섬에서 시작한 이곳은 정통 해산물 요리로 명성을 얻었다. 1992년 본토로 이전하면서 시푸드뿐만 아니라 다양한 육류 요리까지 섭렵했다. 칠리 크랩과 볶음밥, 얇은 면에 양념이 잘 밴 보스비훈Boss Bee Hoon이 인기 메뉴다. 칠리 크랩 소스와 번은 따로 시킬 수도 있으며 주문 전 프로모션을 확인하자.

- 📍 MRT City Hall역 B 출구에서 도보 3분
- 30 Victoria St, #02-01B C, Singapore 187996
- 월요일 17:30-22:00, 화~일요일 11:30-15:00, 17:30-22:00
- $ 보스비훈 $16.5, 머드 크랩 300~400g $65, 프라이드 라이스 $15

싱가포르 커피 | 카페 |
Singapore Coffee

싱가포르의 상징적인 래플스 호텔에 있는 이곳은 호텔을 한 바퀴 둘러보고 방문하기 좋다. 천장의 라탄 부채, 컬러감 있는 라탄 의자, 타일 인테리어 등 감각적인 디자인이 눈에 띈다. 아시아 전역의 엄선된 최고급 원두를 사용해 커피 맛은 합격이다. 배가 살짝 고프다면 스콘을 시키자. 의외로 스콘 맛집이다.

- 📍 MRT City Hall역 A 출구에서 도보 3분
- 328 North Bridge Rd, #01-13 Last Order at 5pm, Singapore 188719
- 매일 09:00-18:00
- $ 커피 $7~, 스콘 $8

ORCHARD ROAD
오차드 로드

도쿄에 긴자, 파리에 샹젤리제가 있다면 싱가포르에는 오차드 로드가 있다. 이곳은 고층 건물과 백화점, 고급 부티크, 초특급 호텔이 밀집해 있는 싱가포르의 쇼핑 중심지다. 각 쇼핑몰마다 저마다의 매력이 있어 지루하지 않으며 쇼핑 외에도 즐길 거리가 가득해 하루가 모자랄 정도다. 크리스마스 시즌에는 여러 조명과 장식으로 화려하게 물든 거리와 건물을 누비며 연말 분위기를 만끽할 수 있다.

📍 **MRT** Orchard역 4번 출구 아이온 오차드와 연결
　BUS 14, 124, 143, 162, 167, 190, 972번 Opp Orchard Stn/ION 하차 후 도보 2분

오차드 로드 추천 코스

1. 아이온 오차드 — 도보 1분 →
2. 탕스 — 도보 3분 →
3. 타카시마야 쇼핑센터 
 ↓ 도보 7분
4. 313@서머셋 ← 도보 2분 —
5. 오차드 센트럴 
 ↓ 도보 5분
6. 디자인 오차드 — 도보 6분 →
7. 에메랄드 힐 로드

TIP 시원하게 지르자!

MRT가 있는 지하 2층은 윌록 플레이스, 탕스, 쇼 하우스, 위스마 그리고 다카시마야까지 모두 연결되어 있다. 무더운 싱가포르에서 하루 종일 밖으로 나가지 않고 시원한 쇼핑몰에서 하루를 보낼 수 있다.

· MRT 역 출구 ·

TRAVEL HIGHLIGHTS

아이온 오차드
ION Orchard

MRT 오차드역과 연결된 싱가포르에서 최고 인기 있는 쇼핑몰로 관광객이 꼭 방문해야 할 명소다. 화려하고 미래지향적인 외관은 관광객의 눈길을 사로잡고 쇼핑, 식사, 기념품 구매까지 모든 걸 한번에 해결할 수 있다. 지상에는 루이 비통, 프라다와 같은 명품 브랜드가, 지하에는 스트리트 패션 매장이 있다. 지하 4층 푸드 코트 푸드 오페라 Food Opera에서는 현지 로컬 음식을 맛보며 싱가포르의 매력을 느낄 수 있고, 55~56층에 있는 아이온 스카이Ion Sky 전망대는 멋진 전망을 한눈에 담기 좋다. 당일 $50 구매 영수증을 제시하면 12시부터 오후 4시까지 아티코 라운지Atico Rounge에서 무료 웰컴 드링크도 즐길 수 있다.

📍 **MRT** Orchard역 4번 출구와 연결
📍 2 Orchard Turn, Singapore 238801
🕐 매일 10:00-22:00

층수	쇼핑	푸드
3	산드로(02), 까르띠에(10), 휴고(12A/13), 디올(13A), 코스(23/23A)	임페리얼 트레저(05) 바이올렛 운(22/28/29)
2	돌체앤가바나(9), 까르띠에(10), 티파니(11), 디올(12/13), 루이 비통(14), 프라다(15)	TWG(20/21)
1	프라다(01), 롤렉스(02), 보테가 베네타(04), 구찌(05), 펜디(10), 오메가(11), 로에베(11A/12), 돌체앤가바나(19), 까르띠에(20), 티파니(21), 디올(22), 루이 비통(23/24), 생로랑(27)	바샤 커피(15/16)
B1	엘레미스(15), 케이트 스페이드(19), 판도라(25)	플레인 바닐라(06A), 벤키(25A)
B2	자라(03~05), 망고(16/17), 에코(21), 샤넬(42/43)	세븐일레븐(72)
B3	자라(05), 페드로(10), 찰스 & 키스(58)	파이브 가이즈(24~26) 커먼 맨 커피(27/28)
B4	가디언(02), 왓슨스(12), 아디다스(25), 뉴발란스(28), 다이소(47)	푸드 오페라(03/04), 토스트 박스(03D), 클리퍼 티(07), 코이테(35), 올드 창키(36), 림치관(37), 벵가완 솔로(38), 야쿤 카야 토스트(49), 어프리 초콜릿(50)

탕스 Tangs

1830년대 초반 오차드 로드는 과수원과 후추 농장이 있던 이름 없는 도로였다. 1958년 지역 상인 C. K. 탕C. K. Tang이 오차드 로드의 첫 번째 백화점 탕스를 설립했는데 중국 전통문화와 건축의 영향을 받아 자금성을 연상케 하는 외관이 독특하다. 녹색 기와지붕은 성장과 번영을, 빨간색 기둥은 행복을 상징한다. 백화점에서는 유명 브랜드와 독특한 기념품을 구매할 수 있다. 특히 지하 1층 기프트 숍에서는 액세서리, 접시, 문구 등 싱가포르를 기억할 수 있는 다양한 물건이 있으니 들러보자. 백화점인 만큼 가격은 저렴하지 않다.

- MRT Orchard역 1번 출구와 연결
- 310 Orchard Rd, Tang Plaza, Singapore 238864
- 월~토요일 10:30-21:30, 일요일 11:00-21:00

타카시마야 쇼핑센터
Takashimaya Shopping Centre

명품 매장부터 일본의 아기자기한 문구류까지 쇼핑객의 발길이 끊이지 않는 일본 브랜드 쇼핑몰이다. 라이프스타일 매장, 럭셔리 브랜드 컬렉션의 시그니처 플래그십 스토어가 있다. 샤넬, 디올, 셀린느, 까르띠에, 티파니와 같은 명품 매장은 지상층에 있고 음식점, 마트, 리빙 제품은 지하에 있으며 지하 2층 중앙에는 시즌별 행사 상품을 대규모로 판매한다. 또한 지하 2층에는 일본 음식점, 베이커리 등이 입점해 있으며 로컬 음식을 맛볼 수 있는 푸드코트도 있다. 콜드 스토리지도 있어서 마트 쇼핑하기에도 좋다.

- MRT Orchard역 3번 출구에서 도보 4분, 지하로 연결되어 있으며 니안 시티 쇼핑몰 통과
- 391 Orchard Rd, Singapore 238872
- 매일 10:00-21:30

313@서머셋
313@somerset

MRT 서머셋역과 연결되어 있으며 젊은 사람들에게 특히 인기 있는 쇼핑몰이다. 부티크, 엔터테인먼트 센터, 식당이 있으며 망고, 자라 등 중저가 브랜드들이 입점해 있어 부담 없이 쇼핑하기 좋다. 5층에 있는 유명 푸드 센터 푸드 리퍼블릭은 로컬 음식을 저렴하게 즐기기에 좋고 찰스 & 키스, 올리브영과 비슷한 가디언은 기념품 쇼핑에 알맞다. 한국 마트와 콜드 스토리지도 입점해 있다.

- MRT Somerset역 B 출구 연결
- 313 Orchard Rd, Singapore 238895
- 일~목요일 10:00-22:00, 금~토요일 10:00-23:00

오차드 도서관
Library@orchard

싱가포르의 공공 도서관으로 오차드 게이트웨이 쇼핑몰 3층에 있어 오차드에서 쇼핑을 즐기고 잠시 쉬어 가기 좋다. 흰색 물결 모양의 책장 인테리어가 유명하며 마치 북 카페에 온 듯한 아늑한 느낌을 준다. 3층과 4층이 복층 형태로 연결되어 있으며 계단 중간에는 포토 스폿이 있으니 놓치지 말고 멋진 사진을 찍어보자. 곳곳에 숨겨진 프라이빗한 좌석에서 책을 읽거나 4층 통유리창 앞에서 풍경을 즐기며 쉬어도 좋다. 3층에는 소설책, 4층에는 디자인 관련 책이나 여행, 요리 관련 책이 비치되어 있다.

- MRT Somerset역 C 출구에서 도보 3분, 쇼핑몰 오차드 게이트웨이 3층에 위치
- 277 Orchard Rd, #03-12 / #04-11 orchardgateway, Singapore 238858
- 월~토요일 10:30-21:30, 일요일 11:00-21:00

오차드 센트럴
Orchard Central

2016년 12월, 포브스Forbes가 싱가포르 5대 쇼핑몰 중 하나로 선정한 오차드 센트럴은 2009년부터 콘셉트 스토어, 야외 식사 공간, 설치 예술 작품이 있는 옥상정원을 운영 중인 특별한 쇼핑몰이다. 최초의 수직 쇼핑몰로 설계되었으며 지상 12층, 지하 2층 규모에 4층까지 한번에 오르는 '슈퍼 에스컬레이터'가 있다. 총 52개의 에스컬레이터(슈퍼 에스컬레이터 6개 포함)와 12개의 유리 엘리베이터가 있으니 이 또한 볼거리다. 싱가포르 최대 규모의 유니클로 플래그십, 도큐 핸즈, 24시간 운영하는 돈돈돈키 매장이 있다. 로컬 수제 버거 맛집 NCBC와 크레페 맛집 앙리 샤르팡티, 댄싱 크랩 등 음식점과 카페도 많다. 쇼핑몰은 313@서머셋 및 오차드 게이트웨이와 지하로 연결된다.

- MRT Somerset역 B 출구에서 도보 2분
- 181 Orchard Rd, Singapore 238896
- 매일 11:00-22:00

디자인 오차드
Design Orchard

H&M 빌딩과 만다린 갤러리Mandarin Gallery를 가로지르는 사거리에 있는 디자인 오차드는 현지 브랜드에 집중하는 쇼핑몰이다. 100개 이상의 로컬 패션 및 라이프스타일 브랜드가 있다. 싱가포르에서 가장 사랑받는 브랜드, 찬사를 받는 디자이너, 재능 있는 신인의 눈부신 쇼케이스 등 쇼핑몰 그 이상의 역할을 하는 곳이기도 하다. 라이프스타일 브랜드 포토 팩토리Photo Phactory, 패션 브랜드 레클리스 에리카Reckless Ericka, 고급 주얼리 브랜드 파운데이션 주얼러Foundation Jewellers, 향수 매장 더 랩 프래그런스The Lab Fragrances, 수제 향초와 디퓨저를 판매하는 템플 캔들Temple Candles을 둘러보자. 옥상정원 이벤트 공간에서는 잠시 쉬어 가며 번화한 오차드 전망을 즐길 수 있다.

- **MRT** Somerset역 B 출구에서 도보 6분
- 250 Orchard Rd, Singapore 238905
- 매일 10:30-21:30

에메랄드 힐 로드
Emerald Hill Road

높은 빌딩 숲 사이, 오차드 게이트웨이Orchard Gateway 건너편에 자리 잡은 이곳은 부유층의 페라나칸 가옥을 만나볼 수 있다. 색감이 화려하고 전용 주차장이나 담벼락이 있는 주택들이 있으며 100년이 넘어 문화재로 관리되는 집도 있다. 오차드 로드에서 쇼핑을 즐기고 오후에 가볍게 산책하며 방문해보는 것을 추천한다.

- **MRT** Somerset역 D 출구에서 도보 9분
- Off Orchard Rd. Singapore

이스타나
Istana

싱가포르의 대통령 궁으로 오래된 유적지 중 하나다. 연중 단 5일만 일반인에게 개방되며, 개방일은 음력 설, 노동절, 하리 라야 푸아사, 내셔널 데이 및 디파발리다. 전 세계 외교관과 고위 인사들이 환영을 받은 이스타나 홀 관람과 역대 대통령과 총리들이 받은 특별한 선물 전시품을 관람할 수 있다. 여행 일정과 맞는다면 놓치지 말아야 할 곳이다. 방문을 원한다면 홈페이지에서 날짜를 확인하자.

- MRT Dhoby Ghaut역 D 출구 Plaza Singapura Mall 지하로 연결, 1층 정문 출구로 나와서 도보 2분
- 35 Orchard Road, Singapore 238902
- www.istana.gov.sg

바샤 커피 |카페|
Bacha Coffee

오랜 전통의 모로코 커피하우스를 재현해 화려하고 우아한 인테리어, 최고의 서비스까지 흠잡을 데 없다. 어떤 커피를 골라야 할지 막막하다면 커피 마스터에게 추천을 부탁하자. 뜨거운 커피는 황금빛 주전자와 커피 잔에 제공되고 아이스 커피를 시키면 유리 빨대를 준다. 테이크 아웃 하면 커피와 슈거 스틱을 포함한 예쁜 패키지에 담아준다.

- 📍 **MRT** Orchard역 4번 출구와 연결된 아이온 오차드 1층에 위치
- 🕓 2 Orchard Turn #01-15/16 ION Orchard Mall, Singapore 238801
- ⏰ 매일 09:30-22:00
- 💲 커피 $11~, 미니 크루아상 2개 $8

바이올렛 운 |페라나칸 요리|
Violet Oon at ION Orchard

싱가포르의 유명 여성 셰프 '바이올렛 운Violet Woon'의 이름을 따서 만든 세련된 분위기의 페라나칸 레스토랑이다. 국물 없이 고소하게 즐기는 드라이 락사나 향신료와 코코넛 밀크로 만든 소스에 소고기를 졸여 만든 비프 렌당이 인기다. 오후 3시부터 5시 30분까지 하이 티 메뉴를 제공하며 식사 후 선물용 쿠키와 카야 잼도 구매할 수 있다. 내셔널 갤러리와 주얼 창이에도 지점이 있으며 메뉴는 조금씩 다르고 홈페이지에서 예약도 할 수 있다.

- 📍 **MRT** Orchard역 4번 출구에서 도보 2분
- 🕓 2 Orchard Turn #03-22 ION Orchard Mall, Singapore 238801
- ⏰ 매일 11:30-23:00
- 💲 하이 티 세트 2인 $59, 비프 렌당 $28, 드라이 락사 $29

Restaurant & Cafe

푸티엔 |중국 요리|
PUTIEN ION Orchard

싱가포르에 여러 지점을 운영하고 있는 중국 음식 체인이다. 2000년에 문을 연 푸티엔 키치너 로드 본점은 6년 동안 미슐랭 1스타 레스토랑으로 선정된 곳이기도 하다. 메뉴판의 모든 메뉴에 그림이 함께 들어 있어 주문하기 간편하며 어떤 음식이든 평균 이상의 맛을 보여준다. 칼국수와 비슷한 로미Lor Mee와 새콤달콤한 탕수육Sweet & Sour Pork이 한국인 입맛에 잘 맞고, 해산물 요리도 수준급이다.

- MRT Orchard역 4번 출구에서 도보 2분
- 2 Orchard Turn, #04-12, Singapore 238801
- 매일 11:30-22:00
- 굴튀김 $19.8, 로미 $18.8

파이브 가이즈 |버거|
Five Guys

한국에서 오랜 시간 줄 서서 먹어야 하는 파이브 가이즈를 싱가포르에서 대기 없이 맛볼 수 있다. 셰이크쉑, 인앤아웃 버거와 함께 미국 3대 버거로 유명한 이곳은 다양한 토핑을 선택할 수 있으며 추가 토핑은 모두 무료다. 엄지척하게 되는 베이컨 치즈 버거와 찰떡궁합인 밀크셰이크도 인기 메뉴다. 기다리는 동안 땅콩을 무료로 제공한다.

- MRT Orchard역 4번 출구에서 도보 2분
- 2 Orchard Turn, B3-24/25/26 ION Orchard, Singapore 238801
- 매일 11:00-22:00
- 베이컨 치즈 버거 $18.5, 밀크셰이크 $11

토스트 박스 |카야 토스트|
Toast Box

싱가포르의 로컬 카페 중 하나로 곳곳에서 흔히 볼 수 있다. 야쿤은 '바삭함'을, 토스트 박스는 '부드러움'을 대표한다. 야쿤보다 빵의 두께가 조금 더 두껍고 부드럽다. 전통적인 카야 토스트, 피넛버터 토스트부터 락사, 커리 치킨라이스 등 로컬 시그니처 요리까지 맛볼 수 있으며 모든 음식이 평균 이상으로 맛있다. 호불호 강한 락사를 처음 시도해보기 좋은 곳이기도 하다. 전통 방식으로 정성스럽게 커피를 만드는 바리스타를 구경하는 재미도 놓치지 말자.

- MRT Orchard역 4번 출구와 연결된 아이온 오차드 지하 4층에 위치
- 2 Bayfront Ave, # B1-01E, Singapore 018956
- 매일 07:30-21:30
- 카야 토스트 세트 $6.2, 커리 치킨라이스 세트 $10.5, 락사 세트 $10.4

채터박스 | 치킨라이스 |
Chatterbox

힐튼 호텔 5층에 있는 채터박스는 싱가포르 정통 호커 음식을 5성급 고급 호텔로 가져왔다. 50년 동안 변함없이 유지되는 맛에 놀라고 고급스러운 분위기, 정갈한 음식에 또 한 번 놀란다. 만다린 치킨라이스와 랍스터 락사가 인기 메뉴다.

- MRT Somerset역 A 출구에서 도보 7분
- 333 Orchard Rd, #05-03 Hilton, Singapore 238867
- 월~목요일 11:30-16:30, 17:30-22:30, 금~토요일, 공휴일 전날 11:30-16:30, 17:30-23:00
- 치킨라이스 $25, 치킨 반 마리 $42, 랍스터 락사 $38

킬리니 코피티암 | 커피, 토스트 |
Killiney Kopitiam

1919년에 설립된 이곳은 싱가포르에서 가장 오래된 코피티암으로, 바삭한 토스트와 향긋한 커피에 전통과 문화를 담아내는 역사적인 공간이다. 전통 싱가포르식 커피, 토스트, 반숙란부터 락사, 커리 치킨 프라타, 창펀까지 다양한 로컬 조식을 맛볼 수 있다. 입구에서 줄을 서면 순서대로 안내해준다.

- MRT Somerset역 D 출구에서 도보 3분
- 67 Killiney Rd, Singapore 239525
- 매일 06:00-18:00
- 커피 $2.4~, 락사 $5.2, 커리 치킨 $7

칙림 용타우푸 | 용타우푸 |
Cik Lim Yong Tau Foo

용타우푸는 호커 센터와 쇼핑몰 푸드 코트에서 흔히 볼 수 있는 메뉴다. 두부, 어묵, 채소, 해산물 등 다양한 재료와 국수를 선택하고 드라이나 국물을 고르면 된다. 국물이 맑고 담백해 칠리, 블랙빈, 간장 소스와 잘 어울린다.

- 313@서머셋 5층 푸드 리퍼블릭에 위치
- 313 Orchard Rd, Singapore 238895
- 매일 10:30-21:00
- $6~12 (재료 선택에 따라 다름)

욜레 | 아이스크림 |
Yolé

설탕과 글루텐이 없는 아이스크림 전문점인 욜레는 'Goodbye Sugar Hello Taste'를 모토로 한다. 상큼한 요거트 아이스크림에 다양한 토핑을 추가할 수 있고, 매장에서 갓 구운 바삭한 콘 아이스크림도 인기다.

- 테이스트 오차드 1층에 위치
- 160 Orchard Rd, #01-09, Singapore 238842
- 월~금요일 11:00-21:00, 토~일요일 11:00-22:00
- 아이스크림 $5.9~7.5

BOTANIC GARDENS & DEMPSEY HILL

보타닉 가든 & 뎀시 힐

하루쯤은 복잡한 도심에서 벗어나 여유롭게 산책하며 자연을 만끽하고 브런치를 즐기면 어떨까? 보타닉 가든은 싱가포르 최초의 유네스코 문화유산으로 지정된 정원으로 여유롭게 걸으며 산책하기 좋은 곳이다. 세계 최대 난초 식물관인 내셔널 오키드 가든까지 있어 볼거리가 가득하다. 보타닉 가든에서 멀지 않은 곳에 있는 뎀시 힐은 1800년대에 건설된 영국군 막사로 자연 속 산책을 즐기고 여유롭게 차 한잔 마시기 좋은 동네다. 같은 브랜드의 카페도 뎀시 힐에서는 특별하고 개성 있는 핫플레이스로 다가온다.

📍 **MRT** Botanic Gardens역 A 출구에서 부킷 티마Bukit Timah 게이트까지 도보 1분 / Napier역 1번 출구에서 탕린 게이트Tanglin Gate까지 도보 2분
BUS 48, 67, 151, 153, 154, 156, 170, 186번 Botanic Gdns 하차 후 도보 2분

보타닉 가든 & 뎀시 힐 추천 코스

BOTANIC GARDENS & DEMPSEY HILL — 추천 코스

1 보타닉 가든

탕린 게이트에서 도보 20분 / 그랩 5분

2 뎀시 힐

도보 4분

4 세인트 조지 교회

도보 10분

3 아이스크림 뮤지엄

159

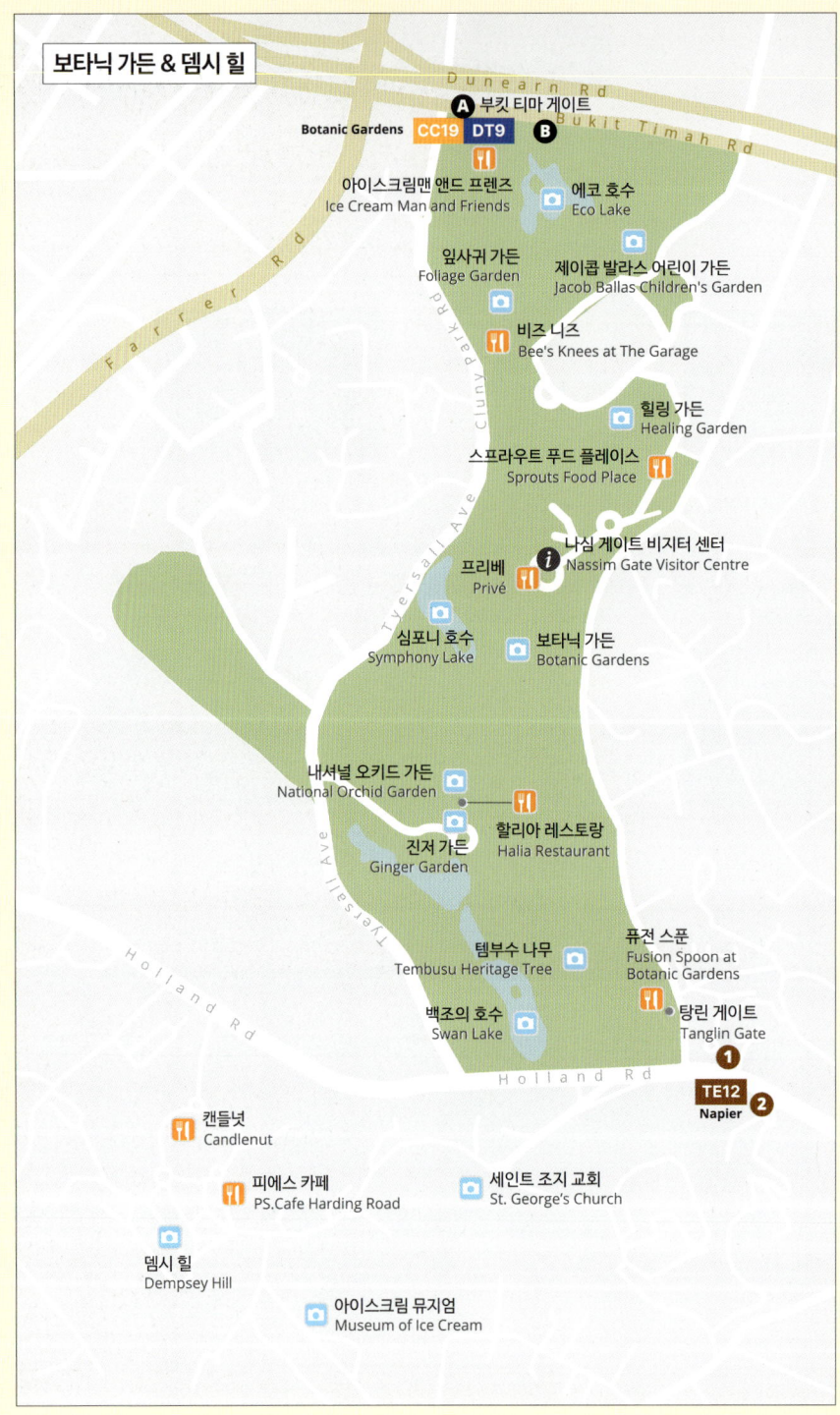

보타닉 가든
Botanic Gardens

1859년 설립, 150년의 긴 역사를 지닌 정원으로 아름다운 산책 코스를 자랑한다. 2015년 유네스코 세계문화유산으로 등재되었으며 아침이나 오후에 산책을 하며 싱가포르의 풍부한 자연유산을 탐구하기에 안성맞춤이다. 탕린 게이트로 입장 시 가든 입구에서 만날 수 있는 백조의 호수는 1866년에 만든 보타닉 가든의 메인 호수다. 깊이 4m, 일반 축구 경기장 2개 면적에 이르는 이 호수에는 수많은 종의 수생식물과 물고기가 서식하고 있으며 우아한 백조의 조형물을 감상할 수 있다. 헤리티지 정원에 들르면 47그루의 희귀종 헤리티지 트리를 만날 수 있다. 밴드 스탠드로 알려진 팔각형 전망대는 1930년에 세워졌으며 웨딩 사진 촬영 장소이자 정원의 상징적인 랜드마크다. 밴드 스탠드를 둘러싼 노란색 잎의 레인 트리Rain Tree를 놓치지 말자. 보타닉 가든 내부에는 국립 난초 정원 National Orchid Garden이 있어 1000종 이상의 난과 2000종 이상의 혼종 난을 감상할 수 있다. 1981년 싱가포르의 국화로 선정된 반다 미스 조아킴Vanda Miss Joaquim 오키드도 여기서 만날 수 있다. 심포니 호수에서는 무료로 공연되는 라이브 공연을 즐길 수 있으니 홈페이지에서 확인하자. 시간 여유가 있다면 돗자리를 준비해 넓은 잔디 경사지에서 그림 같은 자연을 느긋하게 감상하면 좋다. 싱가포르 화폐 5달러 뒤에 그림으로 새겨진 150년 이상 된 템부스 나무를 찾아 사진도 남겨보자. 어린이와 함께 방문했다면 제이콥 발라스 어린이 가든은 놓쳐서는 안 될 특별한 자연 놀이터다.

> **TIP** 보타닉 가든 내 추천 코스
>
> - **1시간 30분~2시간** | 탕린 게이트 - 백조의 호수 - 진저 가든 - 내셔널 오키드 가든 - 템부수 나무 - 탕린 게이트
> - **2시간 30분~3시간 30분** | 부킷 티마 게이트 - 에코 호수 - 제이콥 발라스 어린이 가든(자녀 동반 시) - 잎사귀 가든 - 힐링 가든 - 나심 게이트 비지터 센터 - 내셔널 오키드 가든 - 템부수 나무 - 탕린 게이트

보타닉 가든 내 음식점

프리베 | 아시아 및 웨스턴 요리, 키즈 메뉴
Privé
🕐 매일 08:00-21:00

스프라우트 푸드 플레이스 | 푸드 코트
Sprouts Food Place
🕐 매일 07:00-19:00(노점별 다름)

아이스크림맨 앤드 프렌즈 | 테이크 아웃 아이스크림 가게
Ice Cream Man and Friends
🕐 평일 09:30-19:00, 주말 09:30-19:30

퓨전 스푼 | 서양, 아시아 퓨전 음식, 와플 및 빙수
Fusion Spoon
🕐 평일 09:00-21:00, 주말 및 공휴일 07:30-21:30

할리아 레스토랑 | 유럽 및 아시아 퓨전 요리
Halia Restaurant
🕐 월~금요일 09:00-11:30, 12:00-16:00, 17:30-21:00
토~일요일 10:00-16:00, 17:30-21:00

📍 **MRT** Napier역 1번 출구에서 보타닉 가든 탕린 게이트까지 도보 2분
📌 1 Cluny Rd, Singapore 259569
🕐 05:00-24:00
💲 무료
▸ www.nparks.gov.sg

SBG 문화유산 박물관 SBG Heritage Museum	09:00-18:00	무료	매월 마지막 화요일 휴무
CDL 그린 갤러리 CDL Green Gallery	09:00-18:00	무료	매월 마지막 화요일 휴무
내셔널 오키드 가든 National Orchid Garden	08:30-19:00	성인 $15, 학생 및 60세 이상 $3, 12세 이하 무료	연중 무휴
제이콥 발라스 어린이 가든 Jacob Ballas Children's Garden	08:00-19:00	무료	월요일 휴무

뎀시 힐
Dempsey Hill

금요일 밤에는 느긋한 저녁을 즐기는 사람들로 북적이고 주말에는 가족과 함께 브런치를 즐기는 서양인들로 가득한 곳이다. 1800년대 건설된 영국군 막사로 현재는 다양한 상점, 레스토랑, 카페가 들어서 있다. 또한 멋스러운 역사적 건물들이 남아 있는 곳이기도 하다. 여행객이라면 평일에 여유롭게 산책을 하고 브런치를 즐기거나 차 한잔 마시며 힐링하기에 더없이 좋다.

- **MRT** Napier역 2번 출구에서 도보 15분
- 8D Dempsey Rd, #03-01, Singapore 249679

아이스크림 뮤지엄
Museum of Ice Cream

보기만 해도 러블리한 공간에서 달콤한 아이스크림까지 원 없이 즐길 수 있는 박물관 아닌 놀이터다. 미국의 유명한 아이스크림 박물관의 유일한 해외 점포로 인스타그래머블한 감각적인 사진을 남기기에 최고의 장소가 아닐까 싶다. 상상력을 자극하는 핑크빛 파스텔 색상의 14개 테마 전시 공간을 지나며 5가지의 다양한 아이스크림을 맛볼 수 있다. 스프링클 풀Sprinkle Pool에서 인증 숏 찍는 걸 잊지 말자.

- **MRT** Napier역 2번 출구에서 도보 17분 / **BUS** 7, 123, 174번 Aft Min of Foreign Affairs 하차 후 도보 10분, 택시로 방문 추천
- 100 Loewen Rd, Singapore 248837
- 수~월요일 10:00-21:00(월, 수요일 ~18:00), 화요일 휴무
- 평일 $35, 주말 $45, 2세 이하 무료

세인트 조지 교회
St. George's Church

언덕 위 푸른 녹지로 둘러싸인 싱가포르 성공회 교회다. 첨탑이 없고 붉은 벽돌과 흰 십자가로 된 단순하고 심플한 외관이 멋스럽다. 1910~1913년에 지어진 이 교회는 탕린 막사Tanglin Barracks 근처에 주둔한 영국군의 숙소로 건축되었다. 1971년 영국군이 싱가포르를 떠난 후 민간 교회가 되었으며 1978년 11월 국가 기념물로 등재되었다. 여유롭게 뎀시 힐을 산책하며 발견할 수 있다.

- **MRT** Napier역 2번 출구에서 도보 10분
- 44 Minden Rd, Singapore 248816
- 무료

Restaurant & Cafe

비즈 니즈 | 올데이 다이닝 카페
Bee's Knees at The Garage

이름부터 귀여운 이곳은 조식, 런치 세트, 키즈 메뉴, 올데이 메뉴까지 다양한 음식을 판매하는 보헤미안 스타일 카페다. 넓은 보타닉 가든을 둘러보다가 지쳐 잠시 쉬고 싶거나 허기진 배를 채우기에 매우 좋은 장소이며 야외석에 앉아서 피크닉 기분을 즐기기에도 좋다.

- 📍 MRT Botanic Gardens역 A 출구에서 도보 5분, 보타닉 가든 내에 위치
- 🏠 Cluny Park Rd, Level 1 The Garage, 50, Singapore 257488
- 🕐 매일 08:00-22:00
- 💲 라테 $7, 볼로네제 파스타 $20.5, 샌드위치 $19

피에스 카페 | 커피, 버거
PS.Cafe Harding Road

보타닉 가든을 둘러보고 뎀시 힐로 가서 식사를 하며 쉬기 좋은 곳이다. 1999년 의류 매장 안의 아늑한 카페로 시작한 피에스 카페는 주얼 창이 공항, 이스트 코스트 파크 등 관광지 곳곳에서 쉽게 만날 수 있다. 그중에서도 뎀시 힐은 항상 사람이 많아서 예약 후 방문하는 게 좋다. 자연을 만끽하며 조용히 식사하고 싶다면 야외석을 추천하고 더위를 식히고 싶다면 실내에 앉자. 트러플 프라이즈와 버거가 인기며 샐러드도 맛있다.

- 📍 MRT Napier역 2번 출구에서 도보 15분
- 🏠 28B Harding Rd, Singapore 249549
- 🕐 일~목요일 08:00-22:30, 금~토요일 08:00-23:00
- 💲 PS 버거 $32, 아메리카노 $6.5, 트러플 프라이즈 $18

캔들넛 | 미슐랭 1스타
Candlenut

뎀시 힐에 위치한 미슐랭 스타를 받은 파인 다이닝으로 세련된 페라나칸 요리를 만날 수 있다. 제철 재료를 사용해 매월 메뉴가 달라지는데 다양한 음식을 맛볼 수 있는 코스 요리가 꾸준히 사랑받고 있다. 가격은 좀 비싸지만 아늑한 분위기에서 세심한 서비스와 훌륭한 음식을 경험해볼 수 있다는 점에서 추천할 만하다. 예약하고 방문하자.

- 📍 BUS 7, 75, 174번 CSC Dempsey Clubhse 하차 후 도보 2분, 택시 탑승 추천
- 🏠 17a Dempsey Rd, Singapore 249676
- 🕐 매일 12:00:15:00, 18:00-22:00
- 💲 치킨 커리 $32, 런치 코스 $108(매월 가격 다름)

ARAB STREET & BUGIS

아랍 스트리트 & 부기스

아랍 상인과 이슬람교도들이 형성한 이곳은 이슬람 색채기 짙은 만큼 이국적인 매력도 더 크다. 캄퐁 글램과 하지 레인이 유명하며 작은 상점, 맛집, 예쁜 카페들이 많아서 즐길 거리가 가득하다. 낮에는 관광이나 쇼핑객의 발걸음이 많은 반면 해가 진 후에는 연극의 2막처럼 또 다른 모습으로 변모한다. 골목마다 반짝이는 화려한 조명과 그 틈을 메우는 활기는 싱가포르의 진정한 밤이 시작됐음을 알린다.

📍 **MRT** Bugis역 B 출구에서 도보 7분
BUS 12, 130, 145, 175번 Stamford Pr Sch 하차 후 도보 3분

TRAVEL HIGHLIGHTS

하지 레인
Haji Lane

하지 레인은 아랍 스트리트에 위치한 예쁜 벽화 거리로 길이는 짧지만 카페, 펍, 상점 등 아기자기한 숍이 즐비하게 늘어서 있어 구경하는 재미가 있다. 다양한 스타일의 벽화와 어울리는 포즈를 취하며 재미있고 개성 있는 사진을 찍고, 분위기 좋은 펍이나 카페에서 잠깐 휴식을 취하며 거리 분위기를 느껴보자. 대부분의 가게들이 12시 이후에 문을 연다.

- **MRT** Bugis역 B 출구에서 도보 7분
- 21A Haji Lane Singapore 1891214

TIP 하지 레인 인증샷 포인트!

1. 하지 레인 표지판 앞에서 한 컷
2. 벽화 앞에서 한 컷
3. 거리 중앙에 서서 한 컷

부소라 스트리트
Bussorah Street

원래 '술탄 로드'라고 불렸던 부소라 스트리트는 캄퐁 글램Kampong Glam 지구에 위치한 활기차고 역사적인 거리다. 과거에 부소라 거리는 순례자들이 모이는 곳이었다면 현재는 중동 음식점, 기념품 상점, 서점이 있어 하루 종일 몰려드는 관광객들로 북적인다. 도로 속 오아시스 같은 야자수 나무 사이에 서서 황금색 돔의 술탄 모스크를 배경으로 사진 찍는 게 포인트다. 삼각대를 준비해 가면 좋다.

- MRT Bugis역 B 출구에서 도보 8분 / 하지 레인에서 도보 3분
- 23a Bussorah St, Singapore 199441

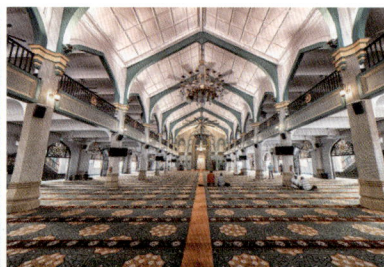

술탄 모스크
Sultan Mosque

싱가포르의 옛 이름인 테마섹의 통치자 술탄 후세인 샤Sultan Hussain Shah를 위해 1824년 건립되었으며 당시 동인도회사가 3000달러를 기부했다. 이후 재건을 거쳐 현재까지 무슬림 사회의 구심점 역할을 하는 무슬림 사원으로 신비하고 아름다운 사진을 남길 수 있는 곳이기도 하다. 1975년 국립 기념물로 지정되었으며 최대 5000명을 수용할 수 있는 기도실이 있다. 양파 모양의 황금색 돔 하단의 검은 띠를 찾아보자. 저소득층 무슬림이 기증한 유리병 조각으로 장식한 것이며 부자뿐 아니라 모든 무슬림이 함께 참여한 중요한 의미를 지닌다. 시간에 맞춰 가면 내부에서 모스크를 관람할 수 있고 입장 시 신발을 벗고 복장 규정이 맞지 않는 경우 입구에서 가운을 무료로 빌려준다.

- MRT Bugis역 B 출구에서 도보 7분
- 3 Muscat St, Singapore 198833
- 토~목요일 10:00-12:00, 14:00-16:00, 금요일 휴무

부기스 스트리트 마켓
Bugis Street Market

의류, 기념품, 액세서리, 먹거리 등을 판매하는 가게 600여 곳이 즐비한 거리로 마치 한국의 남대문 시장 같다. 일부러 찾아갈 필요는 없지만 아랍 스트리트로 가면서 들러 초콜릿, 과자 등 기념품을 저렴하게 구매하기 좋다. 또한 길 끝의 과일 가게에서는 두리안, 망고, 파파야 등 열대 과일을 바로 먹을 수 있게 포장해 저렴하게 판매한다. 단, 현금만 받는다.

- **MRT** Bugis역 C 출구에서 도보 3분, 쇼핑몰 부기스 정션 맞은편
- 3 New Bugis St, Singapore 188867
- 매일 10:00-22:00

부기스 정션
Bugis Junction

상점이 즐비한 거리에 유리를 덮은 듯한 인테리어가 독특하다. 부기스 스트리트 Bugis Street, 말레이 스트리트 Malay Street 및 하일람 스트리트 Hylam Street 3개 거리의 오래된 상점가를 재개발해 지은 쇼핑몰로 야외 쇼핑 거리도 있다. 저렴한 식당과 트렌디한 중저가 매장들이 있어 가볍게 둘러보기 좋다. MRT 부기스 역과 연결되며 뱅가완 솔로, 찰스 & 키스, 콜드 스토리지가 입점해 있어 기념품을 구매하기에도 편리하다.

- **MRT** Bugis역 C 출구에서 도보 1분
- 200 Victoria St, Singapore 188021
- 매일 10:00-22:00

Restaurant & Cafe

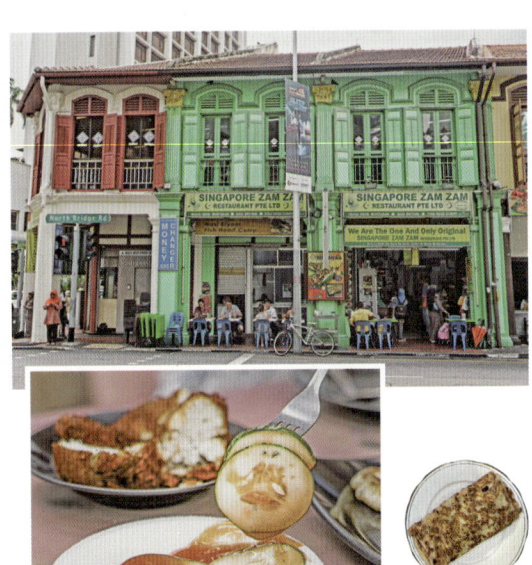

잠잠 | 인도 요리
Zam Zam

1908년 문을 연 중동 및 인도 요리를 맛볼 수 있는 식당으로 100년 넘게 인기를 끌고 있는 유명 맛집이다. 특히 바삭하고 얇은 반죽에 고기, 달걀 등을 넣고 만든 무르타박Murtabak이 인기 메뉴다. 보기엔 전병 같은데 맛은 담백하고 고소하다. 고기와 사이즈 선택이 가능하고 가격도 저렴해서 술탄 모스크를 방문한 후 들러 맛보길 추천한다.

- 📍 MRT Bugis역 B 출구에서 도보 7분, 술탄 모스크 건너편
- 🏠 697-699 North Bridge Rd, Singapore 198675
- 🕐 매일 07:00-23:00
- 💲 양고기 무르타박 $7, 소고기 브리야니 $8

블랑코 코트 프라운 미 | 프라운 누들
Blanco Court Prawn Mee

하지 레인 입구에 있는 이곳은 진한 새우 국물의 매력 덕분에 한국 관광객이 많이 찾는다. 군침 도는 육수 향 덕에 먹기도 전에 합격점을 주게 된다. 돼지갈비를 추가해 맛을 풍부하게 할 수 있고 더 큰 점보 새우를 선택할 수도 있다. 노란색과 하얀색 면을 반씩 섞어 식감이 좋으며 아침 일찍 가거나 식사 시간을 피해 가면 줄 서지 않고 바로 먹을 수 있다. 먼저 자리를 잡고 주문 시 테이블 번호를 이야기하면 된다. 현금 또는 페이나우 결제만 가능.

- 📍 MRT Bugis역 D 출구에서 도보 7분, 하지 레인 입구
- 🏠 243 Beach Rd, #01-01, Singapore 189754
- 🕐 수~월요일 07:30-16:00, 화요일 휴무
- 💲 프라운 누들 $7, 점보 프라운 누들 $12.8

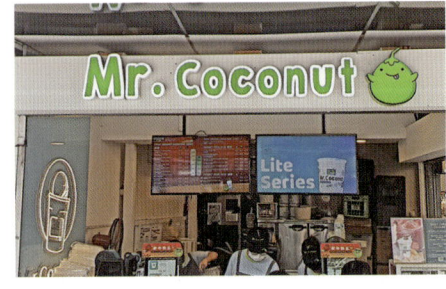

미스터 코코넛 | 코코넛 셰이크
Mr. Coconut@Bugis Street

더위에 지칠 때면 제일 먼저 생각나는 미스터 코코넛. 무더위는 사라지고 갈증까지 한번에 해소되는 마법 같은 음료다. 코코넛을 갈아 만든 시그니처 메뉴인 코코넛 셰이크는 당도 0%로 주문해야 코코넛 고유의 단맛을 느낄 수 있다. 코코넛 아이스크림이나 토핑 추가, 당도 선택도 가능하다. 키오스크로 주문하고 번호 호출 시 픽업하면 된다. 싱가포르 전역에 50개가 넘는 매장이 있어 시내 곳곳에서 만날 수 있다.

- 📍 MRT Bugis역 C 출구에서 도보 2분, 부기스 스트리트 입구에 위치
- 🏠 3 New Bugis St, #01-201, Singapore 188867
- 🕐 매일 10:00-21:45
- 💲 시그니처 코코넛 셰이크(m) $4.7

버즈 오브 파라다이스 젤라토 부티크 |젤라토|
Birds of Paradise Gelato Boutique

프리미엄 재료로 다양한 시그니처 맛을 만들어내는 젤라토 맛집으로 작은 가게에 항상 손님이 많다. 과일, 꽃, 허브, 향신료 같은 천연 및 식물 재료를 사용해 젤라토의 맛을 낸다. 또한 바로 구워 담아내는 와플콘은 바삭하고 고소해서 정말 맛있다. 묘한 매력의 스트로베리 바질과 상큼한 얼그레이 레몬 그라스가 인기다.

- 부소라 스트리트 입구에서 도보 1분
- 263 Beach Rd, Singapore 199542
- 매일 12:00-22:00
- 컵 싱글 $5.5, 콘 싱글 $6.5

친친 이팅 하우스 |치킨라이스|
Chin Chin Eating House

부기스에 위치하며 싱가포르, 동남아시아, 하이난의 풍미가 어우러진 다양한 메뉴가 있다. 그중에서도 전통적인 하이난 방식으로 맛을 낸 치킨라이스가 일품. 추천 메뉴는 치킨라이스, 삼발캉콩 Sambal Kangkong, 하이난 폭찹 Hainanese Pork Chop이다.

- MRT Esplanade역 G 출구에서 도보 6분, Beach Rd 방면
- 19 Purvis St, Singapore 188598
- 11:00-15:00, 17:00-21:00
- 치킨라이스 $6, 치킨 반 마리 $18

아틀라스 |칵테일 바|
Atlas

영화 속 한 장면에 들어와 있는 듯한 착각을 하게 만드는 곳. 웅장하고 럭셔리한 인테리어에 높은 천장과 이국적인 분위기는 아틀라스에 앉아 있는 것만으로도 특별한 느낌을 준다. 또한 세계 최대의 진Gin 라이브러리로 1300개 이상의 진을 보유하고 있어 전 세계 여행자들이 찾는 싱가포르 명소 중 하나다. 부기스 파크뷰 스퀘어 Parkview Square에 있으며 오후 3~4시에 즐길 수 있는 애프터눈 티도 인기다. 오후 5시 이후는 반바지, 샌들, 슬리퍼 착용 시 입장 불가다.

- MRT Bugis역 B 출구에서 도보 6분 / 하지 레인에서 도보 5분
- Ground Floor, 600 North Bridge Rd, Parkview Square, 188778
- 화~목요일 12:00-24:00, 금~토요일 12:00-02:00, 월요일 휴무
- 아틀라스 G&T $22, 슬로 & 토닉 $24, 애프터눈 티 1인 $64(예약 필수)

LITTLE INDIA
리틀 인디아

리틀 인디아에 도착하면 마치 제3국을 여행하는 기분이다. 다문화 싱가포르의 결정판이 바로 리틀 인디아라고 해도 과언이 아니다. 인도계 사람들이 정착해 살아가는 이곳에는 인도 사원, 상점, 음식점이 있으며 활기찬 분위기에 역사적인 곳을 둘러보며 쇼핑까지 즐길 수 있다. 디파발리와 퐁갈과 같은 인도 축제를 위한 주요 장소이기에 축제 기간에 방문하면 더 즐거운 시간을 보낼 수 있다.

📍 **MRT** Little India역 C 출구에서 도보 1분, 세랑군 로드를 따라 도보 이동
　　BUS 17, 23, 64, 65, 139, 857번 Tekka 하차 후 도보 1분

리틀 인디아 추천 코스

1. 테카 센터 — 도보 2분 —
2. 탄텡니아 — 도보 5분 —
3. 리틀 인디아 아케이드

도보 1분

4. 인디언 헤리티지 센터 — 도보 10분 —
5. 무스타파 센터

도보 4분

6. 시티 스퀘어 몰 — 도보 9분 —
7. 사카무니 부다가야 사원 — 도보 1분 —
8. 룽신시 사원

LITTLE INDIA — 추천 코스

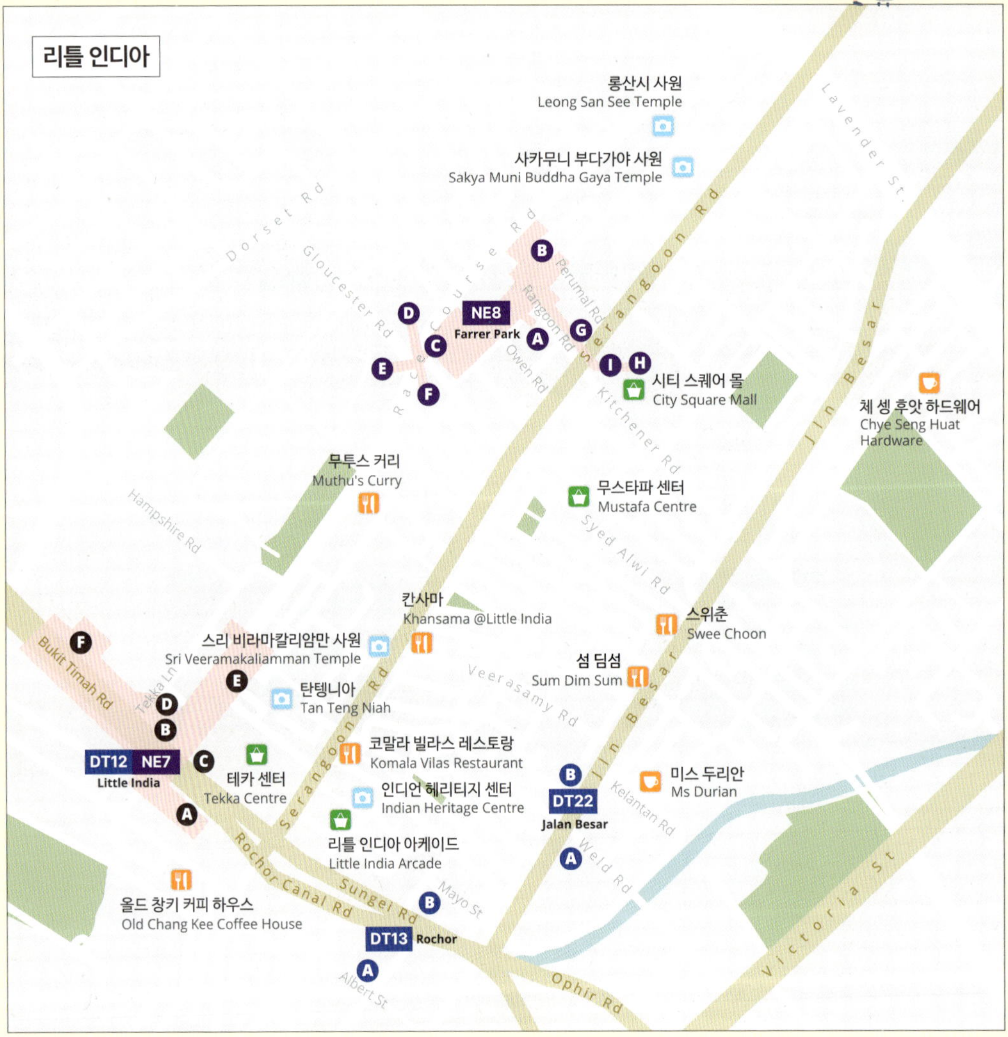

리틀 인디아

롱산시 사원
Leong San See Temple

사카무니 부다가야 사원
Sakya Muni Buddha Gaya Temple

NE8 Farrer Park

시티 스퀘어 몰
City Square Mall

체 셍 후앗 하드웨어
Chye Seng Huat Hardware

무투스 커리
Muthu's Curry

무스타파 센터
Mustafa Centre

칸사마
Khansama @Little India

스위춘
Swee Choon

스리 비라마칼리암만 사원
Sri Veeramakaliamman Temple

섬 딤섬
Sum Dim Sum

탄텡니아
Tan Teng Niah

DT12 NE7 Little India

코말라 빌라스 레스토랑
Komala Vilas Restaurant

미스 두리안
Ms Durian

테카 센터
Tekka Centre

인디언 헤리티지 센터
Indian Heritage Centre

DT22 Jalan Besar

리틀 인디아 아케이드
Little India Arcade

올드 창키 커피 하우스
Old Chang Kee Coffee House

DT13 Rochor

TRAVEL HIGHLIGHTS

테카 센터 Tekka Centre

재래시장, 호커 센터, 상점으로 구성된 복합건물이다. 먼저 위층으로 올라가면 인도 전통 의상, 액세서리 등을 판매하는 가게들이 있어 구경하는 재미가 있다. 아래층에는 다양한 종류의 신선한 과일과 채소, 생선, 육류 등을 파는 재래시장이며 다양한 향신료도 구입할 수 있다. 재래시장 옆에는 인기 있는 호커 센터가 자리 잡고 있어 인도 음식을 저렴하게 맛볼 수 있다. 인도의 부침개 마살라 도사를 맛보는 걸 잊지 말자.

- MRT Little India역 C 출구에서 도보 1분
- Tekka Place, 2 Serangoon Rd, Singapore 218227
- 매일 10:00-22:00

탄텡니아
Tan Teng Niah

1900년대 초에 지어진 무지개색의 컬러풀한 탄텡니아는 리틀 인디아에 마지막 남은 중국식 빌라다. 당시 여러 공장을 소유하고 있던 현지 사업가 탄 텡 니아Tan Teng Niah의 집으로 다채롭고 환상적인 컬러의 사이키델릭한 외관이 유명하며 중국 남부와 유럽 건축양식의 혼합이 특징이다. 어느 각도로 찍어도 예쁜 사진을 남길 수 있다.

- MRT Little India역 E 출구에서 도보 3분
- 37 Kerbau Rd, Singapore 219168
- 매일 24시간

리틀 인디아 아케이드
Little India Arcade

테카 센터 건너편에 위치한 이곳은 인도의 문화와 역사를 느낄 수 있는 곳으로 1920년에 지어진 오래된 건물을 재건축해 1995년에 완공한 인도식 상점 건물이다. 중앙에 서서 사진을 찍으면 진짜 인도에 와 있다고 해도 믿을 수 있을 정도. 인도 기념품과 액세서리, 헤나 아티스트 체험, 인도 전통 과자를 판매하는 상점들이 자리 잡고 있어 구경거리가 가득하다. 5분 정도면 완성되는 헤나 체험이 인기인데 보통 일주일 정도 유지되고 가격은 $5부터다.

- MRT Little India역 C 출구에서 도보 3분
- 48 Serangoon Rd, #02-07, Singapore 217959
- 매일 09:00-22:00

인디언 헤리티지 센터
Indian Heritage Centre

2015년 5월 문을 연 싱가포르의 문화센터이자 박물관으로 인도계 싱가포르인의 문화, 유산 및 역사를 전시하는 곳이다. 4개 층에 5개의 상설 갤러리가 있으며 특히 센터 건물이 특별하다. 건물 디자인의 모티브는 인도 전통식 우물인 바올리Baoli에서 영감을 얻었다. 사람들이 물을 길러 오가며 서로의 이야기를 나누듯 그 바람을 담아 만들었다. 엘리베이터를 타고 4층으로 이동해 전시를 관람하고 외부가 훤히 보이는 계단을 이용해 3층과 2층으로 이동하도록 지어져 관람 동선이 독특하다. 밤에는 밝은 빛이 새어나와 색다른 느낌을 준다.

- MRT Little India역 E 출구에서 도보 5분
- 5 Campbell Lane, Singapore 209924
- 화~일요일 10:00-18:00, 월요일 휴무
- 성인 $8, 학생 및 만 60세 이상 $5, 6세 이하 무료

무스타파 센터 Mustafa Centre

여행 중 선물 구입을 한번에 끝낼 수 있는 대형 쇼핑센터다. 안으로 들어가면 빼곡히 들어선 물건들과 드넓은 공간에 놀라게 된다. 각종 기념품, 초콜릿, 히말라야 로션, 의류, 식료품 등 팔지 않는 것이 없기에 싱가포르에서 기념품을 많이 사야 한다면 반드시 들러보길 추천한다. 사람들로 붐비는 저녁과 주말은 피해서 방문하자.

- MRT Farrer Park역 E 출구에서 도보 5분
- 145 Syed Alwi Rd, Mustafa Centre, Singapore 207704
- 매일 09:30-02:00

4층	도서, 차량 액세서리
3층	주방, 욕실, 생활용품
2층	캐리어, 스낵, 초콜릿, 견과류, 비스킷, 식료품
1층	의약품, 화장품, 목욕 용품, 향수, 환전, 카메라
지하 1층	의류, 아기 용품
지하 2층	장난감, 전자 제품, 환전, 텍스 리펀드

> **TIP 기념품 사러 무스타파 센터에 꼭 가야 할까?**
>
> 다양한 제품을 한번에 구매할 수 있고 인도의 유명한 헤어 오일이나 향수, 향신료 등도 판매해 구경하는 재미도 있지만 금세 지치고 시간이 많이 걸린다. 어린이들과 가는 건 비추. 한두 가지 구매할 예정이거나 시간이 많지 않다면 가까운 쇼핑몰이나 페어프라이스에서 구매하길 추천한다.

LITTLE INDIA — Travel Highlights

시티 스퀘어 몰
City Square Mall

MRT 패러 파크Farrer Park역과 연결된 시티 스퀘어 몰에는 200여 개 상점이 입점해 있으며 4600m² 규모의 시티 그린City Green이라는 도심 공원이 인접한 에코몰이다. 만나고, 쇼핑하고, 놀 수 있는 미니어처 타운 센터로 3개의 무료 놀이터가 있어 아이들과 방문하기도 좋다. 미스터 코코넛, 돈돈돈키, 페어프라이스가 있어 식사하고 마트 구경을 할 수 있다.

- MRT Farrer Park역 I 출구에서 도보 3분
- 180 Kitchener Rd, Singapore 208539
- 10:00-22:00

스리 비라마칼리암만 사원
Sri Veeramakaliamman Temple

19세기 세랑군 지역에 살았던 인도 개척자들이 지은 힌두교 사원이다. 세랑군 지역 최초의 사원이었으며 초기 인도 사회 문화 활동의 중심지가 되었다. 당시 약 1만 3000명의 인도인이 거주했으며 그들 중 다수는 세랑군 지역이나 그 근처에 살았다. 이 사원은 새로운 이민자들이 정착하도록 도왔고 세랑군 로드가 번성하는 계기를 만들었다. 스리 비라마칼리암만 사원의 화려한 조각과 장식을 감상하고 신발을 벗은 후 들어가 내부도 관람하자.

- MRT Little India역 E 출구에서 도보 6분
- 141 Serangoon Rd, Singapore 218042
- 매일 05:30-12:00, 17:00-21:00
- 성인 $8, 학생 및 만 60세 이상 $5, 6세 이하 무료

사카무니 부다가야 사원
Sakya Muni Buddha Gaya Temple

1927년 태국 승려가 설립한 불교 수도원으로 건축과 장식에 태국의 영향이 강하다. 안으로 들어가면 300톤에 이르는 15m 높이의 좌불상과 고타마 부처의 삶을 묘사한 작은 불상들과 벽화가 눈에 띈다. 중앙의 큰 동상은 수많은 전구로 둘러싸여 있어 '천등사'라고도 불린다. 부처의 탄생과 깨달음을 기념하는 연례 휴일인 부처님 오신 날 Vesak Day에 신자들은 사원에 시주하고 작은 불상에 금박을 입힌다. 연휴가 끝날 무렵에는 대부분의 작은 불상이 새로운 금박으로 덮인다.

- MRT Farrer Park역 A 출구에서 도보 6분
- 366 Race Course Rd, Singapore 218638
- 매일 08:00-16:30
- $ 무료

롱산시 사원
Leong San See Temple

1917년 춘우 Chun Wu 승려가 설립한 화려한 불교 사원으로 중국어로 '드래곤 마운틴 사원', 즉 용산사龍山寺라는 뜻이다. 인종, 언어 또는 신념과 상관없이 도움이 필요한 모든 사람을 돕기 위해 세운 것이다. 보존된 현재의 사원은 1926년 중국에서 저명한 상인이자 자선가인 탄 분 리앗 Tan Boon Liat이 기부한 기금으로 지어졌다. 재건한 사원에는 공자의 형상이 새겨진 제단이 있으며 자녀를 데리고 지성과 효도를 기원하는 부모들에게 인기가 많다.

- MRT Farrer Park역 A 출구에서 도보 7분
- 371 Race Course Rd, Singapore 218641
- 매일 08:00-16:00
- $ 무료

Restaurant & Cafe

미스 두리안 | 두리안 디저트 |
Ms Durian

크리미하고 버터 향이 풍부한 마오샨왕Mao Shan Wang 두리안으로 만들 수 있는 디저트는 모두 만든다. 케이크, 아이스크림, 퍼프, 커피, 마카롱 등 다양한 디저트와 음료가 두리안을 만나 특별한 맛을 낸다. 초보자라면 초콜릿 슈, 아이스크림 퍼프, 마카롱을 추천한다.

- MRT Jalan Besar역 B 출구에서 도보 3분
- 11 kelantan Rd, Jln Besar, 208604
- 일~목요일 09:00-22:00, 금~토요일 09:00-23:00
- $ 두리안 아이스크림 $11, 케이크 $14.5, 아이스크림 퍼프 $3.5

코말라 빌라스 레스토랑 | 인도 요리 |
Komala Vilas Restaurant

1947년 처음 문을 연 이후 현재까지 사람들의 발길이 끊이지 않는 곳이다. 남인도 채식 요리를 맛볼 수 있는 곳으로 바삭하게 구운 크레이프 도사이Dosai가 간판 메뉴다. 다양한 소스에 찍어 먹는 재미가 있고 난과 커리도 맛있다. 허기질 때 간식으로 간단히 먹기에도 좋다.

- MRT Little India역 E 출구에서 도보 5분
- 76-78 Serangoon Rd, Singapore 217981
- 매일 07:00-22:30
- $ 도사이 $5.3

올드 창키 커피 하우스 | 커리 퍼프 |
Old Chang Kee Coffee House

1956년부터 반세기 넘는 세월 동안 꾸준히 사랑받아온 스낵 전문점이다. 어느 쇼핑몰에서나 만날 수 있을 정도로 매장이 많으며 배고플 때 간식으로 안성맞춤이다. 커리 퍼프Curry Puff가 시그니처 메뉴이며 오징어 튀김인 소통 헤드Sotong Head와 새우 속살로 만든 타이거 프라운, 피시볼 등이 인기다. 꾸덕꾸덕한 커리 퍼프의 매력에 빠지면 자꾸자꾸 생각난다. 보통 올드 창키는 테이크 아웃 전문점이지만 이 지점은 앉아서 식사나 커피를 마실 수 있어 잠시 쉬며 빈티지 감성에 빠져들기 좋다.

- MRT Little India역 B 출구에서 도보 5분
- 19/21/23 Mackenzie Rd, #01-01, Singapore 228678
- 매일 10:00-17:00
- $ 커리 퍼프 $2.1~, 소통 헤드 $2.4~

칸사마 | 인도 요리 |

Khansama@Little India

북인도 음식을 맛볼 수 있는 레스토랑으로 2개 지점이 있으며 숯불 향이 진한 탄두리 치킨과 버터 치킨 맛집으로 메뉴도 다양하다. 갈릭 난을 시켜 버터 치킨에 찍어 먹고 탄두리 치킨과 인도 전통 음료 라시Lassi를 함께 먹으면 훌륭한 한 끼가 된다.

- MRT Little India역 E 출구에서 도보 7분
- 166 Serangoon Road Junction of, Norris Rd, 218050
- 매일 10:00-24:00
- 탄두리 치킨 반 마리 $16, 망고 라시 $6.5

무투스 커리 | 피시 헤드 커리 |

Muthu's Curry

리틀 인디아에 있는 이곳은 매콤한 피시 헤드 커리로 유명하다. 향긋한 카레 소스에 부드럽고 신선한 생선 머리를 넣어 요리한다. 커리뿐만 아니라 탄두리 치킨, 버터 치킨 등 다양한 인도 음식을 함께 맛볼 수 있어 리틀 인디아를 구경하고 들르기 좋다.

- MRT Farrer Park역 F 출구에서 도보 5분
- 138 Race Course Rd, #01-01, Singapore 218591
- 매일 10:30-22:30
- 피시 헤드 커리 $32, 탄두리 치킨 $19, 버터 치킨 $18

섬 딤섬 | 딤섬 |

Sum Dim Sum

맛, 서비스, 가격 모두 합격인 섬 딤섬은 예약까지 가능해서 미리 예약하고 편하게 방문하길 추천한다. 가게는 작지만 깔끔하고 정돈된 느낌이다. 창펀, 핫 앤 스파이시 딤섬, 샤오마이가 인기 있으며 서비스로 달콤한 디저트도 제공한다.

- MRT Jalan Besar역 B 출구에서 도보 4분
- 161 Jln Besar, Singapore 208876
- 11:30-24:00(금~토요일 ~01:00, 일요일 ~23:00)
- 팬 프라이드 캐롯 케이크 $6.1, 마라 덤플링(3pcs) $5.4

스위춘 | 딤섬 |

Swee Choon

1962년부터 자리를 지켜온 레스토랑으로 늘 붐비지만 그만큼 시스템이 잘되어 있다. 가격이 저렴해 다양한 음식을 맛볼 수 있으며 그림 메뉴판을 보고 주방장 추천 위주로 주문하면 실패가 없다. 포장은 따로 마련된 포장 전문 코너를 이용하자. 창펀, 탄탄면, 사천 칠리 오일 완탄이 맛있고 현금만 받는다.

- MRT Jalan Besar역 B 출구에서 도보 5분
- 183/185/187/189, Jln Besar, 191/193, 208882
- 수~월요일 07:00-04:00, 화요일 휴무
- 창펀 $6, 탄탄면 $6.8

CHINATOWN
차이나타운

인구의 반 이상이 중국계인 싱가포르에서 차이나타운은 빼놓을 수 없는 관광지다. 중국계 이민자들이 모여 형성된 곳으로 싱가포르의 과거와 현재를 동시에 느낄 수 있다. 골목골목 맛집, 골동품, 기념품 가게가 즐비해 지루할 틈이 없다. 중국 문화를 느끼며 오래된 건축물을 구경하고 다양한 벽화를 따라 걷다 보면 어느새 사진첩에 특별한 사진이 한가득 쌓여 있다.

📍 **MRT** Chinatown역 A 출구에서 도보 4분
　　BUS 2, 12, 33, 61, 63, 80, 143, 197, 961번 Chinatown Stn 하차 후 도보 6분

차이나타운 추천 코스

1 차이나타운 스트리트 마켓

도보 3분

2 스리 마리암만 사원

도보 3분

3 불아사

도보 4분

4 싱가포르 시티 갤러리

도보 7분

5 케옹색 로드

도보 10분

6 피너클 앳 덕스턴 스카이브리지

TRAVEL HIGHLIGHTS

차이나타운 스트리트 마켓
Chinatown Street Market

MRT 차이나타운Chinatown역 A 출구로 나오면 바로 만나는 파고다 스트리트에 있는 상점가다. 전통 중국 공예품, 의류, 액세서리 등을 판매하는 상점, 싱가포르 기념품을 파는 상점과 중국 전통 음식점들이 늘어서 있다. 오래된 낮은 건물이 그대로 들어선 멋스러운 거리를 걷다 보면 잠시나마 옛날로 빠져든 듯한 착각을 불러일으킨다.

- **MRT** Chinatown역 A 출구에서 도보 1분
- 29 Smith St, Singapore 058943
- 매일 09:00-22:00 (상점별 다름)

스리 마리암만 사원
Sri Mariamman Temple

1827년 건립된 싱가포르에서 가장 오래된 힌두교 사원으로 병을 치료하는 능력이 있다고 알려진 마리암만 여신을 모시고 있다. 국가 기념물로 지정되었으며 특별히 찾아가지 않아도 차이나타운을 걷다 보면 장엄하고 컬러풀한 장식의 탑인 고푸람을 쉽게 발견할 수 있다. 힌두교도들이 결혼식 장소로 선호했으며 1800년대에는 새로운 이민자들이 일자리와 숙소를 찾을 때까지 머물 수 있는 피난처이기도 했다. 신발을 벗고 들어가서 내부를 관람할 수 있으며 매년 10월 또는 11월에 불 속을 걷는 티미티Theemith 축제가 열린다.

- MRT Chinatown역 A 출구에서 도보 3분
- 244 South Bridge Road, Singapore 058793
- 매일 06:00-12:00, 18:00-21:00
- $ 무료

불아사
Buddha Tooth Relic Temple

불아사와 박물관Buddha Tooth Relic Temple & Museum은 당나라 양식의 건물로 우주를 상징하는 불교의 만다라에서 영감받아 지었다. 이름 그대로 부처의 왼쪽 송곳니를 보관한 사원으로, 송곳니는 인도 쿠시나가르에 있는 부처의 장례식 장작더미에서 가져온 것으로 사원 4층에 전시되어 있다. 320kg의 금으로 만들고 무려 3500kg의 거대한 사리탑에 보관하고 있는데, 234kg의 금은 신자들이 기증한 것이다. 화려하게 디자인한 인테리어와 불교예술과 역사에 대한 전시를 무료로 볼 수 있다. 1층은 불당, 2~3층은 박물관, 4층은 사리탑, 5층은 옥상정원과 부처님 기도 바퀴가 있다. 엘리베이터는 4층까지만 운행한다. 비상계단으로 5층에 올라가면 금을 입힌 약 1만 개 불상이 전시되어 있는 만불상을 볼 수 있고, 한 바퀴를 돌리면 불교 경전을 모두 읽은 것과 같다는 기도 바퀴를 직접 돌려볼 수 있다.

- MRT Chinatown역 A 출구에서 도보 5분 / Maxwell역 1번 출구에서 도보 1분
- 288 South Bridge Road, Singapore 058840
- 매일 09:00-17:00

피너클 앳 덕스턴 스카이브리지
The Pinnacle@Duxton Skybridge

고가 아파트처럼 보이는 이 건물은 주택개발청 Housing & Development Board(HDB)에서 싱가포르의 공공 주택 사업의 일환으로 지은 것이다. 가장 오래된 HDB 부지에 지역을 되살리고 역사적 중요성을 기념하기 위해 2009년 건설했다. 50층 아파트 7개 동의 26층과 50층을 길이 500m 스카이브리지로 연결해 시내 전경을 한눈에 감상할 수 있다. 50층 스카이브리지는 외부인에게도 개방해 하늘 정원에서 파노라마 뷰를 감상하기에 좋다. 2010년에는 세계초고층도시건축학회에서 주최하는 아시아 및 오세아니아 최고층 건물상 및 올해의 디자인상 등 수상 경력도 화려하며 외부 경관도 독특하고 멋스럽다. 야경을 보려면 오후 6시 30분 이후 방문하기를 추천한다.

- MRT Outram Park역 5번 출구에서 도보 8분 / 케옹색 로드에서 도보 5분
- 1G Cantonment Rd, Singapore 085601
- 매일 09:00-21:00
- $ $6

> **TIP 50층 스카이브리지로 가는 방법**
> 1. 블럭 1G, 1층 Ma Office 방문
> 2. 1인당 $6를 내면 직원이 이지링크 카드에 출입 가능 등록해준다. 1시간 이내 입장, 1인 1카드 소지, 현금지불만 가능하다.
> 3. 엘리베이터 50층 하차 후 카드 태그 및 회전문을 통해 입장
> 4. 카드 태그 후 퇴장

HDB(Housing & Development Board)란?

저소득층 국민을 위한 공공 주택으로 싱가포르인의 80% 이상이 HDB에 거주하며 주택 자가 점유율은 92.3%에 달한다. 99년 임차권을 부여해 사실상 내 집이라고 보면 되고 이 제도는 집값 거품 및 투기를 효과적으로 막아내 싱가포르인의 내 집 마련 및 내 집 보유율을 세계 최고 수준으로 만든 공공 주택 공급 제도라는 평가를 받고 있다. 그 덕분에 리콴유가 사실상 종신 집권할 수 있게 해준 가장 확실한 주거 복지 제도이기도 하다. 공산주의 국가를 제외하고 전 국민이 법적으로도 확실하게 내 집을 마련, 보유한 나라는 싱가포르 외에는 거의 없는 편이다. 특히 놀라운 건 전체 집값의 20%만 내면 HDB 입주가 가능하며 나머지는 정부 보조금과 대출로 조달할 수 있다. 다만 외국인은 혜택을 누리지 못해 싱가포르 주재 외국인의 주거비 부담은 매우 높으며, 다른 동남아시아 노동자들은 낡은 아파트에 거주한다.

싱가포르 시티 갤러리
Singapore City Gallery

싱가포르의 도시 변화와 미래 계획을 보여주는 도시개발청 전시관이다. 과거, 현재, 미래의 싱가포르 도시 변천사, 주요 건축물 등에 대해 다양한 자료를 전시한다. 정교하게 만든 큰 도시 모형을 보며 싱가포르를 한눈에 이해할 수도 있다. 맥스웰 호커 푸드 센터에서 점심을 먹고 시원하게 더위를 식힐 겸 잠시 방문해 관람하면 좋다.

- 📍 MRT Maxwell역 2번 출구에서 도보 3분, 맥스웰 호커 푸드 센터 옆
- 📍 45 Maxwell Road The URA Centre, 069118
- 🕐 월~토요일 09:00-17:00, 일요일 휴무
- $ 무료

티안혹켕 사원
Thian Hock Keng Temple

1840년 호키엔 가문이 지은 사원이며 텔록 에이어 스트리트Telok Ayer Street에 있다. 바다의 여신 마주Mazu에게 헌정된 사원이며 초기 중국 이민자들이 거대한 파도를 무사히 건너온 것에 감사를 표하기 위해 사원을 찾았다. 못 하나 사용하지 않고 전통 호키엔 건축양식으로 지었으며 용과 불사조 조각 및 인상적인 기둥이 걸작이다. 1973년 국가 기념물로 지정되었으며 650만 달러 이상을 지원해 복원 작업을 진행했고 유네스코 아시아·태평양 문화유산 보존 건물 부문 상을 포함해 4개의 건축상을 받았다.

- 📍 MRT Telok Ayer역 A 출구에서 도보 2분
- 📍 158 Telok Ayer St, Singapore 068613
- 🕐 매일 07:30-17:00

호키엔Hokkien이란?

호키엔은 중국 남부 푸젠성에서 온 중국계 싱가포르인을 가리킨다. 싱가포르는 중국계, 말레이계, 인도계 등 다민족으로 형성되어 있다. 래플스 경은 초기에 인종별 거주지 도시계획을 수립했으며 중국인은 텔록 에이어Telok Ayer에 거주했다. 이후 중국인 이주자들이 증가하면서 현재 차이나타운까지 확장되었던 것이다. 사실 원조 차이나타운은 텔록 에이어라 해도 과언이 아니며 아직까지도 텔록 에이어 근처에 그 흔적이 많이 남아 있다. 싱가포르의 경우 호키엔이 주를 이루며 중국 지방 방언인 호키엔어도 많이 쓰인다.

· SPECIAL ·

Keong Saik Road
케옹색 로드

1926년 중국인 사업가 탄케옹색Tan Keong Saik의 공로를 기리기 위해 그의 이름을 딴 거리로 1960년대에는 매춘 업소가 들어서면서 유명한 홍등가가 되었다. 그 후 1990년대 '부티크 호텔'이 생겨나며 도로는 새롭게 변했고 현재는 트렌디한 바, 식당, 커피숍 및 상점이 있어 천천히 걸으며 골목 여행을 즐기기에 좋다. 1920년대부터 잘 보존되어온 상점 가옥을 비롯한 아름다운 식민지 시대의 건물과 문화유산으로 가득한 동네를 감상하며 멋진 사진을 남길 수도 있다. '론리 플래닛'이 아시아 명소 4위로 소개한 거리이기도 하다.

📍 MRT Outram Park역 4번 출구에서 도보 5분

❶ 스리 라얀 시티 비나야가르 사원 Sri Layan Sithi Vinayagar Temple

1925년에 지은 힌두교 사원으로 작지만 형형색색의 아름다운 외관이 눈길을 사로잡는다. 코끼리 신인 가네샤Ganesha의 또 다른 이름인 비나야가르Vinayagar를 위한 신전으로 사용되었으며 인근 병원과 교도소의 직원들이 많이 드나들던 사원이었다.

- MRT Outram Park역 4번 출구에서 도보 4분
- 73 Keong Saik Road, Singapore 089167
- 매일 07:30-12:00, 17:30-20:30
- 무료

❷ 쿤디 공 사원
Cundhi Gong Temple 準提宮

1928년 난양 스타일로 지은 케옹색 로드 13번지에 있는 사원으로 1930~1970년대 독신 서약을 하고 싱가포르에서 가사 도우미로 일했던 중국 관둥성 출신 여성인 마지에Majie들이 이곳에서 예배를 드리곤 했다. 사원 외관은 꽃 타일로 장식했고 지붕 밑면에는 아름다운 풍경을 담은 그림이 있다.

- MRT Outram Park역 4번 출구에서 도보 5분
- 13 Keong Saik Road, Singapore 089120
- 매일 08:00-17:00
- 무료

❸ 포테이토 헤드
Potato Head

힙스터를 위한 레스토랑이라는 별명을 지닌 포테이토 헤드는 멀티 콘셉트 다이닝 레스토랑이다. 1939년에 건축된 동아 이팅 하우스가 자리 잡고 있던 건물을 그대로 이용해 한자 동아가 남아 있는 건물부터 특별하다. 2층은 버거 맛집, 3층은 칵테일 라운지 바, 루프톱 바에서는 석양을 배경으로 칵테일을 즐길 수 있다. 식사 후 케옹색 로드를 거닐며 개성 있는 카페와 상점을 구경하는 것도 놓치지 말아야 할 재미다.

- 📍 MRT Outram Park역 4번 출구에서 도보 5분
- ⦿ 36 Keong Saik Rd, Singapore 089143
- ⏱ 매일 12:00~24:00
- 💲 람보 버거 $20, 칵테일 $18~

❹ 동아 이팅 하우스
Tong Ah Eating House

포테이토 헤드에 밀려 작은 가게로 이사했지만 역사와 맛은 그대로다. 1939년 처음 문을 연 이곳은 시간 여행을 떠나듯 로컬 커피 한 잔과 카야 토스트를 즐기기에 좋다. 버터를 조각으로 잘라 얼음에 보관해 주문이 들어오면 하나씩 넣어줘 다 먹을 때까지 버터가 녹지 않아 더 진하고 풍부하다. 야외와 내부에 테이블이 있고 카운터에서 주문하고 테이블에 앉으면 얼굴을 기억하고 서빙해준다. 그릴에 구워 바삭하고 담백한 토스트가 일품이며 얇고 바삭한 식감을 좋아한다면 세트 B를 주문하면 된다.

- 📍 MRT Outram Park역 4번 출구에서 도보 6분
- ⦿ 35 Keong Saik Rd, Singapore 089142
- ⏱ 매일 07:00~22:00(수요일 ~14:00)
- 💲 카야 토스트 세트 $6.2~

⑤ 코치 플레이 싱가포르 숍 하우스
COACH Play Singapore Shop House

케옹색 로드 한가운데 뉴욕의 감성을 그대로 살린 코치 카페Coach Cafe가 들어섰다. 정확히는 코치의 가죽 제품을 선보이며 카페까지 겸한 코치 플레이 싱가포르 숍 하우스로, 새먼 핑크색 3층짜리 건물이 호기심을 자극한다. 커피를 비롯해 다양한 디저트를 판매하는데 가격이 살짝 비싸 선뜻 구매를 망설이게 된다. 하지만 C 버클, 공룡 렉시Rexy와 같은 코치 브랜드의 디자인 요소가 가미된 디저트 메뉴는 맛까지 훌륭해 금액 이상의 만족을 선사한다. SNS에 올릴 만한 감성 카페를 찾는다면 가장 먼저 주목해야 할 곳이다.

- 📍 MRT Maxwell역 3번 출구에서 도보 3분
- 🧭 05 Keong Saik Rd, Singapore 089113
- 🕐 목~화요일 09:30-17:00, 수요일 휴무(행사 진행 시 영업일과 시간 변동)
- $ 코치 핫 초코 $10, 빅 애플 크럼블 파이 위드 아이스크림 $14
- ▸ www.singapore.coach.com/coach-play-singapore-shophouse

⑥ 셰이크쉑 버거
Shake Shack 89 Neil Road

케옹색 로드와 네일 로드가 만나는 사거리에 자리 잡은 셰이크쉑 버거는 보자마자 사진기를 꺼내게 되는 예쁜 건물에 입점해 있다. 1924년에 지은 이 건물은 50년 가까이 싱가포르의 유명한 호랑이 연고 타이거 밤을 생산하던 공장이 자리 잡고 있었다. 페라나칸 건축물에서 영감을 받아 독특한 분위기에 우아함이 깃들어 있다.

- 📍 MRT Maxwell역 3번 출구에서 도보 4분
- 🧭 89 Neil Rd, #01-01, Singapore 088849
- 🕐 일~목요일 11:00-22:00, 금~토요일 11:00-22:30

· SPECIAL ·

A Mural Walk in Chinatown

차이나타운의 거리 예술 속으로!

전직 회계사였던 입유총Yip Yew Chong은 오랫동안 간직한 화가의 꿈을 저버리지 않고 2015년, 그의 나이 46세 때 거리 벽화에 첫발을 디뎠다. 학생 시절 수영장과 행사 무대 배경을 그려본 경험만 있던 입유총은 2018년에야 비로소 아티스트로서의 인생 제2막을 시작한다. 지금은 50점이 넘는 작품이 차이나타운, 티옹 바루, 리틀 인디아 등의 거리를 물들이고 있다. 그가 가장 아끼는 작품은 스미스 스트리트 30번지에 있는 '나의 차이나타운 집My Chinatown Home'이다. 흔히 잊고 살았던 어린 시절의 추억과 향수를 자극하는 그의 작품은 언제 보아도 따뜻하고 정감 넘친다.

❶ 티안혹켕 사원 벽화

Thian Hock Keng Temple Mural

티안혹켕 사원 근처에 40m 길이로 늘어선 이 벽화는 현대 싱가포르의 모습에 영향을 준 초기 호키엔 이민자의 삶을 묘사한 작품이다.

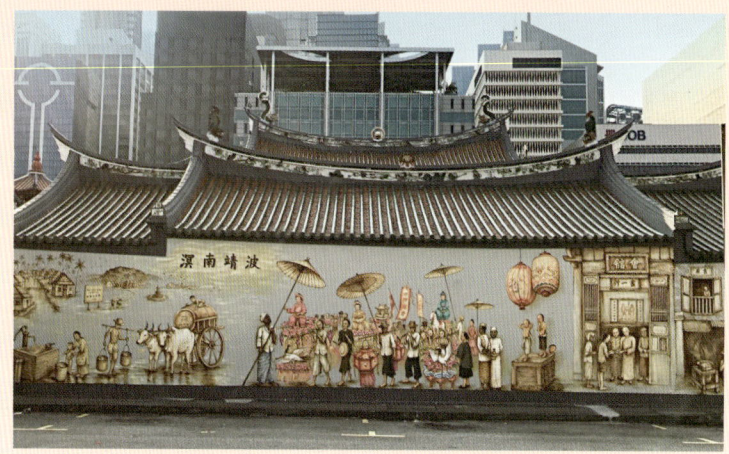

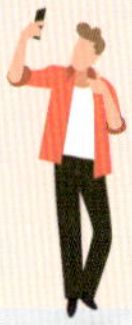

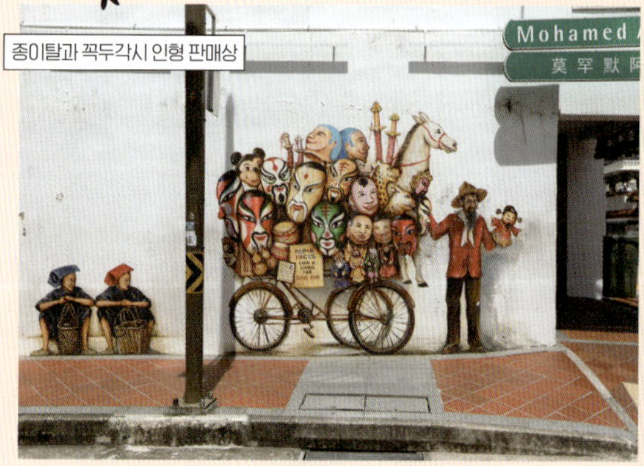

종이탈과 꼭두각시 인형 판매상

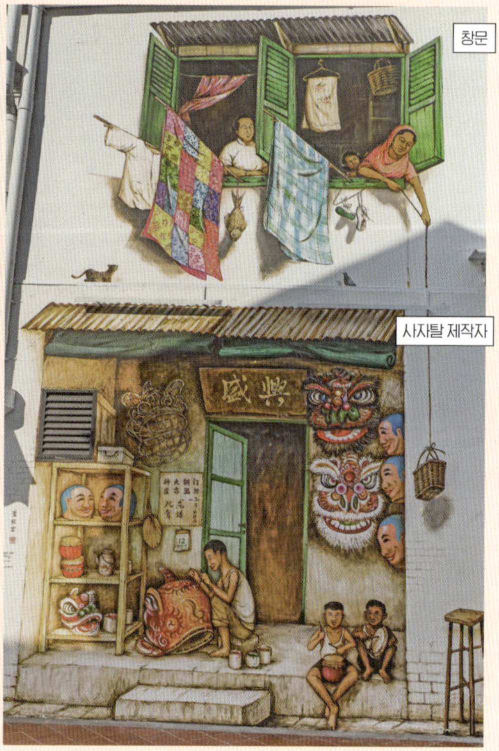

창문

사자탈 제작자

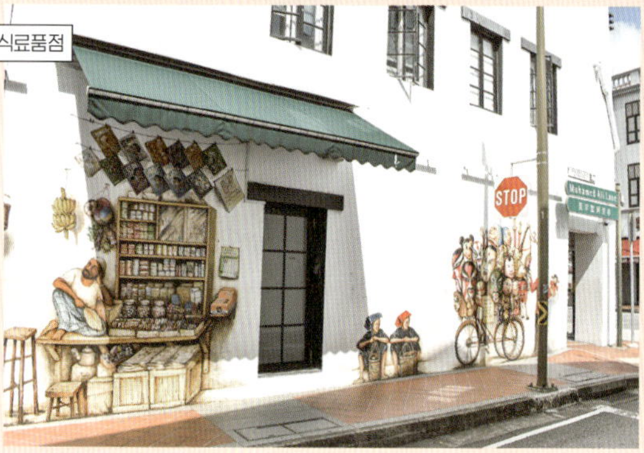

식료품점

❷❸❹❺ 예전 장사 풍경

Old Trades I

모하메드 알리 레인Mohammed Ali Lane에 위치한 벽화들로 1960년대 싱가포르 독립 초기 노점상의 색다른 모습을 재현한 것이다. 2층 창문에서 식료품점으로 바구니를 내리는 여인의 모습The Window, 사자탈 제작자Lion Dance Head Maker, 식료품점Mamak Store, 종이탈과 꼭두각시 인형 판매상Paper Mask & Puppet Seller이 있다.

❻ 월극 Cantonese Opera

월극 배우들과 실감 나게 공연을 감상하는 사람들의 모습이 생생한 벽화다.

❼ 명탐정 코난 Detective Conan in Chinatown

2019년 5월에 그린 작품으로 두리안을 맛본 코난이 엄지척하는 모습이 인상적인 작품이다.

❽ 차이나타운 재래시장
Chinatown Wet Market

다양한 가게, 노점상 등과 3층에서 차를 따르는 아저씨를 보고 2층에서 빨래를 널다 놀라는 아주머니와 이를 지켜보는 고양이까지 재치 있게 묘사한 벽화다.

❾ 나막신 제작자와 주방용품 가게
Clog Maker & Kitchenware Shop

재래시장과 나막신을 만드는 사람, 주방용품을 파는 가게, 그리고 한편에 차려진 정겨운 식사 테이블을 볼 수 있다.

❿ 나의 차이나타운 집
My Chinatown Home

불아사 맞은편 스미스 스트리트 Smith Street 30번지에 그려진 벽화. 차이나타운에서 나고 자란 작가 입유총의 기억 속 중국 전통 가족 모습이 그대로 재현돼 향수를 자아내는 작품이다.

⑪ 중추절 축제
Mid-Autumn Festival

MRT 차이나타운역 출구 A, 메이헝유엔 디저트 가게 건너편에 있는 벽화. 9월에서 10월 초에 열리는 전통적인 추수 축제인 중추절을 어떻게 기념하는지 다채롭게 보여준다.

⑫ 편지 쓰는 사람
Letter Writer

노스 브리지 센터 North Bridge Centre를 지나면 만날 수 있는 작품. 싱가포르의 중국 이민자들이 고향에 있는 가족에게 연락하기 위해 찾아간 필경사를 묘사한 벽화다.

입유총 작품과 결이 다른 벽화 속으로!

· **디자인 스쿨의 이소룡 벽화** Mural of Bruce Lee by School of Design

차이나타운 콤플렉스 Chinatown Complex 벽에서 두리안을 들고 있는 이소룡을 만날 수 있다. 이소룡 외에도 용, 커리 퍼프, 마시는 차 등도 활기를 더한다.

· **리플 루트의 힙스터 벽화** Hipster Murals by Ripple Root

케옹색 로드를 따라 자리한 추상 벽화로 야생동물과 자연주의 이미지에서 영감을 얻은 작품이다. 듀오로 활동 중인 지역 예술가 리플 루트가 그린 것으로 근처의 세련된 카페, 작업 공간들과 잘 어울린다.

동방미식 东方美食 | 중국 요리 |
Oriental Chinese Restaurant

차이나타운에 있는 유명한 중국 북동부 음식점으로 가성비 맛집이다. 특히 쿼바로우 Pork Fried Meat가 유명하며 물만두, 마파두부 등 100가지가 넘는 메뉴가 있다. 혼자보다는 여러 명이 함께 가서 다양한 음식을 나눠 먹는 재미가 있는 곳이다. 물티슈는 유료이며 피크 시간을 피해서 가면 기다리지 않고 식사할 수 있다.

- **MRT** Chinatown역에서 도보 1분
- 193, 195, 197 New Bridge Rd, 059425
- 매일 11:00-18:00
- $ 쿼바로우 $12.8, 마파두부 $6

림치관 | 박과 |
Lim Chee Guan

1938년부터 전통의 맛을 변함없이 이어오고 있어 현지인에게 사랑받는 박과 맛집으로 명절이면 몇 시간 줄을 서야 먹을 수 있는 육포로 유명하다. 시그니처 슬라이스 돼지고기 Signature Sliced Pork와 비비큐 칠리 돼지고기 BBQ Chilli Pork가 인기 메뉴다. 매장에서 다양한 박과를 구경하고 소량씩 사서 맛보는 걸 추천한다. 차이나타운에 있는 곳이 본점이며 아이온 오차드, 주얼 창이에서도 구매할 수 있다.

- **MRT** Chinatown역 A 출구에서 도보 3분
- 203 New Bridge Rd, Singapore 059429
- 매일 09:00-22:00
- $ 시그니처 슬라이스 돼지고기 300g $18.6, 비비큐 칠리 돼지고기 500g $19.7

김주관 | 박과 |
Kim Joo Guan

스모키한 숯불 향에 먹기도 전에 반하는 박과 맛집 중 하나로 곡물을 먹인 호주산 돼지고기만 사용한다. 묘한 매력의 중독적인 맛에 자꾸자꾸 먹고 싶다. 그중에서도 싱가포르 BBQ 박과가 최고 인기다. 슬라이스 한 장씩도 구매 가능하니 간식으로 사서 맛보는 것을 추천한다.

- **MRT** Chinatown역 A 출구에서 도보 5분
- 257 South Bridge Rd, Singapore 058806
- 매일 09:30-19:30
- $ 전통 포크 슬라이스 500g $32

챔피언 볼로번 |볼로번|
Champion Bolo Bun

탄종 파가에 있는 볼로번 맛집이다. 모던하고 깔끔한 인테리어에 3층까지 테이블이 있다. 바삭한 황금빛 크러스트에 푹신하고 부드러운 빵, 그리고 버터를 넣은 클래식 위드 버터Classic with Butter가 최고 인기 메뉴다. 바로 먹어야 맛있으니 포장하지 말고 매장에서 먹는 걸 추천한다.

- MRT Tanjong Pagar역 A 출구에서 도보 6분
- 92 Tg Pagar Rd, Singapore 088513
- 월~화, 목~금요일 11:00-19:00, 토~일요일 08:30-19:00, 수요일 휴무
- 클래식 볼로번 $5.4, 클래식 위드 버터 $6

통헝 |에그타르트|
Tong Heng

1920년대부터 차이나타운 주변에서 시작된 오래된 제과점 중 하나로 에그타르트 맛집이다. 다이아몬드 모양의 전설적인 에그타르트를 한입 베어 물면 100년이 지난 후에도 여전히 사랑받고 있는 이유를 알 수 있다. 코코넛 에그타르트가 시그니처 메뉴로 유명하지만 코코넛이 계속 씹혀 호불호가 있다. 오리지널로 오묘한 달콤함과 부드러운 식감이 매력이며 불아사 맞은 편에 있다.

- MRT Maxwell역 1번 출구에서 도보 1분
- 285 South Bridge Rd, Singapore 05883
- 매일 09:00-19:00
- 코코넛 에그타르트 $2.5, 에그타르트 $2.4

티엔티엔 하이난 치킨라이스 |치킨라이스|
Tian Tian Hainanese Chicken Rice

줄 설 각오를 하고 가야 하는 치킨라이스 맛집. 현지인, 외국인 모두 좋아하는 곳으로 풍부한 육즙, 부드럽고 하얀 닭고기 살, 양념이 잘 밴 밥까지 뭐 하나 나무랄 데가 없다. 음식을 받는 줄과 결제하는 줄이 다르며 가게 오른쪽으로 먼저 줄을 서고 계산한 후 왼쪽으로 가서 음식을 받으면 된다. M 사이즈 치킨라이스와 오이스터 소스를 곁들인 청경채를 함께 주문해 먹으면 궁합이 최고다. 점심시간은 피해서 가자. 현금, NETS, 페이나우만 가능.

- MRT Chinatown역 A 출구에서 도보 10분 / Maxwell역 1번 출구에서 2분
- 1 Kadayanallur St, #01-10/11 Maxwell Food Centre, Singapore 069184
- 화~일요일 10:00-19:30, 월요일 휴무
- 하이난식 치킨라이스 $5~

랴오판 호커찬 차이나타운 |치킨라이스|
Liao Fan Hawker Chan Chinatown

4년 연속 미슐랭 1스타를 받은 치킨라이스 맛집. 가성비가 좋으며 회전율이 높다. 면과 밥 중 선택 가능하며, 진한 간장 소스의 부드러운 닭고기가 특징인 소야 소스 치킨라이스와 삼겹살이 올라간 포크 누들이 대표 메뉴다. 주문 후 소스를 챙겨 자리에 앉으면 되고, 칼라만시 주스와 함께하면 더욱 맛있다.

- MRT Chinatown역 A 출구에서 도보 4분
- 78 Smith St, Singapore 058972
- 매일 10:30-20:00
- $ 치킨라이스 $6.8~

얌차 레스토랑 |딤섬|
Yum Cha Restaurant

샤오마이와 샤오롱바오가 유명한 차이나타운 딤섬 맛집이다. 다양한 딤섬을 맛볼 수 있으며 평일 오후 3시부터 6시까지는 뷔페로 운영한다. 메뉴마다 사진이 있고 테이블에 있는 QR 코드로 주문할 수 있어 편하다.

- MRT Chinatown역에서 도보 3분
- 20 Trengganu St, #02-01, Singapore 058479
- 화~금요일 10:30-21:00, 토~일요일 09:00-21:00, 월요일 휴무
- $ 샤오롱바오(3pcs) $5.8, 새우만두(3pcs) $6

99 올드 트리 두리안 |두리안 전문점|
99 Old Trees Durian

두리안을 좋아하지 않는 사람도 맛있게 먹을 수 있는 디저트를 판매한다. 두리안 무스에 리얼 두리안을 올린 두리안 볼Bowl과 바삭바삭 달콤한 페이스트리 안에 두리안 무스를 넣은 봄Bomb이 인기다. 두리안 플래터도 판매해서 여러 가지 두리안을 한번에 맛볼 수 있다.

- MRT Outram Park역 4번 출구에서 도보 1분
- 1 Teo Hong Rd, Singapore 088321
- 매일 12:00-22:00
- $ 두리안 볼 $6.3, 두리안 봄 $2.2

블루 진저 |페라나칸|
The Blue Ginger

3년 연속 미슐랭 빕 구르망에 선정된 이곳은 페라나칸 최초의 레스토랑 중 하나로, 맛과 분위기 모두 뛰어나다. 비프 렌당 Beef Rendang이 대표 메뉴이며, 논야 피시 헤드 커리와 오타 오타Otah Otah도 인기다. 방문 전 홈페이지(theblueginger.com)에서 예약하자.

- MRT Tanjong Pagar역 A 출구에서 도보 5분
- 97 Tg Pagar Rd, Singapore 088518
- 매일 12:00-15:00, 18:30-22:30
- $ 비프 렌당 $28.5, 락사 $16

치차산첸 | 과일 티, 버블 밀크티 |
CHICHA Sanchen

차 한잔으로 인생의 즐거움을 선사하겠다는 대만 브랜드 찻집으로 최근 싱가포르에서 인기를 끌고 있다. 홍차, 파인애플, 패션 프루트, 레몬, 제철 과일을 섞어 만든 과일 티와 버블 밀크티가 특히 유명하다. 기본 차를 선택하고 우유나 크림, 코코넛 젤리나 곤약 젤리 등 토핑을 자유롭게 선택할 수 있으며 감성을 더한 포장 패키지는 먹기 전부터 기분을 좋게 만든다.

- MRT Chinatown역 G 출구에서 도보 2분
- 133 New Bridge Rd, B1-50b Chinatown Point, Singapore 059413
- 매일 11:00-21:00
- 과일 티 $5.5, 버블 밀크티 $5.5

코이테 | 밀크티 |
KOI Thé

2006년에 설립된 대만 브랜드로 프리미엄 차를 우려내 부드러우면서도 차의 풍부한 맛을 오래도록 느낄 수 있다. 시그니처 마카아토 Macchiato와 밀크티를 추천한다. 메뉴 주문은 먼저 사이즈를 정한 후 토핑과 당도, 얼음의 양 순서로 선택하면 된다.

- MRT Chinatown역 E 출구에서 도보 2분, 차이나타운 포인트 쇼핑몰 1층
- 133 New Bridge Rd, #01-39 Chinatown Point, Singapore 059413
- 매일 10:00-22:00
- 패션 프루트 그린티 마카아토 $4.5, 허니 밀크티 $4.1

카페 우투 | 카페 |
Kafe Utu

손바닥에 태양을 그려 넣은 로고부터 구석구석 아름다운 예술 작품과 독특한 인테리어까지 예쁜 사진을 찍을 수 있는 아프리카 콘셉트 카페다. 이국적인 곳에서 아프리카 음식을 경험하며 예쁜 사진을 남기고 싶다면 추천한다. 브런치, 아프리카 식사 및 베이커리까지 메뉴 선택의 폭이 넓다.

- MRT Outram Park역 4번 출구에서 도보 6분
- 12 Jiak Chuan Rd, Singapore 089265
- 매일 10:00-16:00, 18:00-21:30
- 모카 $7, 우투 브렉퍼스트 $28

TIONG BAHRU

티옹 바루

싱가포르에서 가장 오래된 주거지역인 티옹 바루. 트렌디한 카페와 갤러리, 상점은 여행자의 마음을 들뜨게 만든다. 조용하면서도 유니크하고 아늑해 잠시 번잡함에서 벗어나 시간을 보내기 좋다. 일정이 여유롭다면 꼭 들러서 골목골목을 걷고 커피를 마시며 느긋하게 더위를 피해보자.

📍 **MRT** Havelock역 1번 출구 또는 Tiong Bahru역 B 출구에서 도보 10분
BUS 5, 16, 33, 121, 175, 195번 BLK 18 또는 BLK 55 하차 후 도보 3분

티옹 바루 추천 코스

 1   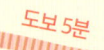 도보 5분   2

티옹 바루 마켓 & 푸드 센터   **용시악 스트리트**

티옹 바루
티옹 바루 벽화 도보 구글 지도

TE16 해블록 Havelock

EW17 티옹 바루 Tiong Bahru

용시악 스트리트

- 용시악 스트리트 Yong Siak Street
- 아트블루 스튜디오 ArtBlue Studio
- 플레인 바닐라 티옹 바루 Plain Vanilla Tiong Bahru
- 티옹 바루 마켓 Tiong Bahru Market
- 티옹 바루 베이커리 본점 Tiong Bahru Bakery
- 크리미어 핸드크래프트 아이스크림 & 커피 Creamier Handcrafted Ice Cream & Coffee
- 캣 소크라테스 Cat Socrates
- 올리브 앙카라 Olive Ankara
- 마이크로 Micro

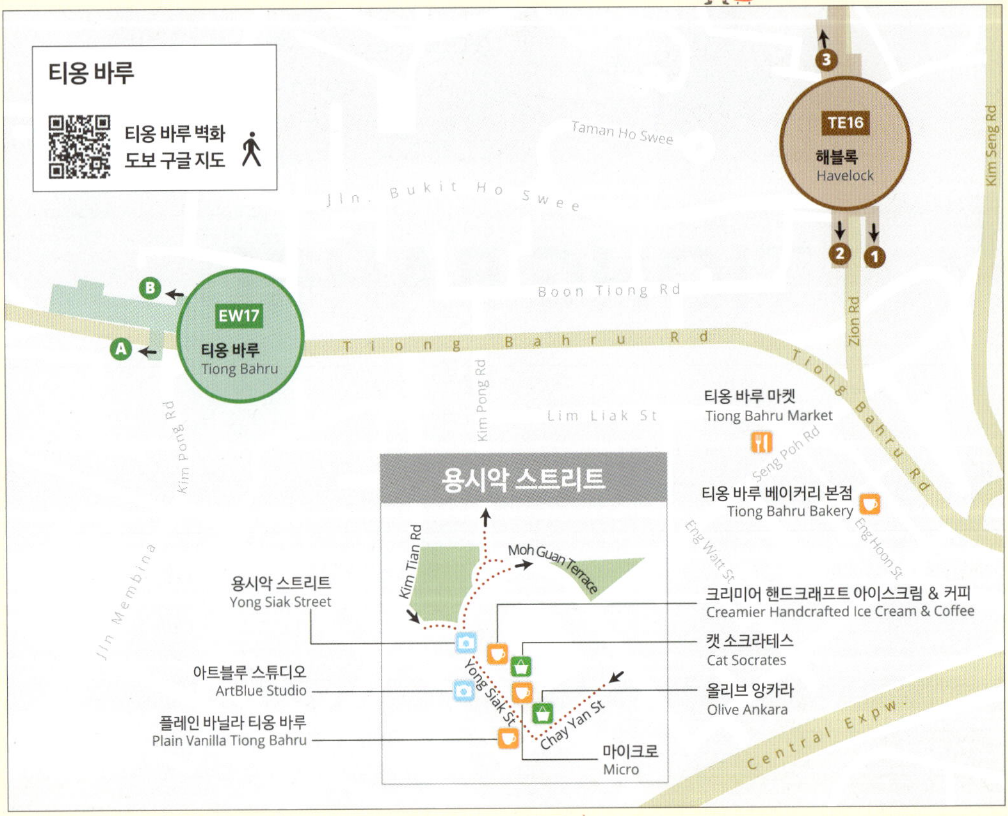

TRAVEL HIGHLIGHTS

티옹 바루 마켓
Tiong Bahru Market

싱가포르에서 가장 오래된 공공 주택 단지 중 하나인 티옹 바루에 있는 호커 센터다. 1층에는 재래시장, 2층에는 호커 센터가 자리하고 있으며 역사 깊은 맛집, 미슐랭 빕 구르망Bib Gourmand에 오른 가게들이 있다. 홍헝 프라이드 소통 프라운 미Hong Heng Fried Sotong Prawn Mee의 호키엔 미와 종위유엔웨이 완탕 누들Zhong Yu Yuan Wei Wanton Noodle의 완탕이 유명하다.

- MRT Havelock역 1번 출구에서 도보 8분
- 52 Tiong Bahru Rd, Singapore 168716
- 1층 매일 09:00-17:00, 2층 호커 센터 매일 08:00-20:00(상점별 다름)

> **TIP 싱가포르 웨트 마켓이란?**
>
> '드라이 마켓'과 반대되는 웨트 마켓Wet Market은 신선한 고기, 생선, 농산물을 판매하는 시장을 말한다. 재래시장 구경을 좋아한다면 관광지와 가까운 곳인 티옹 바루 마켓 1층, 차이나타운 불아사 맞은편 차이나타운 콤플렉스 푸드 센터 지하 1층, 리틀 인디아 테카 센터 1층에 가보자. 다양한 식재료 구경은 물론 맛있는 과일도 구매할 수 있다.

티옹 바루 베이커리 본점
Tiong Bahru Bakery

싱가포르 베이커리 대회에서 1등을 하며 유명세를 얻은 티옹 바루 베이커리는 꼭 한번 들러야 하는 맛집이다. 버터 케이크를 뜻하는 퀴니아망Kouign Amann과 아몬드 크루아상이 인기 메뉴다. 크루아상 샌드위치도 종류가 다양해 아침 식사로 제격이다.

- MRT Tiong Bahru역 B 출구에서 도보 10분 / Havelock역 1번 출구에서 도보 8분
- 56 Eng Hoon St, #01-70, Singapore 160056
- 매일 07:30-20:00
- $ 롱 블랙 $5.5, 퀴니아망 $5.5, 아몬드 크루아상 $5.5

보물찾기를 하는 마음으로 거닐기에 딱 좋은 거리다. 소박하지만 독특한 매력으로 발걸음을 멈추게 하는 상점과 갤러리가 툭툭 튀어나온다.

용시악 스트리트
Yong Siak Street

아트블루 스튜디오
ArtBlue Studio

베트남 최고의 예술 작품과 유망한 예술가들의 독특한 예술 작품을 선별해 전시하는 갤러리다.

- 티옹 바루 마켓에서 도보 5분
- 23 Yong Siak St, Singapore 16865
- 수~목요일 10:00-18:00, 금요일 10:00-19:00, 토~일요일 09:00-19:00, 월~화요일 휴무
- www.artbluestudio.com

올리브 앙카라
Olive Ankara

아프리카 전통 의상에서 영감받아 화려하고 예쁜 옷이 가득한 작은 부티크 숍이다. 수영복, 소품, 키즈 의상까지 다양하고 컬러풀한 색감과 독특한 디자인이 특징이다.

- 티옹 바루 마켓에서 도보 5분, 플레인 바닐라 맞은편
- 79 Chay Yan St, #01-02 Opposite Plain Vanilla, Singapore 160079
- 화~금요일 11:00-14:00, 16:00-19:00, 토~일요일 10:00-17:00, 월요일 휴무
- oliveankara.com

캣 소크라테스
Cat Socrates

작은 가게에 접시, 쿠션 등 리빙 용품에서 문구, 도서까지 고양이를 주제로 한 소품이 가득하다. 또한 페라나칸 논야 스타일의 휴지 케이스나 가방도 있어 지인에게 줄 선물을 고르기도 좋다. 가게 구석구석 독특하고 귀여운 아이템이 많아 구경하는 것만으로도 즐거운 곳이다.

- 티옹 바루 마켓에서 도보 5분, 마이크로 빵집 옆
- 78 Yong Siak St, #01-14, Singapore 163078
- 일~월요일, 공휴일 10:00-18:00, 화~목요일 10:00-19:00, 금~토요일 10:00-20:00
- cat-socrates.myshopify.com

크리미어 핸드크래프트 아이스크림 & 커피 | 아이스크림 |
Creamier Handcrafted Ice Cream & Coffee

크리미어는 프리미엄 아이스크림과 셔벗을 맛볼 수 있는 싱가포르의 유명 수제 아이스크림 전문점이다. 독창적인 레시피와 독특한 생산 방식으로 매일 소량씩 수작업으로 만든다. 아이스크림만 먹기 심심하다면 와플을 곁들이자. 티옹 바루를 포함해 6개 매장이 있다.

- 티옹 바루 마켓에서 도보 7분
- 78 Yong Siak St, #01-18, Singapore 163078
- 월~금요일 13:00-22:00, 토~일요일 12:00-22:00
- 아이스크림 $5~8

플레인 바닐라 티옹 바루 | 베이커리 |
Plain Vanilla Tiong Bahru

일찍부터 문을 여는 이곳은 브런치와 베이커리 등 다양한 메뉴를 선보인다. 10년 넘게 현지인에게 사랑받는 곳으로 컵케이크가 유명하며 굿즈도 판매한다. 티옹 바루 본점 외에도 5개 지점이 있다.

- 마이크로에서 도보 2분
- 1D Yong Siak St, Singapore 168641
- 매일 07:30-19:00
- 롱 블랙 $5, 솔티드 캐러멜 초콜릿 컵케이크 $4.9

마이크로 | 베이커리 |
Micro

출출함을 달랠 수 있는 맛있는 빵이 있는 곳이다. 좌석은 비좁지만 특유의 빵 맛 덕에 언제 가도 인산인해를 이룬다. 테이크 아웃은 기다리지 않고 창문에서 바로 주문할 수 있다.

- 크리미어 핸드크래프트 아이스크림 & 커피에서 도보 1분
- 78 Yong Siak St, #01-12, Singapore 163078
- 수~일요일 08:00-16:00, 월~화요일 휴무
- 롱 블랙 $5, 카프레제 치아바타 $7

· SPECIAL ·

Captivating Street Arts in Tiong Bahru

티옹 바루의 거리 예술 속으로!

차이나타운과 티옹 바루에 벽화 예술을 사랑하는 입유총의 작품이 많다. 특히 티옹 바루 벽화는 역사, 문화를 반영하며 관광객과 예술 애호가들에게 인기다. 티옹 바루 역사를 고스란히 담고 있는 벽화들을 구경하다 보면 멀지 않은 과거의 티옹 바루 삶을 엿볼 수 있다. 골목길을 따라 걸으며 멋진 벽화의 한 부분이 되어 사진을 찍어보는 건 어떨까? 사람들이 살고 있는 동네를 구경하는 만큼 에티켓을 지키는 건 필수.

❶ 새들의 노랫소리
Bird Singing Corner

티옹 바루에서 가장 인기 있는 벽화 중 하나로 여행객, 현지인 모두에게 사랑받는 작품이다. 옛날 그 시절 코피티암 Kopitiam 상점에 손님들이 새를 데리고 가서 커피를 마시며 새들의 노랫소리를 듣는 장면이다. 누구의 새인지 확인하기 위해 새 꼬리에 이름표가 달려 있는 게 흥미롭다.

- 티옹 바루 베이커리에서 도보 3분
- 61 Seng Poh Ln

❷ 집
Home

옛날 티옹 바루의 한 가정집을 몰래 엿보는 듯한 느낌이 드는 작품이다. 차이나타운에서 나고 자란 작가가 자기 집에 대한 순수한 기억과 친척들이 사는 티옹 바루를 다녀가며 본 것을 그려냈다. 소파 세트와 전화기, TV 화면 속 1970년대 인기 듀오 코미디언들의 얼굴, 편안하게 앉아 신문을 보고 있는 아저씨, 그리고 신문 속 1979년 '만다린 말하기 캠페인' 등 디테일 속에 작가의 추억이 차곡차곡 담겨 있다.

- 티옹 바루 베이커리에서 도보 4분
- Block 74 Tiong Poh Road

❸ 시장과 점쟁이
Pasar and the Fortune Teller

2개의 벽화를 구상하다가 하나의 벽화로 합쳐서 그린 작품이다. 파사르Pasar는 말레이어로 '시장'을 뜻한다. 거기에 양복을 차려입은 점쟁이를 함께 그렸으며 락사, 커리 미, 츠위쿠에Chwee Kueh 등 티옹 바루 시장에서 맛볼 수 있는 음식이 보인다. 입유충은 완성된 벽화를 보여주려고 작품 속 점쟁이를 찾았지만 이미 세상을 떠난 뒤였다.

- 티옹 바루 베이커리에서 도보 5분
- 73 Eng Watt St

> **TIP** 츠위쿠에Chwee Kueh가 뭐지?
>
> 락사, 커리 미는 많이 들어봤을 텐데 츠위쿠에는 생소할 것이다. 하얀 떡 위에 달콤 짭짤한 절인 무를 올린 음식으로 싱가포르의 인기 아침 식사 메뉴다. 함께 나오는 삼발 소스를 곁들이면 훨씬 맛있다. 미슐랭 추천을 받은 티옹 바루 마켓 2층에 위치한 지엔 보 수이 쿠에Jian Bo Shui Kueh나 오차드 탕스 백화점 지하 1층 푸드 코트 내 티옹 바루 츠위쿠에Tiong Bahru Chwee Kueh에서 맛볼 수 있다.

❹ 바쿠테
Bak Kut Teh

싱가포르 대표 음식 바쿠테를 주제로 한 벽화로 2018년 작품이다. 주재료인 마늘과 돼지갈비, 장작과 펄펄 끓는 솥까지 옛날 노점을 그대로 담아냈다. 차Teh를 준비하는 주전자와 찻잔도 볼 수 있다.

- 용시악 스트리트에서 도보 3분
- 127 Kim Tian Rd

KATONG
& EAST COAST

카통 & 이스트 코스트

카통은 식민지 시대의 방갈로와 다채로운 숍하우스 등 유서 깊은 건물이 자리한 주거지역으로 유라시안 헤리티지 센터와 로컬 음식 등 페라나칸 역사와 문화를 느낄 수 있는 곳이다. 인근 이스트 코스트 공원은 광대한 면적과 긴 도로 때문에 여가 시간을 즐기러 찾는 이들이 많다. 바람을 맞으며 자전거를 타기에도, 가볍게 산책하거나 피크닉을 나서기에도 안성맞춤이다. 연중 따뜻해서 언제 방문해도 초록색만 가득할 것 같지만 가을에는 낙엽이 진 나무들이 깜짝 선물처럼 반겨준다.

카통 & 이스트 코스트 추천 코스

KATONG & EAST COAST — 지도 및 추천 코스

1 페라나칸 하우스

도보 12분

3 우즈 인더 북스

도보 16분

1 이스트 코스트 라군 푸드 빌리지

택시 10분

4 이스트 코스트 파크

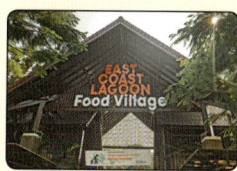

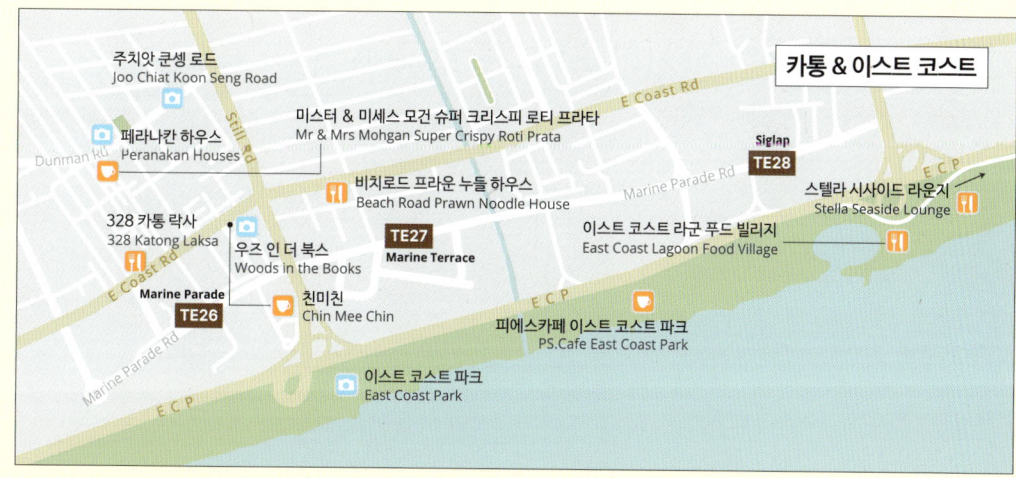

TRAVEL HIGHLIGHTS

페라나칸 하우스
Peranakan Houses

형형색색 다채로운 파스텔 톤의 페라나칸 전통 가옥이다. 싱가포르의 여행객뿐만 아니라 현지인들의 인스타그램 사진을 도배할 만큼 유명하다. 맑은 하늘과 구름을 배경으로 화려한 색상의 페라나칸 하우스 앞에서 찍는 사진은 그림 같은 장면을 연출한다. 시각적인 아름다움뿐 아니라 중국, 말레이, 유럽 전통의 영향을 혼합한 페라나칸 문화의 정체성과 문화의 전통을 이어가는 깊은 의미가 담겨 있다. 과거 모습이 그대로 복원되어 있고 현재도 주거지로 이용되니 에티켓을 지켜 사진 촬영하는 것을 잊지 말자.

- 부기스에서 택시 탑승 12분 소요
- 287 Joo Chiat Rd, Singapore 427540

주치앗 쿤셍 로드
Joo Chiat Koon Seng Road

페라나칸 양식의 독특함과 아름다움이 있는 곳. 싱가포르 동쪽 지역에 위치한 쿤셍 로드는 페라나칸 공동체가 처음 정착한 지역으로 전통적인 페라나칸 문화를 경험할 수 있어 관광객과 현지인 모두에게 인기다. 페라나칸 양식의 건축물과 알록달록 파스텔 톤 집이 모여 있고 예쁜 숍, 카페도 많아 구경거리가 가득하다.

- **MRT** Eunos역 A 출구에서 도보 18분 / **BUS** 33번 Aft Koon Seng Rd 하차 후 도보 4분
- Koon Seng Rd, Max Home, Singapore 138685

> **TIP** 숍하우스 Shophouse가 뭐지?
>
> 숍하우스는 아래층에는 상점, 위층에는 거주 공간이 있는 건물이다. 과거 지역사회의 중요한 구성 요소로 주인이 1층에서 사업을 운영하고 2층에서 가족과 함께 지냈다. 2층으로 된 숍하우스가 가장 보편적이며 차이나타운을 지나면 더 높은 건물도 있다. 지붕은 화재와 여러 기상 조건에 강한 오렌지색 진흙 타일로 만들었으며 건물은 벽 하나로 거주 공간을 분리하도록 설계되어 건물 사이에 틈이 없이 길게 늘어선 테라스 하우스(옆으로 다닥다닥 붙여서 지어놓은 비슷하게 생긴 주택)다. 현재는 싱가포르의 중요한 상징물이 되었으며 카페, 고급 레스토랑, 갤러리 등으로 이용하고 있다. 다채로운 외관과 독특한 장식이 특징이다.

우즈 인 더 북스
Woods in the Books

어린이 그림책을 판매하는 독립 서점으로, 원래 티옹 바루에 있다가 현재는 주치앗 쿤셍 로드 카페 친미친 옆으로 이사했다. 작은 소품과 그림책이 가득한 곳으로 아이들과 방문하기에도 좋다.

- 주치앗 쿤셍 로드에서 도보 4분
- 206 East Coast Road, Singapore 428905
- 화~일요일 09:00-18:00, 월요일 휴무

Restaurant & Cafe

미스터 & 미세스 모건 슈퍼 크리스피 로티 프라타 |로티 프라타|
Mr & Mrs Mohgan Super Crispy Roti Prata

유난히 바삭바삭한 이곳의 로티 프라타를 먹기 위해 아침 일찍부터 사람들이 줄을 선다. 부부가 함께 오랫동안 영업하던 이곳은 미스터 모건이 세상을 떠나고 이제는 딸과 함께 가게를 이어가고 있다. 영업시간이 오후 1시 30분까지이지만 반죽이 다 소진되면 문을 닫으니 일찍 방문할 것을 추천한다. 프라타를 시키면 찍어 먹을 카레를 준다. 가격은 소박하지만 맛은 특별하다. 플레인과 에그 어니언이 인기 메뉴이며 현금만 받는다. 주치앗 쿤셍 로드를 둘러보기 전 아침을 해결하기 좋다.

> **TIP 로티 프라타** Roti Prata란?
>
> 로티Roti는 '빵', 프라타Prata는 '납작함'을 뜻한다. 겉은 바삭하고 속은 부드러운 로티 프라타는 기름에 구워 만든 인도 남부식 납작한 빵으로 대표적인 겉바속촉 음식이다. 보통 커리를 곁들여 찍어 먹는다.
>
>

- 📍 BUS 33번 버스 Aft Koon Seng Rd 하차 후 도보 2분
- 📍 300 Joo Chiat Rd, Tin Yeang Restaurant, Singapore 427551
- 🕐 목~화요일 06:30-01:00, 수요일 휴무
- 💲 플레인 프라타 $1.3, 에그 어니언 프라타 $2.4

328 카통 락사 |락사|
328 Katong Laksa

오랜 시행착오와 노력 끝에 탄생한 328 카통 락사는 먹으면서도 계속 침이 고인다. 탄력 있는 두툼한 국수와 고소한 맛이 진해 락사가 처음이라도 도전해볼 만하다. 추가로 삶은 달걀을 올리고 라임 주스를 시켜 함께 먹으면 환상의 조합.

- 📍 BUS 10, 12, 32, 40번 버스 Opp Roxy Sq 하차 후 도보 1분
- 📍 51 E Coast Rd, Singapore 428770
- 🕐 매일 09:30-21:30
- 💲 락사 $7~, 라임 주스 $2.7

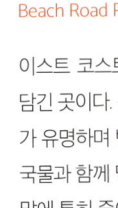

비치로드 프라운 누들 하우스 |프라운 미|
Beach Road Prawn Noodle House

이스트 코스트에 있는 이곳은 현지인의 추억과 역사가 담긴 곳이다. 큰 새우가 들어간 시그니처 점보 프라운 미가 유명하며 반으로 자른 새우의 살을 빼내 진한 새우탕 국물과 함께 먹으면 프라운 미의 매력에 빠지게 된다. 주말에 특히 줄이 더 길어 오전이나 평일 방문을 추천한다.

- 📍 BUS 10, 12, 14, 32번 Caltex Stn 하차 후 도보 1분
- 📍 370/372 E Coast Rd, Singapore 428981
- 🕐 수~월요일 07:00-16:00, 화요일 휴무
- 💲 프라운 미 $6.5~, 점보 프라운 미 $13.5

· SPECIAL ·

East Coast Park
이스트 코스트 파크

신가포르 동부에 있는 면적 185헥타르, 15km가 넘는 아름다운 해안선을 지닌 공원이다. 면적이 넓은 만큼 즐길 거리도 차고 넘쳐 그야말로 액티비티의 천국. 스케이트보드를 탈 수 있는 익스트림 스케이트 파크, 캠핑과 글램핑 장소, 아이들이 좋아하는 놀이터, 각종 수상 스포츠를 즐길 수 있는 해변은 이곳의 자랑이다. 부지가 워낙 넓으니 원하는 코스를 미리 계획하고 자전거를 빌려서 돌아보길 추천한다. 대표적인 자전거 대여소로는 바이크 스톱Bike Stop과 고사이클링GoCycling이 있다. 어린 자녀와 함께라면 쿼드 바이크를 대여하자.

Bike Stop@East Coast Park Area B (Coastline Leisure)

- E Coast Park Service Rd, Singapore 439172
- 매일 09:00-21:00
- 3시간 평일 $15, 주말 및 공휴일 $20(자전거 및 시간별 다름, 홈페이지 참고)
- coastlineleisure.com.sg

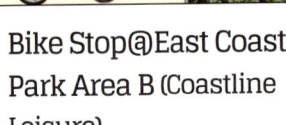

Bike Stop@East Coast Park Area E2 (Coastline Leisure)

- 1220 ECP, Singapore 468960
- 매일 24시간
- 시간당 $15~ (평일 09:00-18:00 무료 2시간 추가, 자전거 및 시간별 다름, 홈페이지 참고)
- coastlineleisure.com.sg

GoCycling@East Coast Park C4

- 1030 East Coast Parkway, East Coast Park Carpark C4, 449893
- 매일 08:00-22:00
- 시간당 $10~, 보증금 $50
- gocycling.sg

이스트 코스트 라군 푸드 빌리지 | 호커 센터 |
East Coast Lagoon Food Village

이스트 코스트 파크의 해변가 바로 옆에 있는 호커 센터다. 사테, 당근 케이크, 굴튀김, 가오리 바비큐, 호키엔 미 등 다양한 요리의 맛집들이 있다. 가격도 저렴해서 싱가포르의 다양한 로컬 음식을 한번에 맛볼 수 있는 기회이며 평일에는 오후에 문을 연다. 주말에는 사람들이 많으니 식사 시간보다 이른 시간에 방문하자.

- 마리나 베이 샌즈 몰에서 택시 탑승 20분 소요
- 1220 ECP, Singapore 468960
- 월요일 16:00-24:00, 화~목요일 16:00-22:00, 금~일요일 10:00-22:00 (점포별 다름)

피에스 카페 이스트 코스트 파크 | 카페 |
PS.Cafe East Coast Park

프랜차이즈 카페지만 이스트 코스트점은 해변을 바라보며 잠시 쉬어 가기 좋아 특히 인기가 많은 곳이다. 식사 시간을 피해서 방문해 커피나 음료를 즐기는 것을 추천하며 평일 오후 6시까지는 칵테일이 1+1이다.

- 마리나 베이 샌즈 몰에서 택시 탑승 20분 소요
- 1110 ECP, Singapore 449880
- 매일 08:00-23:00
- 아메리카노 $6.5, 레몬 콤부차 $11

스텔라 시사이드 라운지 | 피시앤칩스 |
Stella Seaside Lounge

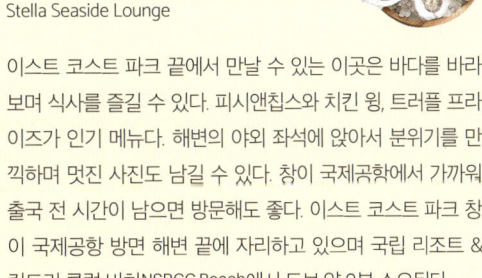

이스트 코스트 파크 끝에서 만날 수 있는 이곳은 바다를 바라보며 식사를 즐길 수 있다. 피시앤칩스와 치킨 윙, 트러플 프라이즈가 인기 메뉴다. 해변의 야외 좌석에 앉아서 분위기를 만끽하며 멋진 사진도 남길 수 있다. 창이 국제공항에서 가까워 출국 전 시간이 남으면 방문해도 좋다. 이스트 코스트 파크 창이 국제공항 방면 해변 끝에 자리하고 있으며 국립 리조트 & 컨트리 클럽 비치NSRCC Beach에서 도보 약 9분 소요된다.

- 싱가포르 창이 국제공항에서 택시 탑승 9분 소요
- 11 Changi Coast Walk, Singapore 499740
- 월~금요일 16:00-22:00, 토~일요일 12:00-22:00
- 비프 버거 $24, 피시앤칩스 $18

©Mandai Wildlife Group

MANDAI WILDLIFE RESERVE
만다이 야생동물 보호구역

북서쪽에 위치한 싱가포르 야생동물의 안식처이자 자연 휴양지로 버드 파라다이스, 동물원, 리버 원더스, 나이트 사파리가 있다. 자연주의적 동물원으로 열대우림 속 동물을 가까이서 만날 수 있으며 동물들의 화려한 쇼, 먹이 주기, 사육사들의 이야기 등 볼거리, 즐길 거리가 가득하다. 동물원, 리버 원더스, 나이트 사파리는 만다이 와일드라이프 이스트에, 버드 파라다이스는 만다이 와일드라이프 웨스트에 있으며 두 곳은 만다이 셔틀버스로 5분 거리다.

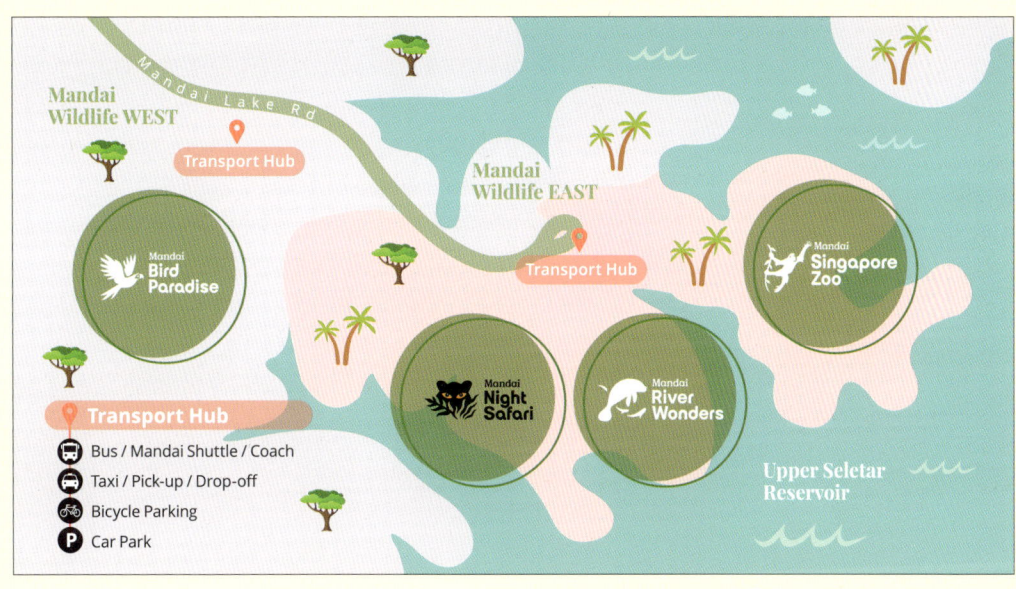

· 찾아가기 ·

**MRT +
만다이 순환 셔틀버스
또는 버스**

MRT		환승 버스
North South Line	카팁Khatib (NS14)	만다이 순환 셔틀버스
North South Line	앙모키오Ang Mo Kio (NS16)	138번
Thomson-East Coast Line	스프링리프Springleaf (TE4)	

만다이 순환 셔틀버스 Mandai Khatib Shuttle
셔틀버스 배차 간격은 10분(밤 11시부터 자정 사이 간격은 20분). 금요일, 주말, 공휴일의 경우 오전 9시부터 오후 7시 사이 셔틀 배차 간격이 짧아진다. 셔틀 요금은 만다이 야생동물 보호구역으로 갈 때만 유료이고 나올 때는 무료이다. 카팁 지하철역(NS14) A 출구로 나가 왼쪽에 있는 정류장에서 출발하며 15분 소요된다. (첫차 08:00, 막차 23:40, 매일 10~15분 간격 운행) / 만다이 야생동물 공원 승차 (첫차 08:40, 막차24:00)

$ 버스 요금 편도 $2.5 (이지링크, 신용카드, 교통 카드 가능, 현금 불가), 7세 미만 무료

택시

택시 이용 시 할증료 $3 부과(할증 적용 시간 16:00-23:59)된다. 시내에서 멀어 늦은 시간에 택시 잡는 것이 쉽지 않으며 대중교통으로 시내까지 나와서 택시를 잡는 것도 방법이다.

만다이 시티 익스프레스

목요일부터 일요일까지만 운행하는 만다이 시티 익스프레스 Mandai City Express는 싱가포르 시내의 지정된 7개 장소에서 출발한다. 하루 세 차례 운행하며 출발 지점은 오차드 호텔 Orchard Hotel로 오차드 호텔 출발 시간은 09:00, 11:30, 14:30이다. 힐튼 오차드, 래플스 호텔 등을 거쳐 만다이 야생동물 보호구역으로 이동한다. 요금은 성인과 어린이(3~12세) 모두 동일하며 편도 $8, 왕복 $16다. 시내로 가는 것은 두 차례 운행하며 좀 더 자세한 사항은 홈페이지(www.mandai.com)를 참고하자.

공유 차량

지정 장소에서 그랩 Grab이나 고젝 Gojek, 지그 Zig 등을 호출할 수 있다.

구분	요금 ($) 어른	어린이(3~12세)
리버 원더스+동물원	88	60
2개 파크	96	66
4개 파크	118	90

> **TIP 방문 전 확인해야 할 필수 사항**
>
> ① 동물원, 버드 파라다이스 먹이 주기는 홈페이지(www.mandai.com)를 통해 미리 예약하자.
> ② 각 파크의 공연 일정을 확인해 관람 계획을 세우자.
> ③ 하루에 모든 파크를 관람하기는 어렵다. 운영 시간을 참고해 방문할 곳을 정하자.
> ④ 미리 앱을 다운받아 쇼 스케줄을 확인하자.
> ⑤ 벌레 방지 스프레이를 준비하자.
> ⑥ 동물원과 버드 파라다이스에 물놀이장이 있으니 어린이 동반 가족은 수영복과 수건을 챙기자.
> ⑦ 모든 쇼는 2시간 전부터 앱을 통해 예약할 수 있으며 20분 전 알림을 받을 수 있다.

©Mandai Wildlife Group

©Mandai Wildlife Group

Singapore Zoo

싱가포르 동물원

300여 종, 4200마리의 동물이 있으며 그중 34%는 멸종 위기에 처한 동물로 경이로운 야생동물 세계를 경험할 수 있는 특별한 곳이다. 탑승 횟수 제한 없는 무료 트램을 타고 4개 정거장마다 내려서 관람한다. 코끼리, 얼룩말 등 먹이 주기 신청이 가능하며 빨리 매진되므로 여행 일정이 정해졌다면 미리 예약하는 것이 좋다. 보수공사를 끝내고 새롭게 문을 연 키즈 월드에는 다양한 체험 프로그램이 있다. 염소, 닭, 고양이, 토끼 등과 교류할 수 있으며 자연 놀이터 플레이 트리Play Trees가 있다. 신나는 물놀이를 즐길 수 있는 스플리시 스플래시Splish Splash는 수영복과 어빌 옷, 수건이 필수다. 열대우림 동물원에서 즐기는 아침 식사(09:00-10:30) 체험도 있으니 관심 있다면 미리 예약하자. 가격은 어른 $45, 어린이(6~12세) $35다.

- 🕐 매일 08:30-18:00
- 💲 어른 $49, 어린이(3~12세) $34

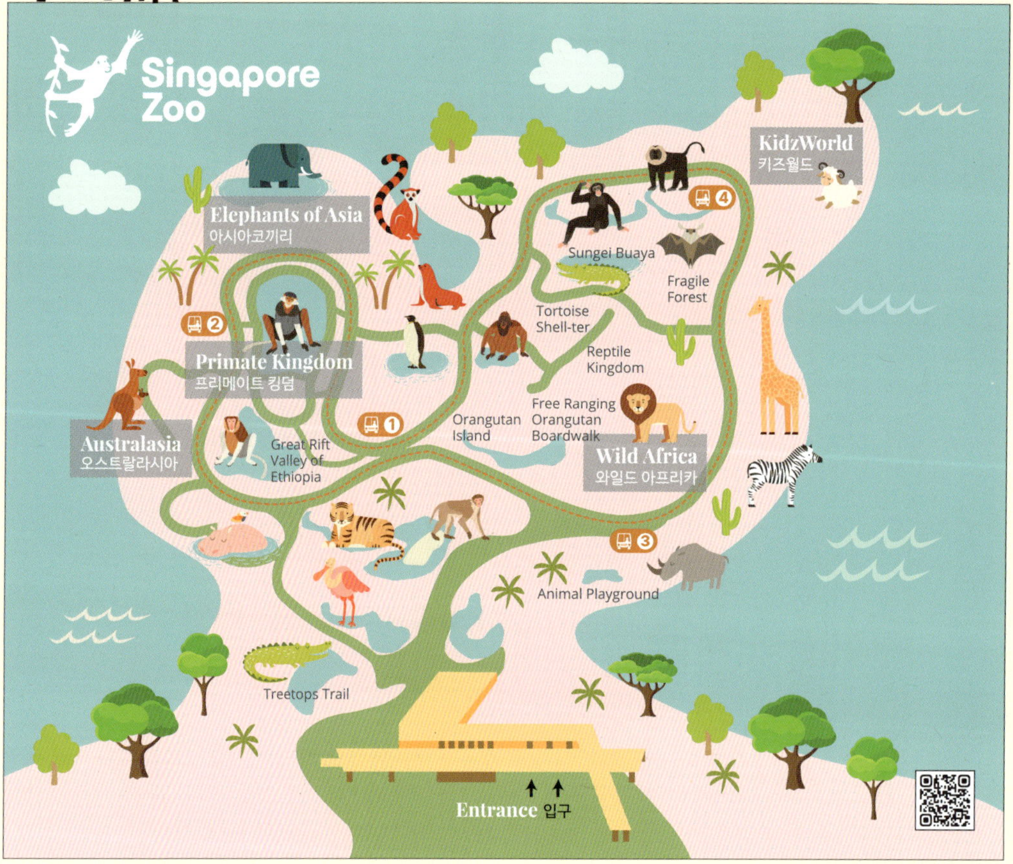

• 존 Zones •

1 | 오스트랄라시아

2 | 아시아코끼리

3 | 프리메이트 킹덤

4 | 와일드 아프리카

4 | 키즈 월드

❶ **오스트랄라시아** Australasia
캥거루, 나무캥거루, 왈라비 등 유대류뿐만 아니라 10cm 발톱을 지닌 세계에서 가장 위험한 새 화식조도 만날 수 있다.

❷ **아시아코끼리** Elephants of Asia
5마리의 암컷 코끼리가 함께 노는 모습을 보면서 저수지의 탁 트인 전망을 즐길 수 있다. 나무 높이에 걸려 있는 스낵 박스에서 바나나와 사과를 집어 먹고 머드 스파를 즐기는 모습도 볼 수 있다.

❸ **프리메이트 킹덤** Primate Kingdom
흰얼굴사키원숭이, 알락꼬리여우원숭이, 목화머리타마린 등 39종의 영장류가 쉬고 놀고 먹이를 찾아다니는 이름 그대로 영장류 왕궁이다.

❹ **와일드 아프리카** Wild Africa
얼룩말, 기린과 같은 초식동물은 물론 아프리카사자, 치타, 흰코뿔소, 아프리카 얼룩무늬개 등이 반겨준다.

❺ **키즈월드** KidzWorld
자연 놀이터, 물놀이장이 있으며 염소, 토끼, 강아지, 고양이 등 아이들이 좋아하는 동물을 가까이서 만날 수 있다.

· 먹이 주기 체험 Feed the Animals ·

요금 각 $8	코끼리	기린	얼룩말	흰코뿔소	자이언트 거북이
	09:30	10:45	10:15	13:15	13:15
	11:45	13:50	14:15		
	16:30	15:45			

· 쇼 Presentations ·

종류	위치 및 소요 시간	시간
스플래시 사파리 Splash Safari 장난꾸러기 캘리포니아 바다사자의 에너지 넘치는 쇼를 관람할 수 있다. 앞줄은 바다사자가 거칠게 수영해 물세례를 맞을 수 있으니 주의하자.	쇼 원형극장 15~20분	10:30 17:00
레인포레스트 파이트 백 Rainforest Fights Back 열대우림 동물들이 등장해 점프하고 위로 날아다니며 재주를 부리는 쇼다. 끝난 후 사진 촬영을 놓치지 말자.		12:00 14:30
애니멀 프렌즈 프레젠테이션 & 미트 더 스타 Animal Friends Presentation & Meet the Stars 개, 고양이 등 아이들이 좋아하는 동물 친구들의 재미있는 쇼로, 끝나고 함께 사진 촬영도 할 수 있다.	키즈 월드 내 동물친구극장 10분	11:00 14:00
마음껏 춤추기 Dance Your Heart Out 어린이를 위한 쇼로 동물 친구들에게 영감받은 댄스 동작을 배우고 비트에 맞춰 신나게 춤추는 시간이다.		16:00

스플래시 사파리

레인포레스트 파이트 백

애니멀 프렌즈 프레젠테이션

레스토랑 Restaurants

동물원 입구 레스토랑

KFC
| 햄버거 및 치킨 |
🕐 월~금요일 10:00-19:00,
　　토~일요일, 공휴일 09:00-19:00

이누카 카페 Inuka Cafe
| 토스트 및 커피 |
🕐 매일 08:00-18:00

초멜 비스트로 Chomel Bistro
| 나시 르막, 락사 등 로컬 음식 |
🕐 매일 10:30-18:00

차왕 비스트로 Chawang Bistro
| 파스타, 햄버거 등 웨스턴 |
🕐 매일 11:00-18:00

하겐다즈 Haagen-Dazs
| 다양한 아이스크림 |
🕐 매일 10:00-18:00

더 와일드 마트 The Wild Mart
| 동물 테마 찐빵을 판매하는 작은 마트 |
🕐 매일 10:00-18:00

동물원 내 레스토랑

아멩 레스토랑
Ah Meng Restaurant
| 치킨라이스, 브리야니 등 현지 및 서양식 |
📍 트램 정류장 1번 맞은편
🕐 월~금요일 10:30-16:00
　　토~일요일, 공휴일 10:00-16:30

아멩 비스트로
Ah Meng Bistro
| 샌드위치, 커피, 디저트, 페이스트리 |
📍 트램 정류장 1번 맞은편
🕐 월~금요일 10:30-17:00
　　토~일요일, 공휴일 10:30-17:30

케이에프시
KFC
| 치킨 및 햄버거 |
📍 키즈 월드 내
🕐 월~금요일 10:30-17:30
　　토~일요일, 공휴일 10:00-18:00

키즈월드 카페
KidzWorld Café
| 데리야키 덮밥, 피시앤칩스, 스파게티 |
📍 키즈 월드 내
🕐 월~금요일 10:30-17:00
　　토~일요일, 공휴일 10:00-18:00

MANDAI WILDLIFE RESERVE — Travel Highlights

River Wonders
리버 원더스

거대한 수달과 바다소를 만날 수 있는 동물원으로 크지 않아서 둘러보는 데 오랜 시간이 걸리지 않는다. 자이언트 판다 숲에서 판다를 만나고, 배를 타고 신비한 아마존 강을 지나며 우거진 초목 사이에 숨어 있는 야생동물을 찾는 재미를 느낄 수 있다.

- 🕐 매일 10:00-19:00
- 💲 어른 $43, 어린이(3~12세) $31

· 존 Zones ·

1 원스 어폰 어 리버

2 아마존 리버 퀘스트

3 아마존 침수림

④ 양쯔 리버

❶ **원스 어폰 어 리버**Once Upon a River

환경보호와 동물에 대한 스토리로 어린아이들에게 흥미롭고 교육적인 쇼다. 시작 2시간 전부터 홈페이지나 앱을 이용해 예약할 수 있다. 쇼는 보트 플라자Boat Plaza에서 열리며 11:30, 14:30, 16:30에 있다.

❷ **아마존 리버 퀘스트**Amazon River Quest

보트를 타고 열대우림에 서식하는 재규어, 거대한 개미핥기, 브라질 테이퍼를 만날 수 있는 체험이다. 1인당 $5이며 앱이나 홈페이지에서 예약하면 된다. 날씨가 좋지 않을 경우 운행이 중단될 수 있으며 환불되지 않으니 도착해서 구매하는 것이 좋다. 키 106cm 이상 탑승 가능하며 마지막 탑승 시간은 오후 6시다. 바위나 초목 뒤에 숨어 있는 동물을 발견하는 재미가 특별하다.

❸ **아마존 침수림**Amazon Flooded Forest

수중 전시관을 통해 아마존 강 속 큰수달, 매너티, 전기 뱀장어 등을 만날 수 있다. 큰수달은 아시아에서 처음 전시하는 것으로 수달 가족이 낮잠을 자거나 헤엄치는 모습을 볼 수 있다.

❹ **양쯔 리버**Yangtze River

철갑상어부터 자이언트 판다까지 만날 수 있는 곳이다. 특히 붉은 판다, 중국 악어, 황금원숭이는 놓치지 말아야 할 볼거리다.

· 레스토랑 Restaurants ·

스타벅스 Starbucks

| 커피, 차, 스낵, 페이스트리 |

📍 공원 입구

🕐 일~목요일 09:30-18:30, 금~토요일, 공휴일 및 휴일 전날 09:30-19:00

마마 판다 키친
Mama Panda Kitchen

| 볶음밥, 국수 등 중국 음식 |

📍 파빌리온 캐피털 자이언트 판다 숲

🕐 매일 10:30-18:30

Night Safari
나이트 사파리

밤이 되면 열리는 사파리로 하이에나, 느림보곰, 덤불멧돼지, 호랑이 등 야생동물을 만나볼 수 있는 특별한 사파리다. 버드 파라다이스나 동물원처럼 트램 중간에 내리지 않는다. 무료 트램을 타고 오디오 해설을 들으며 한 바퀴 먼저 둘러보고 걸어서 이동하면서 동물을 찾아봐야 한다. 밤이 되면 어둡기도 하고 동물들과의 거리가 있어서 많은 동물을 쉽게 찾아보기 힘들다. 다만 어두컴컴한 정글을 지나 야생동물원을 탐험한다는 자체에 의미가 있다. 배가 고프면 울루울루 사파리 레스토랑Ulu Ulu Safari Restaurant에서 인도, 로컬 및 아시아 음식을 맛볼 수 있다.

🕐 매일 19:15-24:00

💲 어른 $56, 어린이(3~12세) $39

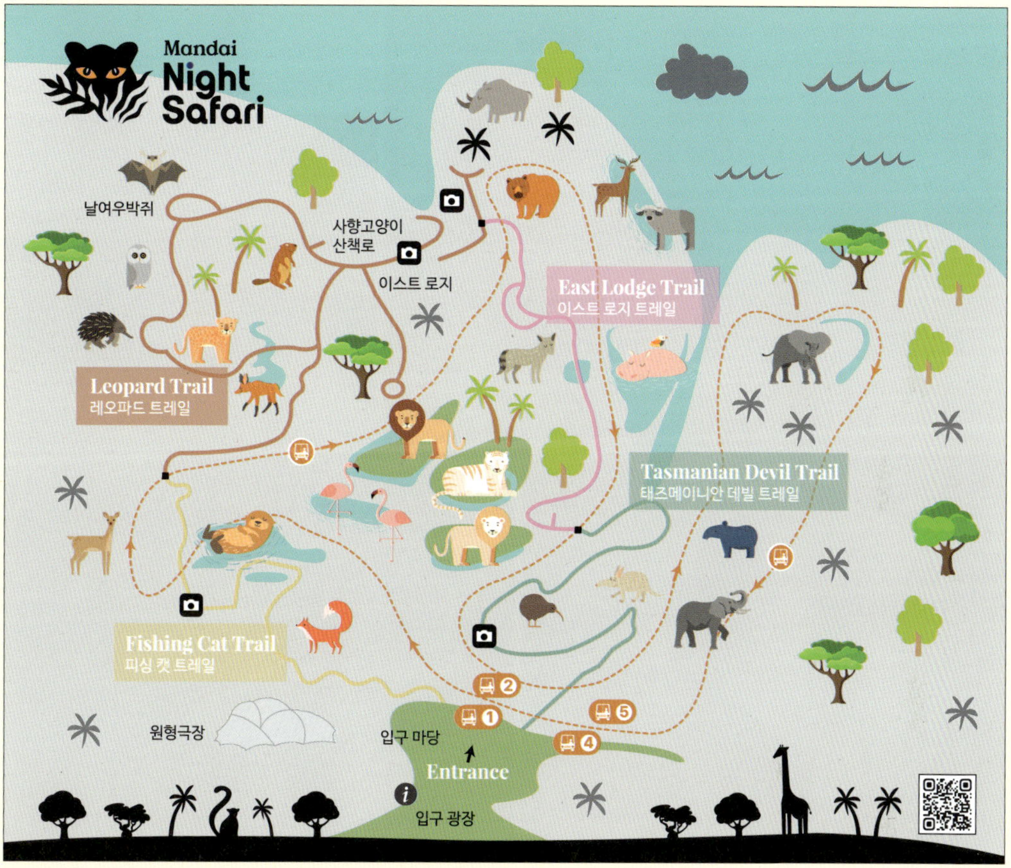

TIP 효율적으로 나이트 사파리 관광하기

- 첫 타임(19:15)에 입장해야 쇼 타임을 즐기고 트램 및 워킹 트레일을 경험할 수 있다. 이 시간에 입장해도 시간이 넉넉한 편은 아니니 나이트 사파리에 비중을 둔다면 첫 타임을 놓치지 말자.
- 티켓은 미리 온라인으로 구매하고 시간 지정하는 것을 잊지 말자. 시간대마다 인원이 제한되어 있으며 성수기에는 두 번째 타임도 매진되는 경우가 빈번하다. 공식 홈페이지에서 구매하면 시간 지정까지 할 수 있다. 공식 사이트 외에서 구입할 경우 시간 지정이 가능한지 꼭 확인하자.
- 첫 타임을 예약했어도 트램은 입장 순서대로 탈 수 있으니 늦어도 오후 6시 30분 전에 도착하는 것을 추천한다.
- 일반 유선 이어폰(3.5mm)을 챙겨 가면 한국어 오디오 가이드를 들으며 사파리를 즐길 수 있다.

트레일 Trails

❶ **이스트 로지 트레일** East Lodge Trail
말레이호랑이와 함께 사는 덤불멧돼지, 점박이 하이에나, 느림보곰 등을 볼 수 있다.

❷ **피싱 캣 트레일** Fishing Cat Trail
가장 독특한 동물들을 만날 수 있다. 무릎까지 물속에 담그고 순식간에 송곳니로 물고기를 잡는 고기잡이살쾡이는 놓칠 수 없다. 브라질 고슴도치, 회색손올빼미원숭이, 큰개미핥기, 안경올빼미 등이 서식한다.

❸ **레오파드 트레일** Leopard Trail
사향고양이, 아시아사자, 구름무늬표범 등을 찾을 수 있으며 박쥐 날개가 펄럭이는 소리를 들을 수 있는 구역이다.

❹ **태즈메이니안 데빌 트레일** Tasmanian Devil Trail
호주, 뉴질랜드, 뉴기니의 야생동물을 만날 수 있으며 세계 최대의 육식성 유대류인 태즈메이니아 데빌을 비롯해 슈가글라이더, 왈라비, 워일리 등을 볼 수 있다.

🎦 Presentations

종류	위치 및 소요 시간	시간
크리처 오브 더 나이트 Creatures of the Night 아시아 작은발톱수달, 사막여우 등 야생동물 홍보 대사들이 재능을 뽐내는 쇼다. 너구리와 수염돼지도 볼 수 있는 나이트 사파리 하이라이트 쇼로 시작 2시간 전부터 예약할 수 있다.	앰피시어터 25분	19:30 20:30 21:30
트와일라이트 퍼포먼스 Twilight Performance LED 불빛으로 밤을 아름답게 만드는 라이트 쇼로 예약은 필요 없다.	나이트 사파리 입구 5분	20:00 21:00

크리처 오브 더 나이트 ©Mandai Wildlife Group

트와일라이트 퍼포먼스 ©Mandai Wildlife Group

©Mandai Wildlife Group

Bird Paradise

버드 파라다이스

남서쪽에 홀로 떨어져 있던 주롱 새 공원이 2023년 5월 싱가포르 동물원이 있는 북부 만다이 야생동물 공원으로 옮기며 아시아에서 가장 큰 조류 공원 '버드 파라다이스'로 탄생했다. 버드 파라다이스는 400종, 3500마리의 다양한 새를 만나볼 수 있는 새들의 천국이다. 울창한 숲속의 대형 새장을 걸으며 새를 관람하는 8개의 워크 스루, 약 2975m^2 규모의 펭귄실 내 서식지인 펭귄 코브, 소코로 비둘기 등 희귀종을 만날 수 있는 조류 보호구역 등 볼거리가 가득하다. 키 110cm 이상 어린이들이 즐길 수 있는 에그 스플래시, 트램펄린이 있는 자연 놀이터도 있다. 어린이를 동반한 가족이라면 수영복, 수건, 여벌 옷을 챙기자. 펠리컨, 앵무새 등 먹이 주기는 미리 예약해야 하며 세션당 각각 $8이다. 사육사의 흥미로운 이야기를 들을 수 있는 키퍼 토크는 무료이며 색다른 경험이다.

- 20 Mandai Lake Rd, Singapore 729825
- 매일 09:00-18:00
- 어른 $49, 어린이(3~12세) $34

Bird Paradise

- Hong Leong Foundation Crimson Wetlands / 홍릉 재단 크림슨 습지
- Amazonian Jewels / 아마조니안 주얼스
- Crimson Restaurant / 크림슨 레스토랑
- 스카이 원형극장
- Songs of the Forest / 숲의 노래
- Food Central / 푸드 센트럴
- 센트럴 플라자
- 셔틀 서비스 2역
- Lory Loft / 로리 로프트
- Shaw Foundation Australian Outback / 쇼 재단 호주 아웃백
- Mysterious Papua / 신비로운 파푸아
- Kuok Group Wings of Asia / 쿠옥 그룹 윙스 오브 아시아
- Winged Sanctuary / 조류 보호구역
- Ocean Network Express Penguin Cove / 오션 네트워크 익스프레스 펭귄 코브
- 셔틀 서비스 1역
- Nyungwe Forest Heart of Africa / 아프리카의 심장 늉웨 숲
- Penguin Cove Restaurant / 펭귄 코브 레스토랑
- Bird Bakery / 버드 베이커리
- Entrance 입구

©Mandai Wildlife Group

존 Zones

1 | 아마조니안 주얼스

2 | 아웃백
©Mandai Wildlife Group

3 | 아프리카의 심장 능웨 숲
©Mandai Wildlife Group

4 | 홍릉 재단 크림슨 습지
©Mandai Wildlife Group

❶ **아마조니안 주얼스** Amazonian Jewels
페루의 국조인 안데스 바위새를 발견하고 투구를 머리에 쓴 봉관조를 만나보자.

❷ **쇼 재단 호주 아웃백** Shaw Foundation Australian Outback
호주 아웃백 풍경을 배경으로 물총새, 거위, 에뮤, 앵무새 등 30종의 조류가 서식하고 있다.

❸ **아프리카의 심장 능웨 숲** Nyungwe Forest Heart of Africa
아프리카 대륙의 숲이 우거진 계곡을 재현해 80종 이상의 새를 만날 수 있다. 조류계의 아인슈타인 회색 앵무새를 찾아보고 인공 암벽 앞에서 사진을 찍자.
⏱ 찌르레기 먹이 주기 Starlings Feeding 09:30, 14:00

❹ **홍릉 재단 크림슨 습지** Hong Leong Foundation Crimson Wetlands
20m 높이의 반짝이는 폭포가 쏟아져 내리는 배경으로 핑크빛 플라밍고들의 모습이 장관이다. 크림슨 습지는 장미꽃저어새, 아메리카 플라밍고가 서식하는 라틴아메리카의 해안 습지 서식지를 재현해 볼거리가 가득하다.
⏱ 마코 앵무새 키퍼 토크 Macaw Keeper Talk 12:00

❺ 쿠옥 그룹 윙스 오브 아시아 Kuok Group Wings of Asia
발리의 대나무 숲과 계단식 논을 재현한 이곳은 두루미, 황새, 펠리컨, 꿩 등이 있으며 특히 희귀한 저어새 종인 검은얼굴저어새와 멸종 위기에 처한 붉은가슴흰죽지를 만날 수 있다.
- 도요물떼새 먹이 주기 10:00, 16:30
- 코뿔새 키퍼 토크 Hornbill Keeper Talk 15:00

❻ 로리 로프트 Lory Loft
귀엽고 다채로운 앵무새를 마음껏 볼 수 있으며 가까이에서 관찰할 수 있어서 더 특별하다.
- 로리와 로리키트 먹이 주기 Lories and Lorikeets Feeding 11:00, 15:30

❼ 신비로운 파푸아 Mysterious Papua
표정이 다양한 야자잎검은유황앵무새, 날지 못하는 남방화식조, 빅토리아왕관비둘기까지 미스터리하고 매혹적인 열대우림 새들이 있다.
- 화식조 먹이 주기 Cassowary Feeding 13:00

❽ 오션 네트워크 익스프레스 펭귄 코브 Ocean Network Express Penguin Cove
뒤뚱뒤뚱 걷는 귀여운 펭귄들이 서식하는 지역의 수온과 기온을 유지하고 특수 조명까지 갖추고 있다. 킹펭귄, 훔볼트 펭귄 등 다양한 펭귄이 있고 인터랙티브 터치스크린 보드에서 야생 펭귄에 대한 영상을 볼 수 있다.
ⓥ 펭귄 키퍼 토크 Penguin Keeper Talk 13:30

❾ 숲의 노래 Songs of the Forest
지빠귀, 아구창, 찌르레기 등 다양한 새들이 지저귀는 소리로 가득 찬 곳이다. 순백색의 발리미나(댕기흰찌르레기), 산타크루즈땅비둘기, 큰나뭇잎새 등을 만날 수 있다.
ⓥ 송버즈 키퍼 토크 Songbirds Keeper Talk 16:00

❿ 조류 보호구역 Winged Sanctuary
날지 못하는 새인 카구, 밤색귀 아라카리 등 희귀종이 모여 있는 특별한 곳으로 철조망을 통해 볼 수 있다.
ⓥ 멸종위기종 키퍼 토크 Endangered Species Keeper Talk 매달 마지막 주 일요일 11:00

쇼 Presentations

종류	위치 및 소요 시간	시간
윙스 오브 더 월드 Wings of the World 앵무새들의 천부적인 쇼맨십에 놀라고 아마존 앵무새 아미고의 흉내 내는 능력은 감탄을 자아낸다.	스카이 원형극장 20분	12:30 17:00
프레데터스 온 윙스 Predators on Wings 흰배바다수리, 칠면조독수리, 해리스매의 강하고 맹렬한 모습을 즐길 수 있다.		10:30 14:30

프레데터스 온 윙스

윙스 오브 더 월드

레스토랑 Restaurants

버드 베이커리 Bird Bakery
| 커피 및 음료, 샌드위치 및 페이스트리 |
- 공원 입구
- 매일 09:00-17:30

펭귄 코브 레스토랑 Penguin Cove Restaurant
| 펭귄 테마 페이스트리, 웨스턴 푸드 |
- 오션 네트워크 익스프레스 펭귄 코브 2층
- 매일 11:00-17:30

푸드 센트럴 Food Central
| 치킨라이스, 스파게티 등 로컬 및 웨스턴 푸드 |
- 푸드 플라자
- 매일 09:30-17:30

크림슨 레스토랑 Crimson Restaurant
| 2코스 및 3코스 요리와 하이티 |
- 크림슨 습지
- 매일 11:00-17:30

SENTOSA & HARBOURFRONT
센토사 & 하버프런트

하버프런트는 센토사 바다로 가는 필수 관문으로 싱가포르의 최대 쇼핑몰인 비보시티가 있으며 케이블카를 타고 센토사 섬의 해안 경치를 즐길 수 있는 최고의 장소다. 말레이어로 평화와 고요함을 뜻하는 '센토사'는 싱가포르의 휴양지로 아쿠아리움을 비롯해 유니버설 스튜디오, 루지, 워터파크 등 하루에 다 둘러보기 힘들 만큼 즐길 거리가 많다.

하버프런트 찾아가기

📍 **MRT** Harbour Front역 E 출구에서 비보시티 몰 연결
　　BUS 10, 57, 61, 65, 131, 855번 Harbour Front Stn 하차 후 도보 1분

하버프런트 추천 코스

| 1 비보시티 | 도보 15분 / 그랩 7분 / 케이블카 6분 | 2 마운트 페이버 파크 | 도보 10분 | 3 헨더슨 웨이브즈 |

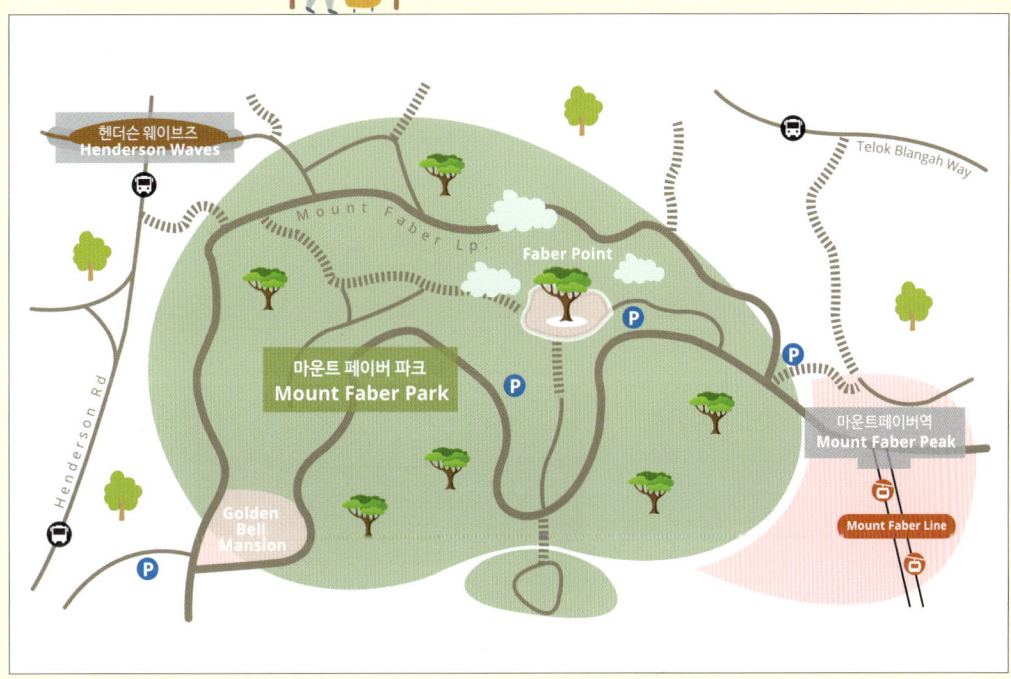

TRAVEL HIGHLIGHTS

마운트 페이버 파크
Mount Faber Park

언덕의 높은 지점에서 적의 함선을 찾기 쉬워 1885년까지 적의 공격으로부터 싱가포르를 지키기 위해 총으로 무장했던 곳이다. 하버프런트에서 케이블카를 타고 마운트 페이버 파크에 내려 도보로 이동하자. 공원 가장 높은 지점의 전망대 페이버 포인트에서 케펠 하버Keppel Harbour와 남부 해안선, 센토사 섬 풍경을 한눈에 감상할 수 있으며 날씨가 좋으면 인도네시아 바탐 섬까지 보인다. 공식 멀라이언상을 찾아 인증 숏을 찍고 내려오는 길에 14세기부터 현재까지의 싱가포르 역사와 발전을 묘사한 벽화가 있으니 놓치지 말고 감상하자. 마운트 페이버를 더 알차게 즐기고 싶다면 폴란드 행복의 종을 포함해 소개한 5개의 스폿도 눈여겨보는 것을 추천한다.

- **MRT** Harbour Front역 B 출구(하버프런트 센터 방면) - 2층 KFC 옆 링크 브리지 통과 - 마운트 페이버 파크 방면 케이블카 탑승 후 마운트 페이버 피크에서 하차 후 도보 5분
- 109 Mount Faber Rd, Singapore 099203

❶ **폴란드 행복의 종** Poland's Bells of Happiness
2개의 종이 하나로 연결된 '폴란드 행복의 종'을 울리면 행복이 두 배가 된다! 첫 번째 종은 1992년 폴란드 선박 다르 포모르자Dar Pomorza호에서 싱가포르에 기증했으며 2012년 마운트 페이버로 옮겨졌다. 그 후 2019년, 폴란드-싱가포르 수교 50주년을 기념하기 위해 다르 모지에지Dar Młodzieży호에서 싱가포르에 선물하며 한 쌍의 종이 되었다. 가족, 친구, 연인과 함께 2개의 종을 울리며 소원을 빌자.

❷ **전망 좋은 화장실** Peek-a-loo Toilet
무심코 들어간 화장실 'Peek-a-loo'에서 뜻밖의 전망을 만날 수 있다. 유리 외벽을 통해 항구, 센토사, 케이블카 노선의 탁 트인 전망을 감상하며 손을 씻을 수 있으니 잊지 말고 화장실에 들러보자. 케이블카에서 내려 기념품 숍 옆 계단으로 한 층 내려가면 오른쪽에 있다.

1 | 폴란드 행복의 종

❸ **소원의 종** Wishing Bell
케이블카에서 내려 왼쪽 기념품 숍을 지나가면 소원의 종으로 가득 찬 울타리를 볼 수 있다. 한국의 남산타워에 오르면 볼 수 있는 사랑의 자물쇠와 비슷한 모습이다. 소원을 남기고 싶다면 기념품 숍에서 '소원종'을 구입해 소원을 기록한 후 울타리에 남겨보자.

❹ **아보라@마운트 페이버 피크** Arbora@Mount Faber Peak
시원한 바람을 맞으며 커피 한잔과 아이스크림을 즐기기 좋은 전망대 음식점이다. 키즈 메뉴가 있고 시즌별 음료 프로모션을 많이 하기 때문에 메뉴판을 확인하는 것이 좋다.
🕐 매일 11:00-22:00(레노베이션 진행 시 휴무)
$ 파스타 $18~, 키즈 밀 $14~, 커피 $5~

3 | 소원의 종

❺ **더스크 레스토랑 & 바** Dusk Restaurant & Bar
센토사 섬의 탁 트인 바다 전망을 즐길 수 있는 마운트 페이버 피크Mount Faber Peak에 자리 잡은 이곳은 해 질 녘에 방문하면 더 좋다. 도시의 번잡함에서 벗어나니 열대우림 속에서 칵테일과 와인을 즐기며 일몰을 감상할 수 있다.
🕐 일~목요일 16:00-23:00, 금~토요일 16:00-02:00
$ 칵테일 $18~, 와인 한 잔 $16~

4 | 아보라@ 마운트 페이버 피크

5 | 더스크 레스토랑 & 바

헨더슨 웨이브즈
Henderson Waves

파도의 물결 모양에서 영감을 얻어 만든 가장 높은 보행자 전용 다리로 길이 274m, 지상 36m 높이에 건설됐다. 이 다리는 마운트 페이버 공원Mount Faber Park와 텔록 블랑가 힐 공원Telok Blangah Hill Park을 연결하며 다리 중앙에는 앉아서 쉴 수 있는 의자도 있다. 울창한 밀림 사이를 가로지르며 시내 전경과 센토사 바다를 조망할 수 있는 전망 명소이며, 해가 지고 LED 조명이 켜지면 낮과는 다른 색다른 느낌이다. 점등 시간은 저녁 7시부터 다음 날 아침 7시까지다.

📍 마운트 페이버 피크 케이블카 정거장에서 도보 10분

비보시티
VivoCity

센토사 섬으로 가기 위한 관문인 비보시티는 MRT 하버프런트역에 있다. 싱가포르에서 가장 큰 쇼핑몰로 3층에 센토사 익스프레스 탑승구가 있으며 쇼핑몰 2층은 바로 옆 하버프런트 쇼핑센터와 연결되어 있다. 명품은 없지만 중저가 브랜드가 많아 가볍게 쇼핑하기 편하고, 큰 페어프라이스가 있어서 기념품을 사기에도 좋다. 규모가 커서 길을 잃기 쉬우니 쇼핑몰 지도를 확인하고 움직이자.

📍 **MRT** Harbour Front역 E 출구에서 비보시티 몰 연결
📍 1 HarbourFront Walk, Singapore 098585
🕐 매일 10:00-22:00

 비보시티 매장 찾기

• 한눈에 보는 비보시티 주요 매장 •

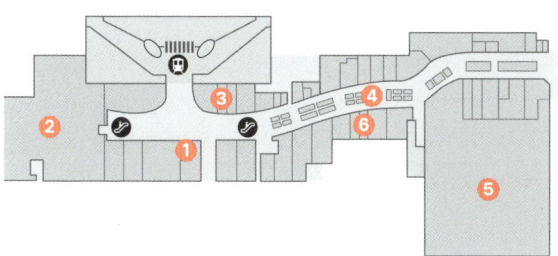

지하 2층
1. 브레드 토크 Bread Talk
2. 코피티암 Kopitiam
3. 타이청 베이커리 Tai Cheong Bakery
4. 올드 창키 Old Chang Kee
5. 페어프라이스 엑스트라 Fairprice Xtra
6. 야쿤 카야 토스트 Ya Kun Kaya Toast

지하 1층
1. 아디다스 오리지널스 Adidas Originals
2. 러쉬 Lush
3. 미니소 Miniso

지상 1층
1. 탕스 TANGS
2. 알도 Aldo
3. 티옹 바루 베이커리 Tiong Bahru Bakery
4. 페어프라이스 엑스트라 Fairprice Xtra
5. 아디다스 Adidas
6. 나이키 Nike
7. 헤이티 HeyTea
8. 어플리 초콜릿 Awfully Chocolate

지상 2층
1. 토이저러스 Toys "R"Us
2. 탕스 TANGS
3. 찰스 & 키스 Charles & Keith
4. 페드로 Pedro
5. 가디언 Guardian
6. 겐키 스시 Genki Sushi
7. 야키니쿠 라이크 Yakiniku Like
8. 미스터 코코넛 Mr. Coconut
9. 아스톤스 스페셜리티 Astons Specialities
10. 푸티엔 PUTIEN

지상 3층
1. 푸드 리퍼블릭 Food Republic
2. 댄싱 크랩 Dancing Crab
3. 도서관 library@harbourfront
   (방문자 입장 불가)
4. 센토사 익스프레스 Sentosa Express

TIP 부담 없이 가기 좋은 프랜차이즈

음식의 천국이라 불리는 싱가포르! 하지만 아무리 맛있는 음식도 입맛에 맞지 않으면 여행이 즐겁지 않은 법! 혹시 로컬 음식이 입맛에 맞지 않거나 어린아이들과 식사할 곳을 찾는다면 기억해두자. 각 프랜차이즈 지점은 시내 중심을 위주로 고른 것이며 외곽 쇼핑몰에 입점한 곳도 있다.

야키니쿠 라이크
Yakiniku Like

6세 이상 아이들이라면 본인이 구워 먹는 일본식 야키니쿠를 재미있어한다. 어느 쇼핑몰에서도 쉽게 찾을 수 있으며 가격도 저렴해 부담 없이 즐기기 좋다.

📍 비보시티, 선텍 시티, 313@서머셋, 정션8

아스톤스 스페셜리티
Astons Specialities

싱가포르의 가성비 좋은 스테이크 프랜차이즈로 항상 대기 줄이 길다. 스테이크와 파스타가 인기 메뉴이며 스테이크 주문 시 미니 사이드 메뉴 2개를 선택할 수 있다.

📍 마리나 스퀘어, 시티 스퀘어 몰, 비보시티, 창이 공항 터미널 1

겐키 스시
Genki Sushi

내가 주문한 스시가 자동차를 타고 테이블 앞에 배달되는 것이 재미있어서 아이들이 좋아하는 곳이다. 음식도 무난, 가격도 무난해서 늘 사람들로 붐빈다.

📍 비보시티, 차이나타운 포인트, 타카시마야 쇼핑센터, 플라자 싱가푸라, 313@서머셋, 정션8

· 센토사 찾아가기 ·

🚉 SENTOSA EXPRESS
센토사 익스프레스

센토사 익스프레스는 싱가포르 섬과 센토사 섬을 이어주는 모노레일이다. 비보시티 3층에서 탑승해 센토사로 들어가며 그림 같은 풍경을 감상할 수 있다. 4개의 정거장이 있으며 이지링크 카드, 트래블월렛, 트래블로그 등을 사용하거나 입장권을 구매하면 된다. 비보시티에서 탑승할 때만 개찰구가 있어 비용을 지불하고 다른 역은 무료라 어느 역이든 자유롭게 승하차할 수 있다.

📍 비보시티 3층 로비에서 센토사 익스프레스 탑승
🕐 매일 07:00-24:00
💲 $4

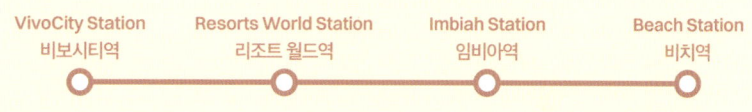

VivoCity Station 비보시티역 — Resorts World Station 리조트 월드역 — Imbiah Station 임비아역 — Beach Station 비치역

🚠 CABLE CAR
케이블카

싱가포르 케이블카 스카이 네트워크 Singapore Cable Car Sky Network는 항구를 연결하는 로프웨이 시스템으로 마운트 페이버, 하버프런트, 센토사 섬을 연결한다. 해발 100m에서 도시 스카이라인, 센토사 섬, 페이버 산은 물론 싱가포르 남부 섬까지 멋진 풍경을 감상할 수 있다. 티켓 종류는 센토사 라인, 마운트 페이버 라인, 통합권, 무제한 통합권이 있다. 통합권 구매 시 2개 라인을 갈아타는 지점(센토사 또는 임비아 룩아웃)에 한 번 내려 5분 정도 걸어야 한다. 갈아타는 곳에 루지 임비아 탑승장과 스카이 헬릭스 등이 있어 둘러보면 좋다. 더운 오후 시간을 피해 오전이나 해 질 녘쯤 탑승하는 것을 추천한다. 센토사 라인은 15분, 마운트 페이버 라인은 30분 소요된다. 탑승구 매표소에서 티켓을 구입할 수 있지만 온라인으로 구매 시 할인받을 수 있다. 수시로 프로모션을 진행하니 홈페이지에서 먼저 금액을 확인하고 비교하자. 2024년 3월 케이블카 개장 50주년을 맞이해 마운트 페이버 라인에 세계 최초로 크롬 마감된 스카이 오브 캐빈을 운영 중이다. 바닥이 전면 유리로 되어 있어 발아래 멋진 풍경까지 감상할 수 있으며 늦은 오후부터는 링 조명이 밝혀져 색다른 경험을 할 수 있다. 일반 티켓 구매 후 업그레이드하거나 스카이 오브 캐빈이 포함된 티켓을 사면 탑승 가능하다.

🕐 매일 08:45-22:00(마지막 탑승 21:30)
💲 센토사 라인 어른 $17, 어린이(4~12세) $12, 마운트 페이버 라인 어른 $33, 어린이(4~12세) $22, 스카이패스 어른 $35, 어린이(4·12세) $25, 무제한 탑승 어른 $14, 어린이(4~12세) $35
▸ www.mountfaberleisure.com

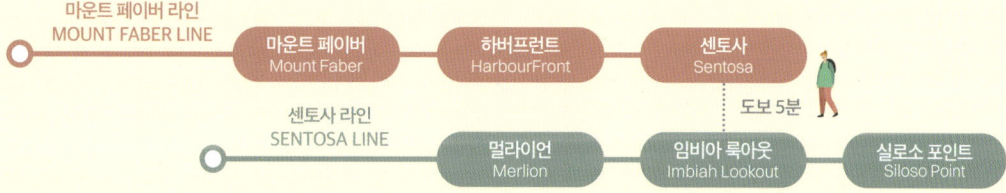

마운트 페이버 라인 MOUNT FABER LINE: 마운트 페이버 Mount Faber — 하버프런트 HarbourFront — 센토사 Sentosa (도보 5분)

센토사 라인 SENTOSA LINE: 멀라이언 Merlion — 임비아 룩아웃 Imbiah Lookout — 실로소 포인트 Siloso Point

> **TIP** 하버프론트와 실로소 비치 중 시작점이 고민된다면?

· 하버프론트 탑승 시

코스 | 하버프론트 ➡ 마운트 페이버 관광 ➡ 센토사 정거장 ➡ 임비아 룩아웃에서 환승 또는 멀라이언까지 다녀온 후 환승 ➡ 실로소 포인트 하차 ➡ 센토사 관광 후 모노레일 이용해 아웃

장점 | 아침 일찍 이 코스로 시작할 경우 인원이 많지 않아 대기 시간이 없고 덜 붐벼 자유롭게 사진을 찍으며 케이블카를 즐길 수 있다.

이동 방법 | MRT 하버프론트Harbour Front역 B 출구(하버프론트 센터 방면) - 2층 KFC 옆 링크 브리지 통과 - 하버프론트 타워 2, 1층 - 마운트 페이버 피크 또는 센토사 방면 안내 표지판을 확인한 후 엘리베이터 탑승(목적지별 탑승 엘리베이터가 다르며 케이블카 탑승은 15층이다)

· 실로소 비치 탑승 시

코스 | 하버프론트 ➡ 모노레일 ➡ 센토사 비치 스테이션 하차 및 관광 ➡ 실로소 포인트로 이동 ➡ 임비아 룩아웃에서 환승 또는 멀라이언까지 다녀온 후 환승 ➡ 마운트 페이버로 이동해 관광 ➡ 하버프론트에서 아웃

장점 | 아침 일찍 이동하지 않아도 되기에 좀 더 여유로우며 일몰 시간에 맞춰 실로소 포인트에서 케이블카를 타면 아름다운 석양을 감상할 수 있다.

이동 방법 | 실로소 비치 바로 앞에 케이블카 탑승 장소가 있어서 찾기 쉽다. 센토사 관광 후 모노레일 비치 스테이션에서 무료 트램을 타고 실로소 비치에서 하차하면 된다.

SENTOSA BOARDWALK
센토사 보드워크

센토사 섬과 하버프론트를 연결하는 보드워크. 아침과 밤 언제 걸어도 아름다운 싱가포르의 숨은 명소다. 이른 아침 산책로를 걸으며 유니버설 스튜디오까지 걸어가거나 센토사 섬에서 다시 돌아오는 길에 걸으며 야경을 즐겨도 좋다. 비보시티 1층 타파스 클럽에서 도보 1분 소요된다.

TAXI
택시

택시를 이용할 경우 센토사 카지노를 목적지로 하면 유니버설 스튜디오, 코브 워터파크, 아쿠아리움으로 갈 수 있다. 카지노에서 하차해 에스컬레이터를 타고 1층으로 올라가면 쉽게 찾을 수 있다. 택시비 외에 센토사 섬 입장료 개념으로 차량당 시간대별로 $2~6의 추가 요금이 부과된다.

센토사 내 이동

센토사 안에서 이용하는 대중교통은 대부분 무료다. 대표적으로 모노레일인 센토사 익스프레스, 버스, 비치 셔틀버스가 있다. 모노레일은 센토사 섬으로 들어갈 때만 유료이고 섬 안에서 이동하거나 본 섬으로 나갈 때 모두 무료다. 비치 셔틀버스는 창문이 없으니 참고하자.

SENTOSA EXPRESS
센토사 익스프레스

센토사 안에서 이용하는 대중교통은 대부분 무료다. 대표적으로 모노레일인 센토사 익스프레스, 버스, 비치 셔틀버스가 있다. 모노레일은 센토사 섬으로 들어갈 때만 유료이고 섬 안에서 이동하거나 본 섬으로 나갈 때 모두 무료다. 비치 셔틀버스는 창문이 없으니 참고하자.

리조트 월드역	코브 워터파크, 유니버설 스튜디오, 센토사 카지노, 아쿠아리움
임비아역	스카이 헬릭스, 마담 투소, 루지 임비아 탑승구
비치역	실로소 비치, 팔라완 비치, 탄종 비치, 루지 비치 탑승구, 윙스 오브 타임, 메가 어드벤처

BEACH SHUTTLE
비치 셔틀

🕘 일~금요일 09:00-22:00, 토요일 09:00-23:30 | 15~25분 간격
▶ www.sentosa.com.sg/en/getting-around

BUS
버스

버스A 07:00-00:10 | 15분 간격

Imbiah Lookout 임비아 룩아웃 — Siloso Point 실로소 포인트 — Opp Village Hotel 빌리지 호텔 맞은편 — Opp Amara Sanctuary Resort 아마라 생추어리 리조트 맞은편 — Resorts World Sentosa(Basement 1) 리조트 월드 센토사 — Amara Sanctuary Resort 아마라 생추어리 리조트 — Village Hotel 빌리지 호텔 — Beach Station(Transfer Hub) 비치 스테이션

버스B 매일 07:00-00:10 | 15분 간격

Opp Village Hotel 빌리지 호텔 맞은편 — Opp Amara Sanctuary Resort 아마라 생추어리 리조트 맞은편 — Sentosa Pavilion 센토사 파빌리온 — W Hotel/Quayside Isle W 호텔/키사이드 아일 — Sentosa Cove Village 센토사 코브 빌리지 — Opp Sentosa Pavilion 센토사 파빌리온 맞은편 — Sentosa Golf Club 센토사 골프 클럽 — Etonhouse 이튼하우스 — Palawan Beach 팔라완 비치 — Opp So Spa 소 스파 맞은편 — Amara Sanctuary Resort 아마라 생추어리 리조트 — Village Hotel 빌리지 호텔 — Beach Station(Transfer Hub) 비치 스테이션

> **TIP 센토사 앱 설치하기**
>
> 마이센토사My Sentosa 앱을 설치하고 회원 가입을 하면 여러 가지 프로모션 혜택을 받을 수 있다. 센토사에서 진행 중인 행사나 축제도 확인할 수 있고 식당 할인까지 받을 수 있으니 출발 전 확인하자.

센토사 추천 코스

❶ 유니버설과 함께하는 센토사 코스

MRT 하버프런트역 E 출구 — 모노레일 3분

리조트 월드 센토사

모노레일 5분

② 센토사 루지

비치 스테이션

① 유니버설 스튜디오

비치 셔틀

③ 실로소 & 팔라완 비치

비치 셔틀

④ 윙스 오브 타임

> **TIP 센토사 효율적으로 즐기기**
>
> 작지만 다양한 즐길 거리가 가득한 섬 센토사. 꼭 가고 싶은 곳을 먼저 정하고 하루의 일정을 계획해보자. 유니버설 스튜디오와 어드벤처 코브 워터파크는 적어도 4~5시간 이상 필요하기에 오전 시간을 이용하는 것이 좋다. 오픈런은 필수다. 더운 낮에는 아쿠아리움, 마담 투소 등 실내 공간에서 보내고 오후에는 짜릿한 루지를 만끽하자. 해가 질 무렵 탄종 비치, 실로소 비치, 팔라완 비치 등에서 아름다운 석양을 감상하고 시간과 체력이 허락한다면 윙스 오브 타임 공연으로 마무리하면 좋다.

❷ **어드벤처 코브 워터파크와 함께하는 센토사 코스**

MRT 하버프런트역 E 출구
— 모노레일 3분

리조트 월드 센토사

① 어드벤처 코브 워터파크 
도보 1분
② S.E.A. 아쿠아리움 
모노레일 5분
비치 스테이션
③ 센토사 루지

비치 셔틀
④ 탄종 비치 클럽 
비치 셔틀
⑤ 실로소 & 팔라완 비치 
비치 셔틀
⑥ 윙스 오브 타임

센토사 센서리스케이프 Sentosa Sensoryscape

2024년 3월에 개장한 센서리스케이프는 놓치지 말아야 할 센토사의 새로운 명소다. 임비아역에서 비치 스테이션까지 도보로 이동하며 만날 수 있는 랜드마크로 자연, 건축, 기술이 결합해 만든 6개의 특별한 테마 정원이다. 낮보다는 저녁에 방문하자. 야간 조명 쇼, 프로젝션 등을 감상할 수 있는 이매지 나이트ImagiNite는 오후 7시 50분부터 9시 40분까지 진행되며 비보시티로 돌아가는 길에 들러도 좋다.

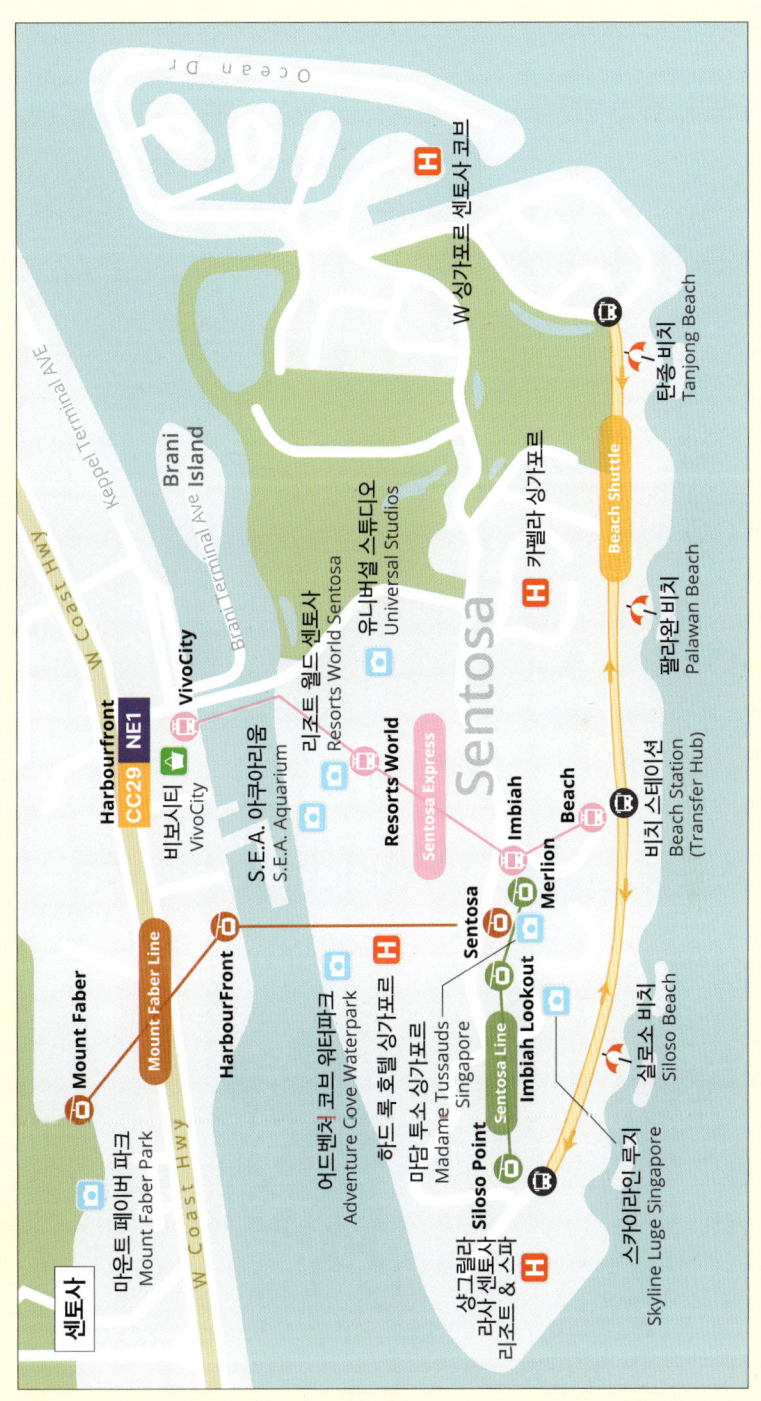

Resorts World Sentosa

리조트 월드 센토사

체력만 허락한다면 끝없는 즐거움을 누릴 수 있는 '체험형' 복합 리조트이자 '올인원' 콘셉트의 관광 명소다. 리조트 월드 센토사에 발을 들이는 순간 모든 것을 경험할 수 있다. 호텔은 물론 레스토랑, 유니버설 스튜디오, 아쿠아리움, 워터파크, 각종 액티비티와 각기 다른 매력을 지닌 해변 등은 지루할 틈을 주지 않는다. 여행 기간이 짧다면 선택에 집중하자. 하루가 마냥 짧게 느껴진다.

TRAVEL HIGHLIGHTS

유니버설 스튜디오 싱가포르
Universal Studios Singapore

2010년 3월 싱가포르에 개장한 '유니버설 스튜디오 싱가포르'는 할리우드의 유명 쇼와 어트랙션으로 구성된 테마파크다. 동남아시아 최초이자 유일한 유니버설 스튜디오로 전 세계에서 많은 관광객이 찾는 싱가포르 대표 관광지다. QR 코드를 스캔하면 유니버설 스튜디오 싱가포르 앱 설치 화면으로 연결된다.

- **MRT** HarbourFront역 E 출구 하차 후 VivoCity 3층에서 Sentosa Express 탑승 후 Resort World Station 하차 후 도보 3분 / 오차드에서 택시 탑승 시 17분 소요
- 8 Sentosa Gateway, 098269
- 매일 10:00-17:00(계절별 다름, 홈페이지에서 확인)
- 어른 $82, 어린이(4~12세) $61

TIP 익스프레스 패스 Express Pass

어트랙션을 빠르고 편리하게 즐길 수 있게 해주는 패스다. 모든 어트랙션마다 패스 전용 입구가 있어 대기 시간을 최소화해 입장 가능하다. 입장권과 별도로 구입해야 하며 1일 판매량이 정해져 있다. 평일 오픈런하면 짧은 대기 시간으로 주요 어트랙션 탑승이 가능하다. 입장 후 상황을 보며 구매해도 늦지 않다. 오픈 시간, 폐장 시간, 워터쇼 2부 시간에는 대기 시간이 적다.

익스프레스 종류
- 익스프레스 1회권 $50, 모든 어트랙션을 각 1회만 이용 가능
- 익스프레스 무제한 $80, 모든 어트랙션을 횟수에 상관없이 이용 가능

> **TIP** 유니버설 스튜디오 이용 전 확인 사항

❶ 출발 전 유니버설 스튜디오 싱가포르 앱을 설치하자(대기 시간, 쇼 타임, 식당 등 정보 확인 가능).
❷ 물을 준비하자. 시원한 물을 원한다면 보냉 병을 활용하자.
❸ 오픈 시간 30분 전에 도착하자. 오픈런을 하면 오래 기다리지 않고 탑승 가능하며 폐장 1시간 전에도 사람들이 없으니 이때가 기회다.
❹ 입장 후 한 번 퇴장이 가능해 외부에서 식사를 하고 다시 입장해도 된다.
❺ 공식 홈페이지에서 티켓 구매 시 1시간 일찍 입장 가능한 경우가 있으니 비교하고 구매하자.
❻ 입장해서 오른쪽을 따라 가장 인기 있는 트랜스포머, 배틀스타, 머미를 먼저 탑승하자.
❼ 배틀스타 갤럭티카 휴먼 & 사일런Battlestar Galactica HUMAN & CYLON 탑승 전 가방 및 휴대폰 로커 보관 필수. 1시간 무료 이용.
❽ 리벤지 오브 더 머미Revenge of the Mummy 탑승 전 가방 로커 보관 필수. 1시간 무료.
❾ 생일인 달에 방문하면 선물을 받을 수 있으니 여권 지참 후 안내 데스크에 방문하자.
❿ 물이 많이 튀는 쥬라식 파크 래피드 어드벤처 탑승 시 우의를 준비하자. 현장 구매 시 $5. 가방은 로커에 보관 시 1시간 $4.

❶ Hollywood 할리우드

할리우드 거리를 그대로 재현한 곳으로 블록버스트 영화 세트장이 있다. 또한 유니버설 스튜디오 스토어, 미니언 마트, 싱가포르에서 가장 큰 캔디 숍, 헬로 키티 스토어 등이 있어 떠나기 전 쇼핑하기 좋다.

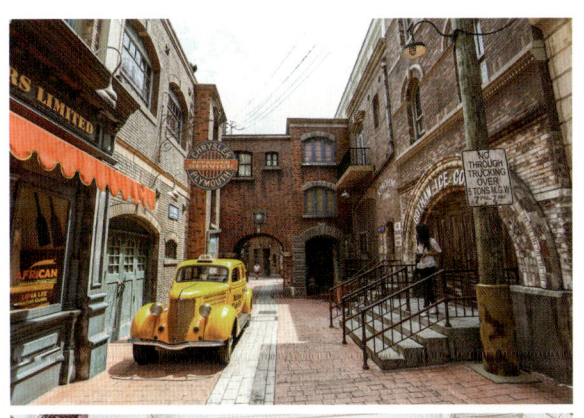

❷ New York 뉴욕

뉴욕 거리에는 다양한 숍과 이국적인 풍경의 레스토랑이 있다. 특수 효과를 통해 허리케인이 불어닥친 뉴욕을 재현한 실내 쇼인 '라이트, 카메라, 액션Light, Camera, Action'도 만날 수 있다. 성인에게는 다소 시시하게 느껴질 수 있으며 키가 122cm 미만 어린이는 보호자 동반 필수다. 불과 바람 등을 이용하기 때문에 임산부나 목, 허리, 심장 질환 등이 있는 경우 정해진 위치에서 체험할 수 있다.

- **세서미 스트리트의 스파게티 행성 탐험** Sesame Street Spaghetti Space Chase
  슈퍼 히어로와 우주 임무를 수행하는 어린이용 체험
  | 키 92cm 이상 | 122cm 이하 보호자 동반

❸ Sci-Fi City 공상 과학 도시

미래 도시를 탐험하며 트랜스포머, 빠른 속도의 롤러코스터인 배틀스타 갤럭티카 등이 있어 가장 다이내믹한 어트랙션을 즐길 수 있는 곳이다. 배틀스타 갤럭티카는 휴먼과 사일런이 있는데 사일런이 휴먼보다 더 빠르며 발판이 없어 더 아찔하다.

- **트랜스포머 더 라이드** Transformers The Ride
  유니버설 최고 인기 3D 스릴 라이드 | 키 102cm 이상 | 122cm 이하 보호자 동반

- **배틀스타 갤럭티카** Battlestar Galactica
  유니버설에서 가장 짜릿함을 선사하는 롤러코스터 | 키 125cm 이상

- **액셀러레이터** Accelerator
  에버랜드의 릴리 댄스같이 빙글빙글 도는 라이드 | 키 122cm 이하 보호자 동반

❹ Ancient Egypt 고대 이집트

1920년대 이집트를 테마로 한 곳으로 스릴 만점의 어트랙션을 만나볼 수 있으며 인도 음식점과 스낵 판매점이 있다.

- **미라의 복수** Revenge of the Mummy
  깜깜한 어둠 속에서 모험을 즐기는 고속 실내 롤러코스터 | 키 112cm 이상

- **보물 사냥꾼** Treasure Hunters
  야외에서 자동차를 타고 보물 사냥을 떠나는 어린이를 위한 체험 | 키 122cm 이하 보호자 동반

❺ The Lost World 잃어버린 세계

쥬라기 공원을 테마로 한 곳으로 정글 속에서 모험을 즐길 수 있다. 특히 스턴트 액션쇼이자 워터쇼인 워터월드Water World는 놓쳐서는 안 된다. 블록버스터 영화 〈워터월드〉를 원작으로 한 스펙타클한 라이브 쇼로 숨 막히는 스턴트 액션과 폭발이나 총격 등이 펼쳐지는 스피드한 추격전이 긴장감을 준다. 오프닝 쇼 또한 재미있는 볼거리다. 중앙 앞쪽은 자주 물세례를 맞지만 재미는 두 배, 세 배가 되니 우의를 준비해 가면 좋다. 선착순 입장이니 여유를 두고 들어가야 한다. 쇼는 보통 오후에 1~3번 정도 진행하나 상황에 따라 달라질 수 있으니 여행 시 다시 확인하고 이용하자. 시간은 홈페이지 공지와 다른 경우도 있어 방문하는 날 직원에게 문의하는 것이 가장 정확하다.

- **쥬라기 공원 래피드 어드벤처**Jurassic Park Rapids Adventure
  쥬라기 공원 수로를 따라 즐기는 리버 래프트 | 키 107cm 이상 | 107~122cm 보호자 동반

- **캐노피 플라이어**Canopy Flyer
  좌우로 흔들리고 급강하는 공중 플라이어 | 키 92cm 이상 | 92~122cm 보호자 동반

- **다이노-소어린**Dino-Soarin
  어린이를 위한 야외 회전 놀이기구 | 키 122cm 이하 보호자 동반

> **TIP 쥬라기 공원 래피드 어드벤처 이용 시 준비물**
> 쥬라기 공원 래피드 어드벤처는 우의를 준비해 가도 자리에 따라 머리부터 발끝까지 물에 다 젖는 경우가 허다하다. 만일을 대비해 여분의 옷을 준비해 가는 것을 추천한다. 테마파크 내부에서도 우의는 구매 가능하며 미리 챙겨가면 워터쇼 관람 시에도 유용하게 쓸 수 있다.

❻ Far Far Away 머나먼 왕국

동화 속 왕국 콘셉트로 슈렉 4D 어드벤처, 마법의 물약 스핀 등 어린아이부터 온 가족이 즐길 수 있는 곳이다. 슈렉 4D 어드벤처는 입체감, 바람, 물, 진동까지 현실감 있게 즐길 수 있는 4D 영화다. 동키 라이브Donkey Live는 화면에 등장하는 유쾌한 동키가 관객과 이야기하고 노래하며 춤추는 쇼로 진행자가 따로 있고 영어만 사용하니 참고하자.

- **장화 신은 고양이의 위대한 여정**Puss In Boots' Giant Journey
  가족이 함께 즐길 수 있는 롤러코스터 | 키 100cm 이상 | 100~122cm 보호자 동반

- **마법에 걸린 비행**Enchanted Airways
  드래곤을 타고 시원하게 달리는 가족 롤러코스터 | 키 92cm 이상 | 92~122cm 보호자 동반

- **마법의 물약 스핀**Magic Potion Spin
  유아 및 어린이를 위한 작은 실내 관람차 | 키 110cm 이하 보호자 동반

S.E.A. 아쿠아리움
S.E.A. Aquarium

50곳의 서식지에서 온 1000여 종 이상의 해양 동물을 만날 수 있는 아쿠아리움으로 10개의 테마 존이 있으며 희귀한 해양 동물 등 즐길 거리가 다양하다. 해양 동물 약 100만 마리가 서식하는 해양 수족관에서는 상어, 해파리, 가오리 및 다양한 이국적인 해양 생물을 가까이에서 볼 수 있다. 어느 위치에서든 관람하기 쉬워 아이들과 시간을 보내기 좋고 더위를 피해 오후 시간에 잠시 쉬어 가는 코스로 들르기 좋다. 미리 예약하고 방문하자.

- 8 Sentosa Gateway, Sentosa Island, Singapore 098269
- 매일 10:00-17:00(시즌별 다름)
- 어른 $44, 어린이(4~12세) $33

· 하이라이트 프로그램 ·

다이버 피딩 쇼 Dive Feeding@Shipwreck	다이버가 먹이를 주는 동안 형형색색의 물고기, 가오리, 상어가 헤엄치는 모습 감상	매일 10:30
다이버 피딩 쇼 Dive Feeding@Coral Garden	다이버가 먹이를 주는 동안 흥분한 물고기 떼와 꽃피우는 산호초를 관람	목요일 11:15
만타스 수족관 Meet The Mantas@Open Ocean Habitat	다이버와 만타스가 함께 물속에서 아름답게 춤을 추는 모습 관람	월~금요일 11:00
상어 수족관 Sensational Sharks@Shark Seas	다이버가 상어에게 먹이 주는 모습을 관람할 수 있는 좋은 기회	화, 목요일 14:30
해파리관 Sea Jelly Secrets@Sea Jellies Habitat	해파리의 먹이, 해파리 돌보는 방법 등 전문가가 들려주는 해파리의 세계	매일 11:45 (5분 소요)
산호 수족관 Curious about Coral@Coral Habitat	산호의 종류, 산호가 바다에 중요한 이유, 산호를 돌보는 방법에 대해 알아보는 시간	매일 13:30 (5분 소요)

어드벤처 코브 워터파크
Adventure Cove Waterpark

수족관이 있는 유수풀, 워터 슬라이드, 파도풀, 스노클링 등을 즐길 수 있는 워터파크다. 크지는 않아도 실속 있고 대기 시간이 길지 않아서 짧은 시간 동안 알차게 놀기 좋다. 스노클링을 하며 물고기 떼를 가까이서 볼 수 있고 유수풀을 지나며 수족관 속 가오리를 만날 수 있어 아이들이 매우 좋아한다. 강한 파도가 밀려오는 파도풀은 어른이 놀아도 재미있다. 돌핀 아일랜드Dolphin Island에는 돌고래와 함께 수영하며 교감할 수 있는 특별한 프로그램이 있으니 원한다면 홈페이지에서 확인하고 미리 예약하자.

- 8 Sentosa Gateway, Sentosa Island, 098269
- 매일 10:00-17:00(시즌별 다름)
- 어른 $40, 어린이(4~12세) $32
- www.rwsentosa.com

어드벤처 리버

- **어드벤처 리버** Adventure River
  튜브에 몸을 맡기고 유수풀을 따라 14개 테마 구역을 다니는 어트랙션 | 키 122cm 이하 보호자 동반

- **빅 버킷 트리하우스** Big Bucket Treehouse
  물이 쏟아지는 대형 버킷과 어린이 슬라이드가 있는 물놀이 놀이터 | 키 122cm 이하 보호자 동반

- **듀얼링 레이서** Dueling Racer
  매트를 들고 올라가 양쪽 손잡이를 잡고 배를 매트에 대고 누워 즐기는 슬라이드 | 키 107cm 이상 | 122cm 미만 보호자 동반

- **블루워터 베이** Bluwater Bay
  구명조끼를 입고 즐기는 작지만 강한 파도풀 | 키 122cm 이하 보호자 동반

- **파이프라인 플런지** Pipeline Plunge
  2인용 보트를 타고 어두운 터널 속을 즐기는 고속 슬라이드 | 키 122cm 이상

- **립타이드 로켓** Riptide Rocket
  이름처럼 빠른 속도의 스릴 넘치는 워터 슬라이드 | 키 107cm 이상 | 107~122cm 이하 보호자 동반

- **레인보우 리프** Rainbow Reef
  스노클링을 즐기며 물고기와 해양 생물을 만날 수 있는 특별한 경험 | 키 107cm 이상 | 122cm 이하 보호자 동반

- **타이달 트위스터** Tidal Twister
  2인용 튜브를 타고 짜릿한 속도를 즐기는 워터 슬라이드 | 키 122cm 이상

- **월풀 워시아웃** Whirlpool Washout
  2인용 튜브를 타고 소용돌이처럼 회전하며 내려가는 워터 슬라이드 | 키 122cm 이상

- **스파이럴 워시아웃** Spiral Washout
  2인용 튜브를 타고 회전하는 수로로 흘러 내려가는 오싹한 워터 슬라이드 | 키 122cm 이상

> **TIP 어드벤처 코브 워터파크 이용 가이드**
>
> ❶ 20분 일찍 도착하면 기다리지 않고 최고 인기 슬라이드인 립타이드 로켓을 즐길 수 있다. 연속으로 여러 번 타자. 오픈 후 30분만 지나도 대기 탑승자의 줄이 길게 늘어선다.
> ❷ 파도풀 앞 비치 체어가 무료로 제공되므로 가장 먼저 자리를 맡아두자.
> ❸ 입구 말고 파도풀 앞에 있는 로커를 이용하면 편리하고 대여비는 $10. 횟수 제한 없이 하루 종일 재오픈이 가능하다.
> ❹ 샴푸, 린스, 세안제, 수건은 챙겨 가자.
> ❺ 음식물 반입은 안 되지만 간단한 간식이나 물은 괜찮다. 텀블러에 시원한 물을 챙겨 가면 좋다.
> ❻ 립타이드 로켓을 제외하고 다른 슬라이드는 튜브를 직접 들고 올라가야 해서 금방 지쳐 연속으로 타기 어렵다.
> ❼ 음식점이 있지만 가성비가 좋지 않다. 스낵 구역에서 핫도그나 간단한 간식을 먹고 오후에 나와서 비보시티나 센토사에서 식사하는 것을 추천한다. 4시간 정도 놀면 충분하다.
> ❽ 놀이기구 탑승 시 모자, 안경, 신발은 탑승 입구 신발 보관소에 넣자. 모든 놀이기구 입구 앞에 신발 보관소가 있다.
> ❾ 크록스나 아쿠아슈즈 또는 슬리퍼를 신고 가자. 신발은 워터파크 내에서 신고 다닐 수 있으며 슬라이드 탑승 시에는 신발 보관소에 넣으면 된다.
> ❿ 튜브 보트를 이용하는 파이프라인 플런지, 타이달 트위스터, 월풀 워시아웃, 스파이럴 워시아웃은 혼자서 즐길 경우 몸무게 115kg 이하, 둘이서 같이 탈 경우에는 합산 몸무게 180kg 이하여야 한다.
> ⓫ 수십 마리의 가오리를 만날 수 있는 레이 베이 인카운터 Ray Bay Encounter는 11:00, 13:00, 15:00에 진행되며 5세 이상(키 107cm 이상)부터 참여할 수 있다. 레이 베이 인카운터 티켓($60)을 구입한 경우 워터파크 입장료는 따로 지불하지 않아도 된다.

돌핀 아일랜드
Dolphin Island

큰돌고랫과에 속하는 남방큰돌고래를 가까이에서 관찰하고 만져볼 수 있는 곳이다. 돌고래 서식지, 식단, 해부학적 구조 및 이주 패턴에 대한 설명뿐만 아니라 프로그램에 따라 돌고래를 가까이에서 만져보거나 수심이 얕은 수영장에서 함께 교류할 수 있다. 성인 전용의 돌고래 어드벤처 프로그램은 깊은 수영장에서 돌고래와 함께 수영을 즐기는 특별한 경험을 제공한다. 시작 45~60분 전에 도착해야 하며 수영복을 착용해야 한다. 사전 예약이 필수이며 변경 및 취소는 불가하다. 13세 미만 어린이는 21세 이상의 어른과 함께 참여해야 한다. 개인적인 사진 촬영은 할 수 없으며 공식 사진작가가 촬영한 사진을 구매해야 하는데 가격이 비싼 편이라 아쉽다.

- Dolphin Island, Resorts World Sentosa8 Sentosa Gateway, Sentosa Island, Singapore 098269
- 매일 10:00-17:00
- www.rwsentosa.com/en/attractions/dolphin-island

- **돌핀 어드벤처** Dolphin Adventure
  돌고래와 함께 깊은 물속에서 스노클링을 경험할 수 있는 프로그램으로 수영을 할 줄 알아야 참가할 수 있다.

- **돌핀 디스커버리** Dolphin Discovery
  돌고래를 가까이에서 만나고 만져볼 수 있는 프로그램으로 만 4세 이상, 키 110cm 이상이면 체험할 수 있다.

- **돌핀 인카운터** Dolphin Encounter
  성인 티켓 구매 시 4세 미만의 어린이는 무료로 참여할 수 있어 어린아이와 함께하기 좋은 프로그램이다. 물속에 함께 들어가는 것이 아니라 가까이에서 만져보며 돌고래와 교류한다.

- **돌핀 옵저버** Dolphin Observer
  프로그램에 참여하는 가족이나 친구들과 함께 입장만 원하는 경우 구매해야 하는 티켓이다. 사진 및 비디오 촬영은 불가하니 참고하자.

종류 ($)	돌핀 어드벤처	돌핀 디스커버리	돌핀 인카운터	돌핀 옵저버
성인(13세 이상)	182	138	78	61
어린이(4~12세)	(참여 불가)	130	70	53
시간	13:30 (60분 소요)	10:30, 12:00, 16:00 (60분 소요, 돌고래와 물놀이 30분 포함)	11:30 (30분 소요, 돌고래와 만남 15분 포함)	관찰 티켓
포함 사항	어드벤처 코브 워터파크 / S.E.A. 아쿠아리움 1일 입장권			

센토사 200% 즐기는 법!
액티비티 총정리
Activities for Endless Fun

도심 속 휴양지 센토사에서는 여유와 짜릿함을 동시에 만끽할 수 있다. 비치나 리조트에서 쉼을 누렸다면 아드레날린이 솟구치는 놀이기구와 액티비티로 몸의 정적을 깨워보자.

스카이라인 루지
Skyline Luge Singapore

리프트를 타고 올라가 우거진 숲과 급커브 길을 가로지르는 스릴 넘치는 어트랙션이다. 3륜 루지 카트를 타고 4개 트랙 중 선택해 내려올 수 있다. 금요일과 토요일 밤에는 나이트 루지도 즐길 수 있어 더 특별하다. 만 6세 이상, 키 110cm 이상이 되어야 혼자 탑승 가능하며 부모 동반 탑승 시에는 어린이 더블링 티켓을 구매해야 한다.

・ 찾아가기 ・

루지는 리프트를 타고 정상에 올라 카트를 타고 내려오는 방식이다. 임비아 룩아웃에서 시작 시 리프트를 한 번 건너뛰고 정상에서 바로 루지를 탈 수 있다. 어트랙션 종료 후 한 번 남은 리프트 탑승권을 이용해 임비아역에 갈 수 있으며 사용하지 않아도 된다. 케이블카 마운트 페이버 라인을 구매하면 임비아 룩아웃에 하차하기 때문에 이 카운터를 이용하기도 한다. 일반적인 경우는 실로소 비치 카운터를 이용하면 된다.

- **임비아 룩아웃 카운터**
  - 1 Imbiah Rd, 099692
  - 센토사 익스프레스 & 케이블카 Imbiah Station 하차, 버스 A Imbiah Lookout 하차

- **실로소 비치 카운터**
  - 45 Siloso Bch Walk, Sentosa, 099003
  - 센토사 익스프레스 & 버스 A, 버스 B Beach Station 하차
  - 월~목요일 11:00-19:30, 금요일 11:00-21:00, 토요일 10:00-21:00, 일요일 10:00-19:30 (방학 및 공휴일은 10시 오픈)
  - www.skylineluge.com

가격($) 종류	2라이드콤보	3라이드콤보	4라이드콤보	5라이드콤보 + 디지털 포토
픽스드	30	33	36	44
플렉시	32	35	38	46
픽스드 오프-피크	25	27	29	해당 없음
어린이 더블링 티켓	12 (횟수 관계 없이 동일)			

픽스드 Fixed | 날짜와 시간 지정 예매 티켓
플렉시 Flexi | 날짜 시간 자유롭게 변경 가능, 구매 후 3개월 이내 사용
픽스드 오프피크 Fixed Off-peak | 학교 방학과 공휴일 제외한 평일 11:00-14:00
어린이 더블링 티켓 Child Doubling Ticket | 만 6세 미만, 키 110cm 미만으로 보호자와 동반 탑승 어린이

· 루지 트레일 종류와 준비 사항 ·

루지 트레일은 4개 코스로 나뉘며 취향에 따라 선택해 즐기면 된다. 4회권을 구입해 모든 코스를 경험해보는 사람도 많다. 루지 이용 시 착용하는 헬멧은 공용이니 위생이 걱정된다면 1회용 헤어 캡이나 손수건 등을 챙겨도 좋다. 사람이 붐비는 시간대에는 1시간 이상 대기할 수 있으며 특히 아이와 함께라면 간식을 준비하는 것을 추천한다. 스콜에 대비해 우의를 가방에 넣어 가고 루지를 타기 전 주머니를 다 비웠는지 꼭 확인하자.

- **쿠푸 쿠푸 트레일** Kupu Kupu Trail | 638m
  쿠푸 쿠푸는 말레이어로 '나비'를 뜻하며 가장 나중에 생긴 코스로 신비로운 숲을 통과한다.

- **익스페디션 트레일** Expedition Trail | 658m
  스릴을 느끼고 싶다면 선택하자. 울창한 열대우림에서 스릴 넘치는 코너를 돌며 짜릿함을 느낄 수 있다.

- **정글 트레일** Jungle Trail | 628m
  울창한 정글 속 터널을 통과하는 코스로 가장 짧은 코스다.

- **드래곤 트레일** Dragon Trail | 688m
  가장 긴 코스로 인기가 많으며 급커브, 여러 굴곡을 포함하고 있다.

스카이헬릭스 센토사
SkyHelix Sentosa

79m 높이까지 올라가 360도 회전하며 센토사의 파노라마 전망을 감상하는 야외 놀이기구다. 음료를 들고 탑승 가능해 마치 하늘 위에서 즐기는 전망대 카페 같다. 헬릭스 브리지처럼 수직 나선 구조에서 영감받아 만들었으며 밤에는 조명이 더해져 색다른 모습이다. 티켓 구매 시 음료 또는 기념품 교환권을 제공하며 음료는 스카이헬릭스 스낵바에서, 기념품은 임비아 전망대의 기념품 가게에서 교환하면 된다. 티켓 구매 후 따로 예약할 필요 없이 선착순 탑승이며 키 105cm 이상 탑승 가능하고 120cm 이하, 12세 이하 어린이는 보호자 동반 탑승이 원칙이다.

- 41 Imbiah Road, Singapore 099707
- 매일 0:00~22:00(마지막 탑승 21:15)
- 성인 $20, 어린이(4~12세) $17

마담 투소 싱가포르
Madame Tussauds Singapore

런던에서 시작된 마담 투소는 배우, 가수, 스포츠 스타, 유명 인사 등의 실제 모습을 본떠 밀랍 인형으로 만들어 전시하는 박물관이다. 마담 투소 싱가포르는 센토사 섬 임비아 전망대에 있으며 80명이 넘는 유명인의 밀랍 인형을 관람하며 멋진 사진을 남길 수 있는 게 포인트다. 엘리자베스 여왕, 오바마 대통령, 마오쩌둥 등의 유명인뿐만 아니라 한류 존에는 배우 이민호와 송승헌 등이 있다. 우리나라 유명인들은 실물보다 못해 살짝 아쉽다. 티켓에는 보트를 타고 전시를 관람하는 보트 라이드, 싱가포르의 밀랍 인형을 이용해 싱가포르의 역사와 문화를 재현한 '이미지 오브 싱가포르 라이브' 체험이 포함되어 있다. 홈페이지에서 티켓 구매 시 사진 1장을 제공하며 다양한 프로그램과 콤보 티켓이 있으니 확인하고 예매하자.

- 센토사 익스프레스 Imbiah Station 하차 / 케이블카 Imbiah Station 하차
- 40 Imbiah Road, Imbiah Lookout, Sentosa, Singapore 099700
- 매일 10:00~18:00
- 입장권+사진 1장 어른 $38~, 어린이(3~12세) $26~
- www.madametussauds.com

센트럴 비치 바자
Central Beach Bazaar

먹거리, 볼거리, 즐길 거리가 풍성한 센트럴 비치 바자는 센토사의 매력을 한층 높여준다. 여유롭게 해변을 산책하다가 푸드 스트리트에서 가볍게 배를 채운 후 저녁에 20분간 펼쳐지는 화려한 쇼를 감상하면 시간이 훌쩍 지난다. 동남아시아에서 가장 높이 쏘아 올리는 24층 높이의 스카이젯 분수도 볼거리다. 오후 4시부터 6시까지는 30분 간격으로 5분간 음악과 함께 분수 쇼가 진행되며 하이라이트는 윙스 오브 타임이니 놓치지 말자.

- **윙스 오브 타임** Wings of Time

  센토사의 바다를 배경으로 펼쳐지는 나이트 쇼로 화려한 조명, 레이저, 분수, 불꽃놀이, 3D 효과 등 볼거리가 가득하다. 신비로운 선사시대의 조류 샤바즈Shahbaz와 그의 친구 레이첼Rachel 그리고 펠릭스Felix가 이국적인 땅을 여행하며 용기를 얻고 우정을 확인하는 이야기다. 최첨단 레이저, 거대한 분수, 멋진 불꽃놀이 등 오감을 자극하는 특별한 경험으로 남녀노소 누구나 좋아한다. 티켓은 미리 예약하고 선착순 입장이니 여유 있게 도착하자. 센토사의 하루 일정 마무리로 계획하기 좋으며 스탠더드석은 나무 벤치, 프리미엄석은 등받이가 있는 좌석이다.

  - 센토사 익스프레스 비치역 하차 후 도보 2분
  - 50 Bch Vw Rd, 098604
  - 매일 19:40, 20:40 (공연 시간 20분)
  - 스탠더드석 $19, 프리미엄석 $24 (4세 미만 무료)

메가 어드벤처
Mega Adventure

센토사 정글, 해변, 바다를 감상할 수 있는 짚라인, 정글 속 장애물을 건너가는 메가 클라임, 안전 장비를 착용하고 하늘 높이 뛰어오르는 메가 바운스까지 신나는 액티비티를 즐길 수 있는 곳이다. 안전 장비를 착용하고 즐기는 액티비티인 만큼 양말, 운동화, 편안한 복장을 추천한다. 홈페이지에서 티켓 구매 시 90일 동안 유효하며 예약은 필요 없이 선착순으로 이용할 수 있다. 귀중품을 보관하려면 사물함을 이용해야 하며 크기에 따라 $7~10이다. 스릴을 즐기는 순간을 촬영한 사진도 구매 가능하다. 어떤 액티비티를 선택하든 먼저 메가 어드벤처 티켓 오피스를 찾아가면 되고 짚라인 및 클라임 장소까지는 무료 버스로 이동할 수 있다. 콤보 티켓이나 할인 티켓이 있으니 비교해보고 구매하자.

- 케이블카 Imbiah Hill에서 슬로프를 따라 도보 5분 / 모노레일 Beach Station 하차, 비치 셔틀 탑승 후 Mega Adventure에서 하차
- 10A Siloso Bch Walk, 099008
- 매일 11:00-18:00
- 메가 바운스 $20, 메가 짚 $66, 메가 클라임 $66, 결합 티켓 $80~109
- sg.megaadventure.com

- **메가 집**Mega Zip
  시속 60km로 임비아 힐 정글을 가로질러 실로소 해변의 바다까지 날아가는 450m 길이의 짚라인이다. 30kg 미만 및 90cm 미만 어린이는 보호자와 함께 탑승 가능하다. 마지막 입장 18:00, 2시간 소요.

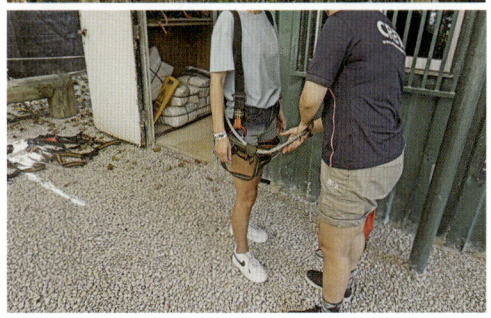

- **메가 클라임**Mega Climb
  높이 5~15m의 거대한 유칼립투스 나무에 연결된 36개 코스로 이루어진 3단계 레벨이 있으며 1개 레벨을 선택해 진행하면 된다. 메가 점프 15m에서 뛰어내리는 액티비티로 메가 집, 메가 클라임 등과 결합된 티켓으로 이용할 수 있다. 마지막 입장 17:15, 2시간 30분 소요.

- **메가 바운스**Mega Bounce
  실로소 해변에 있는 슈퍼 트램펄린으로 양쪽에 로프를 매달고 8m 높이까지 공중으로 높이 뛰어오르는 바운스다. 마지막 입장 18:00, 1시간 소요.

참여 조건	메가 집	메가 클라임	메가 점프	메가 바운스
키	90cm 이상	120cm 이상	X	X
몸무게	30~140kg	120kg 이하	30~120kg	10~90kg
준비물		운동화		양말

Sentosa Island Beaches

센토사 비치

센토사에는 각기 다른 매력을 품고 있는 3개의 비치가 있다. 액티비티를 즐기고 싶다면 실로소 비치, 아이를 동반한 가족여행이라면 팔라완 비치, 조용한 휴식을 만끽하고 싶다면 탄종 비치가 제격이다. 물놀이를 즐기지 않고 비치 셔틀을 이용해 산책하며 서로 다른 분위기를 느껴봐도 좋다.

TRAVEL HIGHLIGHTS

실로소 비치
Siloso Beach

싱가포르에서 가장 큰 인공 해변으로 다양한 수상 스포츠를 즐길 수 있다. 케이블카 실로소 포인트 Siloso Point 하차 시 바로 만날 수 있다.

- 센토사 익스프레스 비치 스테이션역에서 비치 셔틀 탑승 후 실로소 비치 하차, 케이블카 하차 지점

- **올라 비치 클럽** Ola Beach Club
  하와이를 콘셉트로 한 비치 클럽으로 카약, 패들보드 등 다양한 수상 스포츠를 즐길 수 있다. 더위를 식힐 수 있는 수영장이 있으며 실로소 비치에서 놀 동안 비치 클럽 레스토랑에서 음식을 주문하고 여유롭게 식사할 수 있다. 칵테일, 파스타, 피자 등 메뉴도 다양하고 키즈 메뉴도 있어 아이들과 방문하기 좋다. 수상 스포츠 센터는 오전 9시에서 오후 7시까지 운영한다.

  - 센토사 익스프레스 비치 스테이션역 하차 후 도보 5분
  - 46 Siloso Bch Walk, 099005
  - 월~목요일 10:00-21:00, 금요일 10:00-22:00, 토요일 09:00-22:00, 일요일 09:00-21:00
  - $ 칵테일 $20~, 햄버거 $25, 파스타 $18~

- **코스테츠** Coastes

  실로소 해변의 백사장에서 여유롭게 바다를 감상하고 모래 놀이를 즐기기 좋은 레스토랑이다. 캐주얼한 분위기에서 여유롭게 브런치를 즐기기도 좋고 어린이 친화적인 레스토랑이라 아이들과 방문하기에도 안성맞춤이다. 해변가에 있는 선 베드 이용 시 $22이며 아이스티가 포함된 가격이다.

  - 센토사 익스프레스 비치 스테이션역 하차 후 도보 5분
  - 50 Siloso Beach Walk, #01-06, Singapore 099000
  - 월~목요일 11:00-21:00, 금요일 11:00-22:30, 토요일 09:00-22:30, 일요일 09:00-21:00
  - $ 칵테일 $16~, 파스타 $22~, 햄버거 $22~, 선 베드 $22(아이스티 포함)

- **실로소 요새** Fort Siloso

  19세기 후반 영국 식민지 시절 지어진 실로소 요새는 싱가포르에서 유일하게 잘 보존된 해안 요새다. '바위'를 의미하는 말레이어 '실로소'의 이름을 따서 명명되었으며 1942년 일본 점령군에게 함락되어 섬을 방어할 때 중요한 역할을 했던 곳이다. 오늘날 실로소 요새는 살아 있는 박물관으로 유서 깊은 과거와 싱가포르의 군사 역사를 엿볼 수 있다. 엘리베이터를 타고 올라가면 실로소 스카이워크에서 여유롭게 산책하며 센토사 섬과 바다의 숨 막히는 전경도 감상

할 수 있다. 탁 트인 센토사 전경을 바라보면 요새 위치로 선택된 이유를 절로 알게 된다. 박물관에는 제2차 세계대전 중 영국군과 일본군이 사용한 다양한 무기와 장비, 일본군과 영국군의 밀랍 인형이 전시되어 있다.

- 센토사 익스프레스 비치역에서 하차, 센토사 버스 A 또는 비치 셔틀 탑승 후 실로소 포인트에서 하차
- Siloso Rd, Singapore 099981
- **실로소 요새 & 항복 챔버** 매일 09:00-18:00, **실로소 요새 스카이워크 리프트** 매일 09:00-22:00
- $ 무료

팔라완 비치
Palawan Beach

잔잔한 바다와 고운 모래가 있는 아름다운 해변으로 작은 섬까지 이어지는 그물 다리가 있다. 이 다리를 건너가면 아시아 대륙 최남단을 한눈에 바라볼 수 있는 전망대가 있어 놓치지 말아야 할 볼거리다.

📍 센토사 익스프레스 비치 스테이션역에서 비치 셔틀 탑승 후 팔라완 비치 하차

- **아시아 대륙 최남단 전망대** Southernmost Point of Continental Asia
팔라완 비치에서 흔들 다리를 건너면 만날 수 있는 아시아 대륙 최남단 전망대다. 2개의 목조 전망대가 2층에서 이어져 있으며 맑은 날씨에는 끝없이 푸른 바다를, 일몰 때는 붉은 노을을 원 없이 바라볼 수 있는 곳이다. 전망대 위에서 센토사를 바라보는 전망 또한 아름다워 파노라마 뷰를 모두 즐기고 내려오자. 오며 가며 흔들 다리 중앙에 서서 멋진 사진을 남기는 건 필수다.

📍 비치 셔틀 아시아 대륙 최남단 전망대 Southernmost Point of Continental Asia에서 하차
🧭 Palawan Island, Sentosa Singapore
🕘 매일 09:00-19:00
💲 무료

- **스플래시 트라이브** Splash Tribe
팔라완 비치로 가는 길에 있는 가족 비치 클럽이다. 아이들을 위한 슬라이드, 플레이존, 인피니티 풀이 있고 부모는 다양한 음식을 즐기며 해변 풍경을 감상할 수 있다. 키즈 메뉴도 다양하며 5세 이상 어린이는 1인당 $10가 부과되고 다이닝 테이블 기준 최대 4명, 평일 4시간 이용 시 최소 $50 주문 조건이다.

🧭 54 Palawan Beach Walk, 098233
🕘 월~금요일 10:00-19:00, 토, 일요일 및 공휴일 및 전날 09:30-22:30
💲 치즈 버거 $28, 어린이 스파게티 $12, 어린이 미니 피자 $12

탄종 비치
Tanjong Beach

탄종 비치 클럽으로 더 유명한 이곳은 고운 모래사장에서 평화롭게 휴식을 취할 수 있는 곳이다. 일몰 시간에 맞춰 가면 아름다운 석양을 감상할 수 있다.

- 센토사 익스프레스 비치 스테이션 역에서 비치 셔틀 탑승 후 탄종 비치 하차

- **탄종 비치 클럽** Tanjong Beach Club

2010년 문을 연 이래로 탄종 비치를 대표하고 있는 비치 클럽이다. 잔잔한 파도와 모래사장, 찬란한 일몰과 멋진 석양을 감상할 수 있으며 야외 수영장과 샤워실, 탈의실이 있다. 풀에서 수영을 하며 휴양지에 온 기분을 만끽하고 바로 앞 탄종 비치를 자유롭게 왔다 갔다 하며 바다 수영과 모래 놀이까지 가능하다. 맥주, 와인, 칵테일은 물론 스낵, 햄버거, 해산물 요리 등 메뉴도 다양하다. 최대 8명이 이용 가능한 풀라운지 좌석 기준 평일 오후 4시간 이용 시 $100, 주말 오후 5시간 이용 시 $400 이상 주문해야 한다. 베드별로 최대 이용 가능 인원수, 이용 시간, 최소 주문 금액은 홈페이지에서 확인할 수 있다. 부담된다면 최소 주문 금액 없는 테이블 좌석으로 예약하자. 평일 방문을 추천하며 오후 시간은 아름다운 석양을 바라볼 수 있어 인기가 좋으니 미리 예약하자.

- 120 Tanjong Beach Walk, 098942
- 월~금요일 10:00-20:00, 토~일요일 10:00-21:00
- 맥주 $15~, 칵테일 $23~, 햄버거 $30

· SPECIAL ·

Let's Go!
Pedal through Singapore

싱가포르 자전거 여행

연인, 가족과 함께 자전거를 타고 유명 관광지를 둘러보는 좋은 방법이다. 이미 가본 관광지를 복습하듯 자전거로 한 바퀴 둘러보거나 여행 첫날 마리나 베이 샌즈 및 주변 명소를 본 후 본격적인 관광을 즐겨도 좋다. 3개의 주요 코스를 소개하니 여행 일정이나 취향에 따라 선택하자. 자유롭게 다니는 자전거 여행이 부담스럽다면 자전거 투어 프로그램에 참여하는 것도 한 방법이다.

❶ **마리나 베이 샌즈 주변**
짧은 코스 | 30분

관광객으로 늘 북적북적한 마리나 베이 샌즈이지만 이른 아침 자전거를 타고 달리면 드라마 한 장면의 주인공이 된 듯한 느낌이다. 코스는 짧으나 싱가포르 필수 명소를 모두 둘러볼 수 있으니 한번 도전해보자.

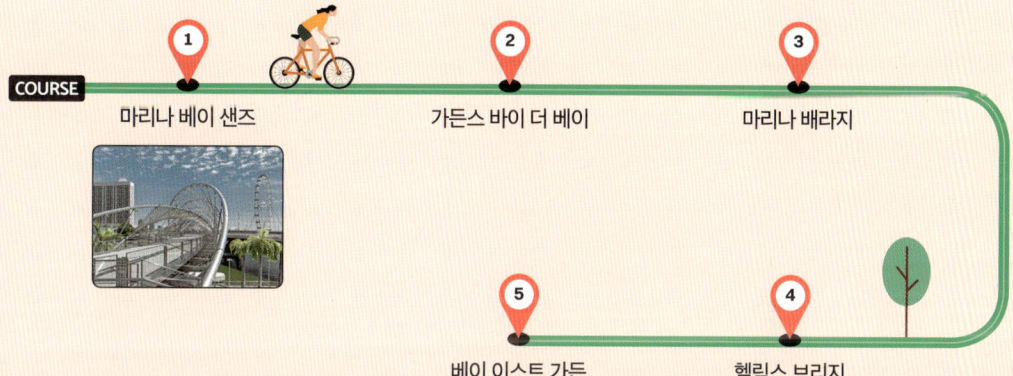

COURSE
1. 마리나 베이 샌즈
2. 가든스 바이 더 베이
3. 마리나 배라지
4. 헬릭스 브리지
5. 베이 이스트 가든

❷ 싱가포르 명소 한 바퀴 | 2시간

싱가포르 주요 명소를 모두 둘러볼 수 있는 코스로 자전거를 좋아하고 시간 여유가 있다면 추천한다. 중간에 만나는 한적한 강가, 칼랑 리버사이드Kallang Riverside에서 잠시 쉬어 가도 좋으며 행운이 깃들면 수달도 만날 수 있다. 또한 매년 F1 경기가 펼쳐지는 도로를 자전거로 달리며 인증 사진을 남기기에도 좋다.

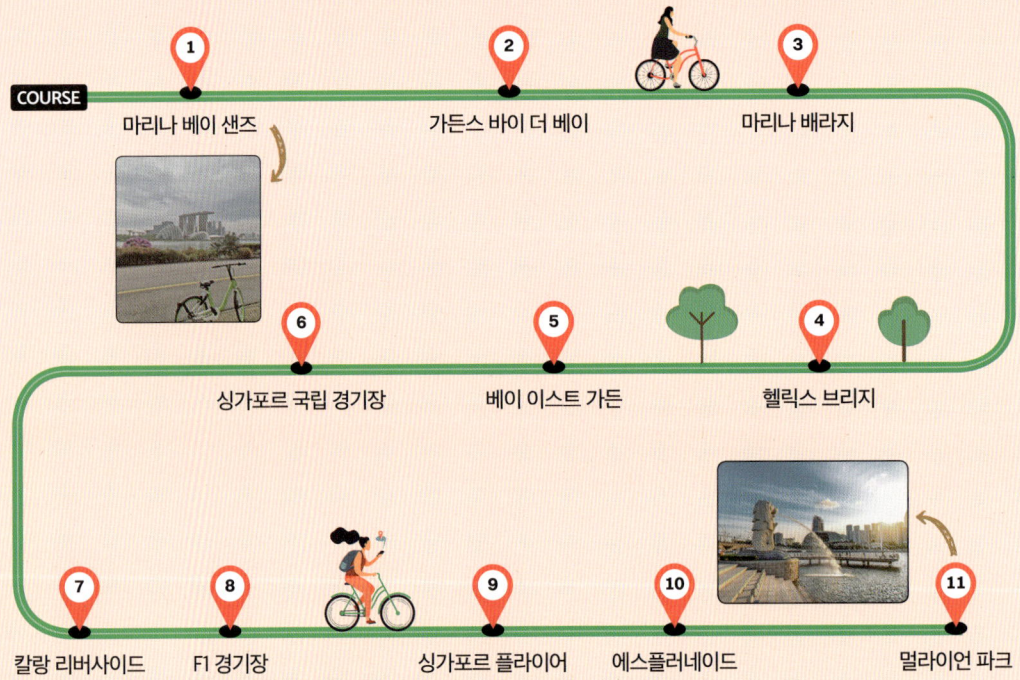

COURSE
1. 마리나 베이 샌즈
2. 가든스 바이 더 베이
3. 마리나 배라지
4. 헬릭스 브리지
5. 베이 이스트 가든
6. 싱가포르 국립 경기장
7. 칼랑 리버사이드
8. F1 경기장
9. 싱가포르 플라이어
10. 에스플러네이드
11. 멀라이언 파크

❸ 이스트 코스트 파크 | 2시간

높은 빌딩 숲에서 시작해 해변이 있는 이스트 코스트까지 가는 코스다. 자전거 코스가 잘되어 있어 풍경화 속을 달리는 느낌이다. 지치고 힘들 때쯤 만난 해변에서 커피 한잔 즐기며 잠시 쉬어 가자.

COURSE
1. 마리나 베이 샌즈
2. 가든스 바이 더 베이
3. 마리나 배라지
4. 헬릭스 브리지
5. 베이 이스트 가든
6. 이스트 코스트 파크

공유 자전거
Bike Sharing Services

대표적인 공유 자전거업체인 애니휠Anywheel(초록색)과 헬로라이드HelloRide(파란색)를 이용한다. 최근 생긴 헬로라이드가 자전거가 더 좋고 애니휠은 전체 보유 수량이 많아 쉽게 찾을 수 있는 게 장점이다. 유심 싱가포르 번호가 있다면 2개 다 이용할 수 있고 한국 번호로 문자 인증을 하려면 헬로라이드가 편리하다. 휴대폰 문자 인증 후 카드를 등록하고 충전해 이용하면 된다. 인증 절차가 간단해 싱가포르에서 애플리케이션 다운로드 후 쉽게 이용할 수 있다. 최소 충전 금액의 경우 애니휠은 한국 번호 인증 시 $20, 현지 번호 시 $10이며 헬로라이드는 $5이다. 참고로 애니휠은 20kg 이하 어린이와 함께 탑승할 수 있는 2인용 자전거도 있다.

- **이용 방법**
  애플리케이션 설치 – 휴대폰 문자 인증 – 카드 등록 후 충전 – 자전거에 부착되어 있는 바코드 스캔 – 라이딩 후 지정된 주차 장소에 반납 – 자전거 뒷바퀴 위의 잠금장치를 잠근 후 주차장 바닥에 있는 바코드 스캔
- **$** 30분 $1~2

시티 스쿠트
City Scoot

보조바퀴가 있는 네발자전거부터 아동용, 접이용 등 다양한 자전거를 보유하고 있는 렌털 숍으로 공유 자전거 이용이 번거롭다면 렌털 숍을 추천한다. 에스플러네이드Esplanade와 하이 스트리트 센터High Street Centre 지점이 있으며 미리 홈페이지에서 예약하고 방문하면 편리하다. 다만 날씨의 변수를 생각한다면 숍을 방문해 빌려도 상관없다. 정해진 시간 동안 이용하고 다시 숍에 반납해야 하니 왕복 시간을 계산해서 대여하자.

- **MRT** Esplanade역 C 출구에서 도보 10분 (에스플러네이드 지점)
- 8 Raffles Ave., #01-18 Esplanade Mall, Singapore 039802
- 월~금요일 10:00-22:00, 토~일요일 09:00-22:00
- **$** 3시간 $25
- www.cityscoot.com.sg

SINGAPORE TRAVEL PLUS

싱가포르에서 다녀오는 여행

싱가포르만 여행하기 아쉽거나 여행 일정이 여유롭다면 근교에 다녀오거나 색다른 경험을 하며 시간을 꽉 채워보자. 육로로 이동할 수 있는 말레이시아 조호바루, 초호화 크루즈를 타고 떠나는 동남아시아 여행은 싱가포르 여행에 덤으로 함께 할 수 있는 특별한 여행이다.

Legoland Malaysia
레고랜드 말레이시아

2012년 9월에 개장한 이곳은 아시아 최초의 레고랜드이며, 말레이시아 첫 국제 테마파크다. 말레이시아 반도의 남쪽 끝 조호바루에 있어 싱가포르와 매우 가깝고 육로로 국경을 넘을 수 있어 싱가포르에서 다녀오는 것이 더 편하다. 8개 테마로 이루어진 ❶레고랜드 테마파크에는 40여 개의 다양한 어트랙션과 볼거리가 가득하다. ❷워터 파크에는 20개가 넘는 슬라이드와 게임 등이 있으며 파도풀과 유수풀, 어린이 워터 놀이터가 있다. 또한 ❸아쿠아리움에서는 120종 이상의 해양 생물을 만날 수 있다. 시간 여유가 있다면 ❹레고랜드 호텔에서 하루 정도 투숙하며 테마파크를 완벽하게 즐기는 것을 추천한다.

- 7, Persiaran Medini Utara 3, 79100 Iskandar Puteri, Johor Darul Ta'zim, Malaysia
- 매일 10:00-18:00(시즌별 다름, 홈페이지 참고)

티켓 종류	요금(링깃/RM) 성인	어린이
테마파크	199	169
테마파크 + 아쿠아리움	279	219
워터파크	149	129
테마파크 + 워터파크 + 아쿠아리움	339	279

▶ www.legoland.com.my

레고랜드 찾아가기

여행 플랫폼 이용

클룩 사이트에서 레고랜드 전용 이동 버스 티켓을 판매하며 레고랜드 입장권과 함께 또는 단독 구매할 수 있다. 싱가포르에서 레고랜드까지는 편도 약 1시간 30분 소요된다.

- **싱가포르 출발** 09:00 선텍 시티 몰에서 탑승(시즌별 다름, 예약 시 탑승 장소 확인)
  레고랜드 출발 17:15 레고랜드 코치 베이에서 탑승
- 왕복 1인당 평일 $26, 주말 $28, 만 2세 이하 무료
- www.klook.com/ko

프라이빗 차량 이용

편도 $100 내외로 차 안에서 출입국 심사를 받을 수 있으며 레고랜드까지 편안하게 갈 수 있는 것이 장점이다. 보통 7인승 밴 차량으로 4인 이상이라면 가성비 최고의 선택이다. 다만 주말이나 공휴일의 경우 차가 막힐 수 있으니 출발 일자와 시간을 조정해서 계획하자. 클룩이나 마이리얼트립과 같은 여행 플랫폼에서 예약할 수 있다.

TIP 레고랜드 말레이시아 여행 시 유의 사항

❶ 출입국 심사를 위해 여권 지참은 필수다.
❷ 말레이시아 입국 시 말레이시아 디지털 입국 카드를 작성해야 한다.

imigresen-online.imi.gov.my/mdac/main

❸ 싱가포르로 다시 돌아오기 전, 싱가포르 입국 시와 동일하게 SG Arrival 카드도 다시 등록해야 한다.

Where Dreams Set Sail

꿈이 현실이 되는 크루즈 여행

싱가포르에서의 일정이 여유롭다면 크루즈 여행을 추천한다. 말레이시아, 태국, 베트남 등 아시아의 핵심 도시를 기항하며 선내 시설과 액티비티를 이용하는 특별한 여행을 즐길 수 있다. 코스별, 기간별, 일자별 금액은 다르며 선상에서 먹고 자고 즐기는 게 모두 가능해 아무 준비 없이 탑승하더라도 걱정 없다. 수영장, 공연, 암벽등반, 레스토랑 등이 크루즈 요금에 포함된 올 인클루시브다. 페낭, 푸켓 등을 기항하는 3박 또는 4박 정도의 여행 일정이 가성비가 좋다. 싱가포르에서 출발하는 다양한 크루즈 중에서도 만족도가 높은 로열 캐리비안 크루즈를 추천한다.

> **TIP** 기항지 투어 할까, 말까?
>
> 기항지는 크루즈가 잠시 들르는 항구를 뜻하며 보통 오전에 하선해서 오후에 승선하므로 하루 동안 기항지 투어를 즐길 수 있다. 투어 상품은 크루즈에서 예약할 수 있으며 항구와 관광시가 가까운 경우에는 택시나 대중교통을 이용해 자유여행을 즐길 수도 있다. 만약 기항지에서 하선을 원치 않는 경우 크루즈에서 머물면 되고 당연히 식사 및 프로그램 등을 모두 이용할 수 있다. 보통 출발 시간 2시간 전에는 다시 배에 탑승해야 한다. 하선할 경우 시간을 꼭 체크해서 절대 늦지 않도록 조심하자. 늦어도 배는 기다리지 않고 바로 출발한다.

로열 캐리비안 크루즈
Royal Caribbean Cruise

로열 캐리비안 크루즈는 미국 플로리다주, 마이애미에 본사가 있는 해운 회사로, 다국적 국제 크루즈 선사로 유명하다. 산하에 캐주얼 크루즈인 로열 캐리비안 인터내셔널, 프리미엄 크루즈인 셀러브리티 크루즈 라인, 럭셔리 크루즈인 실버시 크루즈를 소유하고 있다. 규모로 보면 카니발 크루즈에 이어 업계 2위다. 싱가포르 출발은 로열 캐리비안 인터내셔널의 앤섬호Anthem of the Seas가 운영 중이다.

- **앤섬 오브 더 시즈 한눈에 보기**
총 톤수 16만 8666톤 | 총 객실 수 2090개 | 총 승선객 4905명 | 총 승무원 1500명 | 층수 16층 | 엘리베이터 16개 | 길이 347m | 너비 41m

- **선실**
선실은 크게 스위트, 발코니, 오션 뷰, 인테리어 룸으로 나뉜다. 인테리어 룸은 창문이 없으며 오션 뷰는 창문은 있지만 열리지 않는다. 발코니 선실은 의자와 테이블이 놓인 프라이빗 발코니가 있는 객실이다. 스위트는 발코니와 욕조, 소파가 있으며 침실과 거실이 분리되어 있다. 발코니에서 바다를 바라보며 와인 한잔 즐기거나 아침저녁 망망대해를 바라볼 수 있는 발코니 룸 이상을 추천한다. 크루즈가 워낙 커서 멀미를 하는 경우는 드물지만 혹시 예민하다면 중간층 중앙이나 뒤쪽 객실을 선택하는 게 좋다. 아이나 어르신과 함께라면 엘리베이터 가까운 객실을 선택하고 저층일수록 엔진 소음이 있을 수 있어 고층이 좋다. 다만 수영장 아래층이나 대극장 및 클럽 근처의 룸은 피하는 게 좋다. 홈페이지에서 데크 상세 지도를 참고하자.

▶ www.royalcaribbean.com/sgp/en

> **TIP 로열 캐리비안 크루즈 이용 전 알아두면 유용한 팁**
>
> ❶ 여권을 준비하자. 크루즈 하선일 기준 여권의 유효기간이 6개월 이상 남아 있어야 한다.
>
> ❷ 운동을 좋아한다면 트레이닝복을 준비하자. 매일 아침 피트니스 센터에서 바다를 바라보며 운동을 하거나 바닷바람을 느끼며 선실 러닝 트랙을 따라 조깅을 즐길 수 있다.
>
> ❸ 와인 두 병까지 반입할 수 있다.
>
> ❹ 로열 캐리비안 크루즈 앱을 설치하자. 온라인 체크인 및 공연, 레스토랑 등 모든 정보를 확인할 수 있다. 온라인 체크인 시 가능한 한 빠른 시간이 유리하다. 미리 탑승해서 크루즈의 모든 시설을 이용할 수 있다.
>
> ❺ 무료 제공되는 물 외에는 구매해야 하므로 텀블러를 준비하자. 식당이나 카페에서 텀블러에 물을 담아올 수 있다.
>
> ❻ 체크인 시 기내 반입용 캐리어를 제외하고 짐을 맡기면 승선 후 저녁 식사 전 룸으로 배송해준다. 미리 크루즈의 시설을 이용해야 하니 수영복 및 필요한 짐은 챙겨서 승선하자.
>
> ❼ 식사, 공연 등 다양한 프로그램을 미리 예약하자.
>
> ❽ 와이파이는 유료 결제해야 하며 일수로 계산하기 때문에 비교적 비싼 편이다. 크루즈 앱은 인터넷 사용 없이 이용할 수 있으며 선상에서 크루즈챗을 이용할 수 있으니 꼭 필요한 경우에만 신청하자.
>
> ❾ 싱가포르 도착 전 입국 신고서(SG Arrival Card)를 등록해야 한다.

- **유료 옵션**
  맥주, 와인 등 음료, 스페셜티 레스토랑, 기항지에서의 선택 관광 프로그램, 스파 및 미용 서비스, 유료 선상 프로그램, 와이파이 Wi-Fi 등은 유료 서비스다.

- **바 라운지**
  엄선된 와인을 즐길 수 있는 빈티지 와인 바와 피아노 연주를 감상할 수 있는 스쿠너 바가 있다. 밤바다를 즐기며 칵테일을 마시려면 야외 북극성 바가 좋다. 라틴 비트에 맞춰 댄스를 즐길 수 있는 클럽 볼레로도 있으며 로봇 바텐더가 칵테일을 만들어주는 스페셜한 바이오닉 바 또한 인기다. 실내 및 실외 수영장에서도 맥주와 칵테일을 즐길 수 있으며 모두 유료다.

- **매일 밤 펼쳐지는 대극장 쇼**
  저녁 시간에는 브로드웨이 스타일의 공연과 수준 높은 라이브 뮤직 등 또 다른 즐거움을 선사하는 공연들이 준비되어 있다. 앱으로 미리 날짜별, 시간별 공연을 확인하고 공연 시작 20~30분 전에 도착하면 원하는 좌석에 앉을 수 있다.

- **다양한 액티비티**
  인공 파도타기, 암벽등반, 농구, 롤러스케이팅, 범퍼카 등 다양한 액티비티를 무료로 즐길 수 있다. 해수로 채워진 실내 수영장이 있어 바다 수영을 느낄 수 있으며 일광욕을 즐길 수 있는 카바나와 선 베드에서 휴식을 즐기기에도 좋다. 가족 풀장, 스포츠 풀장, 월풀도 있으며 저녁에는 야외 무대로 변신해 신나는 음악과 춤이 있는 나이트클럽이 된다.

- **어린이 및 청소년 프로그램**
  연령에 맞춰 구성된 프로그램을 즐길 수 있는 어드벤처 오션과 10대 청소년만의 전용 공간인 더리빙룸, 디스코 클럽이 있다. 또한 아케이드 게임 센터에서는 최신 게임을 즐길 수 있으며 가족이 함께 참여하는 워크숍 프로그램도 있다.

아시아를 관통하는 유러피언 럭셔리 열차
벨몬드 이스턴 & 오리엔탈 익스프레스
Belmond Eastern & Oriental Express

여행 횟수가 늘어나고 경험해본 도시가 많아질수록 다음 여행은 더 새롭게, 더 값지게, 더 특별하게…. 끊임없이 샘솟는 여행 욕慾을 채워줄 궁극의 열차 여행 벨몬드 이스턴 & 오리엔탈 익스프레스.

유럽 최초의 대륙 횡단 열차로 시작해 80여 년간 상류층의 사교의 장으로 통했던 벨몬드 트레인을 아시아에서 경험할 수 있다. 아가사 크리스티의 소설이자 영화로도 만들어졌던 〈오리엔탈 특급 살인〉 속 바로 그 열차로, 현재는 루이 비통으로 대표되는 LVMH사가 운영한다. 싱가포르에서 출발해 말레이시아를 지나 다시 싱가포르로 돌아오는 총 1500km의 여정이며, 선로 위의 크루즈라는 별칭 그대로 3박 4일간 달리는 기차 안에서 특급 호텔 못지않은 식사와 서비스를 누리게 된다. 기차 내 디올Dior이 운영하는 스파 시설도 마련돼 있어 품격의 테라피로 피로를 풀며 새로운 차원의 기차 여행을 만끽할 수 있다.

• 벨몬드 이스턴 & 오리엔탈 익스프레스 여행 상품 •

밀림 속에서 야생의 아시아를 만나다
〈와일드 말레이시아〉

싱가포르에서 출발해 말레이시아의 울창한 정글로 떠나는 여행. 중간 기착지 타만 네가라 국립공원에서 야생동물 탐험을 비롯한 다양한 선택 체험을 누릴 수 있다. 멸종 위기에 놓인 말레이호랑이 보호 활동에 참여하며 페낭의 전통문화를 경험한다.

에메랄드빛 바다가 펼쳐진 지상낙원
〈에센스 오브 말레이시아〉

싱가포르에서 출발해 말레이시아 북부 끝에 있는 천상의 휴양지 랑카위에 머물다 다시 싱가포르로 돌아오는 일정이다. 랑카위의 풀라우 파야 해양 공원에 방문해 마사지, 명상, 태극권 등의 웰니스 체험과 패들 보트 및 스노클링 중 한 가지를 즐긴다.

• 벨몬드 이스턴 & 오리엔탈 익스프레스 여행 상품 •

맞춤 여행 전문사 샬레트래블을 통해 벨몬드 이스턴 & 오리엔탈 익스프레스 예약 시 현지의 맛을 담은 VIP 환영 간식과 기차 탑승 중 사용 가능한 1인당 100 USD 상당의 크레디트Credit를 제공한다. 본 크레디트는 디올 스파 이용 때도 사용 가능하다.

샬레트래블앤라이프
📞 02-323-1280
➤ www.chalettravel.kr

디즈니 어드벤처 디즈니 크루즈 라인
Disney Adventure Disney Cruise Line

바다 위의 '디즈니 월드'를 실현하는 프리미엄 크루즈 선사로 디즈니, 마블, 스타워즈, 픽사의 캐릭터를 활용해 만화 속 세상을 현실에서 보여준다. 2025년 12월 15일을 시작으로 5년간 싱가포르에 정박하는 디즈니 크루즈 라인은 6700명의 승객과 2500명의 승무원을 수용할 수 있는 초대형 규모의 크루즈다.

시그니처 디즈니 다이닝 경험

'로테이션 다이닝'이라는 특별한 방식으로 제공하는 디즈니만의 다이닝 경험! 할리우드 스포트라이트 클럽, 애니메이터의 팔레트, 픽사 마켓 레스토랑, 항해사 클럽, 애니메이터의 테이블, 황홀한 여름 레스토랑까지 6개 테마로 이루어진 메인 다이닝에서 매일 저녁 다른 콘텐츠를 경험하며 격조 높은 식사를 즐길 수 있다.

7개 테마로 만나는 디즈니 크루즈

<모아나>에서 영감받은 웨이파인더 베이Wayfinder Bay, <빅히어로 6>의 활기찬 도시를 재현한 샌프란소쿄 스트리트San Fransokyo Street, 어린이를 위한 워터 파크 토이 스토리 플레이스 Toy Story Place, 마블의 캐릭터로 꾸며진 세계 최대 규모의 롤러코스터 마블 랜딩Marvel Landing 등 7가지 테마로 구성된 선상에서 탑승객은 흥미진진한 모험을 만끽할 수 있다.

디즈니 테마로 이루어진 가장 편안한 객실

편안하고 세심하게 설계된 디즈니 어드벤처 객실은 휴식과 충전, 특별한 크루즈 여행을 위한 최적의 공간이다. 환상적인 바다 전망이 펼쳐지는 객실과 아름다운 크루즈 인테리어가 돋보이는 객실 등 다양한 유형의 객실을 갖추고 있다.

디즈니 어드벤처 디즈니 크루즈 라인 예약 문의
샬레트래블앤라이프 | www.chalettravel.kr | 02-323-1280

STAY SINGAPORE

머무름, 그 자체가 여행

샬레트래블이 선사하는 럭셔리 호텔 예약 특전

전 세계 2% 럭셔리 여행 멤버십 VIRTUOSO의 인증 여행사,
세계 최대 호텔 체인 메리어트 그룹이 선택한 최고의 여행사만 가입할 수 있는
'스타즈 & 루미너스' 등 주요 럭셔리 호텔들의 최상위 파트너인
샬레트래블을 통해 예약하실 경우 모든 고객님께 아래 혜택을 드립니다.

· 예약 기본 혜택 ·

1. 매일 2인 조식
2. 호텔 식음료 크레디트 100 USD 상당 제공
3. 룸 업그레이드 우선 권한
4. 얼리 체크인 & 레이트 체크아웃 우선 권한
5. 글로벌 체인 멤버십 포인트 적립

* 호텔별 추가 혜택 및 1박 무료 등의 특별 프로모션 별도 공지

· 주요 호텔 | 래플스, 만다린 오리엔탈, 카펠라, 더 리츠칼튼, 페어몬트, 샹그릴라, 더 풀러턴 베이 ·

샬레트래블
투숙 후기 영상

래플스 싱가포르에서의 1박 2일

• Raffles Singapore •

싱가포르 호텔의 아이콘으로 명성을 떨치고 있는 래플스 싱가포르는 1887년 영국령 시기 문을 연 이후 오랜 역사와 전통을 간직한 호텔로 1987년 국가 기념물로 지정되며 국보급 대접을 받아오고 있다. 수십 년간 전 세계 명사들을 고객으로 모신 호텔답게 서비스 면에서도 최고 수준을 자랑하며, 최근 대대적인 레노베이션을 통해 한층 편안하고 우아하게 단장을 마치고 손님을 맞이하고 있다.

• DAY 1 •

① 15:00 | 체크인과 룸 안내
콜로니얼 양식이 돋보이는 레트로풍의 객실 내부

② 16:00 | The Grand Lobby 애프터눈 티
빅토리아 시대의 우아한 품격이 느껴지는 애프터눈 티 세트

③ 18:00 | 수영장과 가든 산책
마리나 베이 샌즈가 보이는 탁 트인 수영장과 고즈넉한 분위기의 안뜰 누리기

④ 20:00 | Long Bar
싱가포르 슬링이 탄생한 Long Bar에서 피로를 풀어줄 가벼운 술 한 잔

⑤ 22:00 | 객실에서 편안한 휴식

• DAY 2 •

 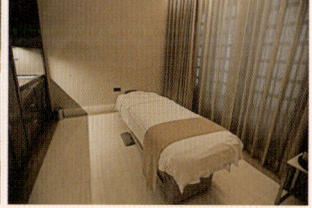

10:00 | 스파 ⑦
호텔 내 웰니스 스파 Raffles Spa에서 지친 심신을 달래줄 마사지 받기

⑥ 08:00 | 아침 식사
1892년 문을 연 레스토랑 Tiffin Room에서 누리는 품격의 조식 뷔페

12:00 | 체크아웃 ⑧

만다린 오리엔탈 싱가포르에서의 1박 2일

· Mandarin Oriental Singapore ·

아름다운 마리나 베이 중심부에 위치한 만다린 오리엔탈 싱가포르가 6개월간의 대규모 레노베이션을 마치고 지난 2023년 9월 새롭게 오픈했다. 반짝이는 마리나 베이와 황홀한 스카이라인 뷰를 내려다볼 수 있는 만다린 오리엔탈 싱가포르는 호화로운 객실, 뛰어난 서비스, 훌륭한 부대시설로 싱가포르에서 가장 품격 높은 호텔이라는 평가를 받고 있다.

· DAY 1 ·

① 15:00 | 체크인과 룸 안내
마리나 베이의 탁 트인 전망이 한눈에 들어오는 객실

③ 16:00 | 빈티지 사이드카 체험
빈티지 사이드카를 타고 도시를 누비는 투어

④ 17:00 | 이브닝 칵테일
HAUS 65에서 칵테일 한 잔으로 가볍게 목 축이기

② 15:00 | 클럽 라운지 HAUS 65 애프터눈 티
한 입 크기의 디저트를 즐기는 여유로운 시간

⑤ 18:30 | Embu 뷔페 디너
올 데이 다이닝 레스토랑 Embu에서 뷔페 저녁 식사

⑥ 20:30 | MO Bar
아시아에서 가장 유명한 바 50위 안에 든 MO Bar

⑦ 22:30 | 객실에서 편안한 휴식

· DAY 2 ·

⑧ 07:30 | 수영과 피트니스
조식 전 수영과 피트니스로 가볍게 몸 풀기

⑨ 09:00 | 샴페인 브렉퍼스트
HAUS 65에서 누리는 여유로운 조식과 샴페인 한 잔

⑩ 12:00 | 체크아웃

카펠라 싱가포르에서의 1박 2일

· Capella Singapore ·

싱가포르 도심 속 최고의 휴양지 센토사 섬. '평안하고 고요한'이라는 의미를 지닌 이곳에 울창한 열대우림에 둘러싸여 멋진 바다 전망을 보여주는 럭셔리 5성급 호텔, 카펠라 싱가포르! 콜로니얼풍의 앤티크한 매력과 현대 건축의 세련미가 자연과 조화를 이뤄 이국적인 분위기가 물씬 풍기는 호텔이다. 지난 2018년 트럼프 대통령과 북한의 김정은 국방위원장이 만나 정상회담을 나눈 호텔로 유명하다.

· DAY 1 ·

① 15:00 | 체크인과 룸 안내
한쪽 벽을 가득 채운 통창 너머로 열대우림의 짙은 녹음이 보이는 객실

② 16:00 | The Living Room 애프터눈 티
영국 장교들의 무도회장이었던 곳에서 다과와 함께 누리는 달콤한 휴식

③ 17:00 | Bob's Bar 칵테일
저녁 무렵 노을과 함께 즐기는 향긋한 칵테일 한 잔

④ 19:00 | 중식당 Cassia 저녁 식사
최상의 식재료로 만든 퓨전 광둥요리로 든든한 저녁 식사

⑤ 21:00 | 객실에서 편안한 휴식

• DAY 2 •

⑥ 08:00 | 수영장
푸른 신록이 한눈에 펼쳐지는 수영장에서 아침 햇살 즐기기

⑦ 09:00 | 아침 식사
뷔페와 함께 원하는 메뉴를 주문해서 즐길 수 있는 레스토랑

⑧ 12:00 | 체크아웃

⑨ 13:00 | 이탤리언 레스토랑 Fiamma 점심
피자와 타르타르, 문어 샐러드까지 한 상 가득 차려진 정통 이탤리언 요리

한눈에 보는 싱가포르 기본 정보

국가명 | 싱가포르공화국
수도 | 싱가포르
언어 | 말레이어, 중국어, 영어, 타밀어
면적 | 728km² (서울 605km²)
지리 | 북쪽의 말레이시아 및 남쪽의 인도네시아와 접경한 말레이반도 끝에 위치

인구 | 약 605만 명
종교 | 불교, 기독교, 이슬람교, 도교, 힌두교
통화 | 싱가포르 달러(SGD, 책에는 $로 표기)
국가 번호 | 65

시차	1시간. 대한민국이 싱가포르보다 1시간 빠르다.
비행시간	싱가포르 직항 기준 6~7시간 걸린다.
전압	230V/50Hz, 3구 어댑터 사용
물가	싱가포르 MRT 한 구간 $1.09, 생수 500ml $2~3, 택시 기본요금 $3~4.4
비자	90일 이내 단기 체류는 비자가 필요 없다. 다만 입국 예정일로부터 6개월 이상 유효한 여권을 소지해야 한다.
환전	우리나라 시중은행, 공항 내 환전 은행, 인터넷 및 모바일에서 미리 환전하는 것을 추천한다. 현지에서 환전할 경우 공항 환전소, 시내 대형 은행 및 환전 전문점을 이용하자. 지폐는 $2, $5, $10, $50, $100까지 5종을 사용하며 고액권($1000, $10000)은 더 이상 신규로 발행하지 않는다. 동전은 다섯 종류가 있다.

· 여행 경비 준비 ·

대형 쇼핑몰이나 음식점 등 대부분 신용카드 사용이 가능하지만 소규모 가게 등 현금만 받는 곳이 있으니 현금도 준비하자. 단, 신용카드는 소액의 수수료가 붙으니 트래블월렛이나 트래블로그를 사용하는 것을 추천한다. 두 가지 모두 해당 애플리케이션에 싱가포르 달러를 원하는 만큼 충전한 후 여행 시 체크카드처럼 사용하면 된다. 여행하기 전 최소 15일 이상 여유를 두고 신청하는 것이 안전하다.

· 영업시간 ·

백화점 및 쇼핑몰 | 평일, 주말 및 공휴일 10:00-22:00
우체국 | 08:30-17:00, 일요일 휴무
은행 | 월~금요일 09:30-15:00(은행별 다름)
박물관·미술관 | 10:00-19:00

· 날씨 ·

싱가포르는 적도 근처에 위치해 1년 내내 높고 균일한 온도 및 풍부한 강우량과 높은 습도의 전형적인 열대기후다. 건기는 4~10월, 우기는 11~3월로 구분하지만 온도 및 습도의 기후 변화는 월별 변동이 크지 않다. 우기에는 스콜을 대비해 우산, 우의 등을 준비하자. 좀 더 자세한 정보는 싱가포르 기상청 사이트(www.weather.gov.sg) 참고.

· 현지 연락처 ·

- **주 싱가포르 대한민국 총영사관**
- 월~금요일 09:00-12:30, 14:00-18:00
- 대표 전화(근무시간 중) +65 6256 1188
  긴급 연락 전화(사건 사고 등 긴급 상황 발생 시 24시간) +65 9654 3628
  영사 콜센터(서울, 24시간) +82 2 32100404 | 경찰 999 | 화재 · 구급차 995
- 47 Scotts Road Goldbell Towers #08-00(대사관), #16-03(영사과) Singapore 228233

· 인터넷 ·

현지에서 무선 인터넷을 이용하려면 현지 유심칩을 구매하는 것이 편리하다. 창이 공항, 일부 쇼핑몰에서는 무료 와이파이(Wi-Fi)를 이용할 수 있다.

	장점	단점	이용 목적
로밍	• 기존 한국 번호 그대로 이용	• 타 상품 대비 비싼 요금 • 인터넷 접속 연결 대기 시간 소요 • 싱가포르 현지 통화 시 국제전화 이용료 부과 • 문자 수신 무료, 발신 유료	• 국내와 지속적으로 연락해야 하는 상황이 많은 경우
싱가포르 SIM	• 로밍 대비 저렴한 가격 • 편의점, 창이 공항에서 쉽게 구매 가능 • 현지 전화번호 사용이 편리하며 인터넷 속도가 빠름	• 한국 번호 사용 불가 • SIM 카드 분실 및 파손 우려	• 한국 번호로 전화나 문자를 이용할 필요가 없거나 데이터 사용량이 많은 경우
해외 SIM	• 저렴한 가격	• 현지 전화, 문자 불가능 • 셀프 개통이 어려울 수 있음 • 인터넷 접속 연결 대기 시간 소요	• 저렴한 가격에 데이터만 필요한 경우
e-SIM	• SIM 교체 없이 QR 코드를 스캔해 편리하게 설치 가능 • 국내 및 해외 통신사 회선을 모두 사용 • 싱가포르 또는 해외 통신사 선택 가능	• 지원하는 기종이 한정적	• 한국 번호로 연락이 필요한 경우 • 가성비와 편리성을 추구하는 경우
포켓 와이파이	• 여러 명(3~5인)이 저렴하게 사용 가능	• 여러 명 동시 접속 시 속도 저하 및 휴대, 충전의 번거로움 • 기기에서 멀리 떨어질 경우 데이터 사용 불가 • 기기 분실 시 보상	• 여러 명이 대용량 데이터를 로밍 및 유심보다 저렴하게 사용할 경우

공휴일

공휴일이 일요일과 겹칠 때는 다음 월요일이 대체공휴일이 된다. 설날(음력 설)은 유일하게 공휴일이 이틀로 지정되어 있다.

2025년 기준 (● : 매년 변동)

날짜	공휴일
1월 1일	New Year's Day 신정
1월 29~30일	Chinese New Year ●설날(중국 설 연휴)
3월 31일	Hari Raya Puasa ●라마단이 끝나는 것을 기념하는 날
4월 18일	Good Friday ●성 금요일
5월 1일	Labour Day 노동절
5월 12일	Vesak Day ●석가탄신일
6월 7일	Hari Raya Haji ●회교도 성지인 메카를 순례하고 돌아오는 것을 기념하는 날
8월 9일	National Day ●국경일
10월 20일	Deepavali ●힌두교 명절
12월 25일	Christmas Day 성탄절

싱가포르 입국

· 전자 입국 신고서 ·

싱가포르 입국 심사 전에 e-서비스를 통해 SG 도착 카드(SG Arrival Card/SGAC)를 작성해 제출해야 하며 입국 3일 전(72시간)부터 신청할 수 있다. 언어를 한국어로 변경해 진행하면 된다. 휴대폰에 애플리케이션 MyICA Mobile를 설치해 작성하는 방법도 있다.

▶ eservices.ica.gov.sg/sgarrivalcard

· 입국 시 유의 사항 ·

- 주류 반입은 성인 1인당 최대 2ℓ, 증류주(양주, Spirits)는 최대 1ℓ까지만 반입할 수 있다.
  아래 중 하나에 해당하면 문제없이 입국할 수 있다.

구분	증류주	와인	맥주
가	1ℓ	1ℓ	-
나	1ℓ	-	1ℓ
다	-	1ℓ	1ℓ
라	-	2ℓ	-
마	-	-	2ℓ

- 모든 종류의 껌은 반입할 수 없으며 씹는 것도 금지다.
- 담배는 관세 대상으로 반입 시 반드시 세관 신고를 하고 세금을 내야 한다. 전자 담배는 반입 및 소지 금지이니 유의하자.

· 공항에서 시내로 이동하기 ·

MRT

창이 국제공항 2터미널에서 탑승할 수 있고 시내까지 약 40분 소요되며 요금은 약 $2~3로 구간별 다르다. MRT 초록색 라인(East West Line) Changi Airport 역에서 탑승 후 Tanah Merah에서 하차, 맞은편 같은 초록색 라인인데 시내로 가는 방향 열차로 갈아타고 부기스, 시티홀, 래플스 플레이스까지 한번에 갈 수 있다. 평일 운행 시간은 05:31-23:18이며 역별, 요일별 운행 시간은 홈페이지 참고.

▶ journey.smrt.com.sg

시티 셔틀버스

중심가 지역까지 운행하는 버스로 '그라운드 트랜스포트 컨시어지Ground Transport Concierge'를 찾아 목적지 확인 후 표를 구매하면 된다. 운행 시간은 07:00 23:00이며 요금은 성인 $10, 어린이(12세 미만) $7다.

▶ www.cityshuttle.com.sg

택시

공항 입국장 출구 택시 승강장에서 탑승하면 시내까지 약 25~30분 소요, 요금은 $25 내외다. 단, 이용하는 시간과 요일에 따라 차이가 난다. 택시 요금 이외에 공항 할증 요금이 추가 부과되며 금~일요일 오후 5시부터 11시 59분까지는 $5, 그 외 시간은 $3가 추가된다.

공유 차량

드롭 오브 포인트Drop of Point에서 고젝Gojek, 그랩Grab, 지그Zig 등 공유 차량 애플리케이션을 이용해 시내로 이동할 수 있다. 시내로 이동하는 소요 시간 및 요금은 택시와 비슷하다.

차량 예약

많은 인원이 움직이거나 인원수가 적어도 짐이 많은 경우에는 미리 공항 픽업 차량을 예약하는 것이 좋다. 9인승 약 $70. 마이리얼트립, 클룩, 케이케이데이KKday 등에서 예약 가능하다.

싱가포르 출국

· 공항 내 터미널 간 이동 방법 ·

터미널 1, 2, 3   터미널 1, 2, 3은 서로 스카이트레인Skytrain(05:00-02:00)을 이용해 다닐 수 있으며 T2와 T3은 메자닌 층이 링크 브리지Link Bridge로 연결되어 있어 도보로 이동할 수 있다.

터미널 4   1터미널 T4는 무료 셔틀버스를 이용해 오고 갈 수 있으며 T4에서 T1은 약 18분, T1에서 T3은 약 6분, T3에서 T4는 약 12분 소요된다. 터미널 간 운행 간격도 다르니 T4를 이용할 경우에는 여유롭게 이동하자.

셔틀버스 운행 시간 및 간격	T1/Jewel~T4	T2/MRT~T4
06:00-24:00(Direct Service)	9~26분	6~26분
24:00-06:00 (T2/MRT~T1/Jewel~T4, Loop Service)	31분	

셔틀버스 승하차 장소

터미널	승차	하차
T1/Jewel	T1 Departure Central Kerbside	
T2/MRT	T2 Arrival Pick-up Door 1	
T4	T4 Arrival Bus Lounge	T4 Departure Door 4

공항 터미널 지도

여행자 환급 제도 Tax Refund

싱가포르 여행 중 싱가포르 내에서 구매한 상품에 대한 GST를 환급해주는 제도다. 싱가포르는 전자 세금 환급 시스템eTRS을 채택하고 있어 eTRS 증빙 자료Token으로 쓰일 신용카드 또는 직불카드를 하나 선택해 상품을 구매할 때마다 같은 카드를 제시하면 구매 내역이 카드에 기록된다. 반드시 토큰으로 선택한 카드로만 결제할 필요는 없으며 현금이나 다른 카드로도 결제할 수 있다. 구매 후에는 상점에서 제공하는 영수증 및 eTRS 티켓을 받아 보관하자.

환급 조건
❶ Tax Free로 지정된 상점에서 $100 이상 구매
❷ 상품 구매 시 여권 지참
❸ 동일한 GST 등록 번호를 가진 상점에서 하루 3건까지의 영수증 또는 인보이스를 합산해 환급 가능
❹ 창이 공항 또는 셀레타르 공항을 통해 출국
❺ 싱가포르 국적 또는 영주권자가 아닌 만 16세 이상(구매일 기준)의 방문객
❻ 환급 신청일로부터 2개월 이내에 구매한 상품에 한해 적용. (호텔 숙박 시설, 투어 요금, 레스토랑, 싱가포르에서 이미 소비한 상품에는 미적용)

환급 절차

Step 1. eTRS 키오스크 찾기
❶ 출국장 택스 리펀드 카운터GST Refund 앞에서 무인 환급 신청기eTRS 찾기 (한국어 선택 가능)
❷ 환급 신청기에 여권 및 eTRS 증빙 자료Token로 사용한 카드를 인식 (토큰으로 카드를 사용하지 않은 경우, 개별 eTRS 티켓의 바코드를 모두 인식)

Step 2. 환급 신청 승인 받기, 필요 시 세관 검사
❶ 화면에 보이는 구매 목록 중 환급받을 항목 선택
❷ 환급 방법으로 현금 또는 카드 중 하나를 선택. 절차를 완료하면 확인 용지Notification Slip 출력
❸ 신청이 승인된 경우 확인 용지에 'APPROVED'라고 표기됨
간혹 물품 검사가 필요한 경우에는 'NOT APPROVED'로 표기되는데, 이때는 세관 검사 카운터Custom Inspection Counter를 찾아 구매 물품, 구매 영수증, eTRS 티켓, 탑승권을 제시하자. 검사 후 검사관으로부터 승인된 확인 용지Notification Slip를 받을 수 있다.

Step 3. 세금 환급 받기
❶ Step 2에서 환급 방법으로 카드를 선택한 경우, 환급 금액은 영업일 기준 1~2주일 이내로 카드를 통해 환급된다.
❷ 현금을 선택한 경우, 출국 심사를 마치고 환승 구역에 위치한 GST 현금 환급 카운터GST Cash Refund를 찾아 확인 용지Notification Slip를 제시하면 환급 금액을 받을 수 있다.

> **TIP 환급 시 유의 사항**
> 택스 리펀드를 받기 위한 물품을 뜯어서 먹거나 써버리는 경우가 있는데, 싱가포르 내에서 소비하면 택스 리펀드가 불가하다. 불시 검사도 이루어질 수 있으니 유의하자.

주얼 창이 100% 즐기기

주얼 창이는 싱가포르 창이 공항에 있는 도심 속 오아시스 같은 곳이다. 예술과 자연이 공존하고 아이들이 뛰어놀 수 있는 액티비티 공간들로 가득하다. 유명 브랜드 쇼핑 매장과 현지 인기 음식점이 많아 오랜 시간을 보내도 지루할 틈이 없다. 세계 최대 실내 폭포로 유명한 레인 보텍스와 포레스트 밸리를 따라 산책을 즐기며 힐링하고 인증 숏을 찍는 건 선택이 아닌 필수! 일부러 시간을 내서 공항에 일찍 도착하는 사람들이 많은 이유가 바로 주얼 창이가 싱가포르의 또 하나의 관광 명소이기 때문이다. 주얼 창이 앱을 설치하면 음식점, 쇼핑 매장 어트랙션 지도 및 운영 시간 등 여러 가지 정보를 한번에 확인할 수 있다. 또한 프로모션, 다양한 이벤트도 나와 있어 유용하다.

· 찾아가기 ·

T2와 T3 사이에 위치한 주얼 창이는 T1 도착 홀 1층 북쪽 입구와 연결되어 있다. T2에서는 3층 MRT 역 근처 링크 브리지를 따라 연결되며 도보로 10분 정도 소요된다. T3은 출발 홀(Crowne Plaza 근처)의 링크 브리지를 통해 도보 10분 걸린다. T4에서는 무료 셔틀버스를 타고 T1로 이동하면 된다.

HSBC 레인 보텍스
HSBC Rain Vortex

24시간 오픈되어 있는 주얼 창이 공항의 HSBC 레인 보텍스는 높이 40m, 최대 규모의 실내 인공 폭포다. 오전 10시부터 물이 떨어지고 저녁에는 화려한 조명 쇼가 펼쳐져 색다른 인증 숏을 남길 수 있다. 지하 1층에서 배경 숏을 찍고 시세이도 포레스트 밸리를 따라 산책하며 다양한 높이에서 포즈를 취해보자.

시세이도 포레스트 밸리
Shiseido Forest Valley

레인 보텍스를 중심으로 900종류가 넘는 나무와 야자수 6만 그루가 빼곡히 들어선 정원 산책로다. 레인 보텍스에 자연광이 비추어 장관을 이루는 풍경을 바라보며 포레스트 밸리를 따라 여유롭게 걷다 보면 산책로 끝에서 캐노피 파크를 만날 수 있다.

캐노피 파크
Canopy Park

공항 최상층인 5층에 자리한 캐노피 파크는 모두가 좋아하는 흥미진진한 공간이다. 아이들이 좋아하는 놀이 시설은 물론 독창적 디자인으로 꾸며진 장소들은 즐길 거리로 가득하다. 캐노피 파크 입장료를 구매한 경우 4곳은 무료로 즐길 수 있다. 입장료를 별도로 지불해야 하는 어트랙션 중 한 곳이라도 티켓을 구입한 경우 캐노피 파크는 무료로 이용할 수 있으니 참고하자.

Hedge Maze
Mirror Maze
Topiary Walk
Petal Garden
Walking Net

캐노피 파크	어트랙션		요금($)
월~목요일 10:00-21:00 금~일요일, 공휴일 10:00-22:00	Canopy Park	정원이 있는 실내 놀이터	3세 이상 $8
	Discovery Slides	대형 슬라이드가 있는 전망대 놀이터	
	Foggy Bowls	안개가 자욱한 잔디 공원	
	Petal Garden	꽃이 만발한 꽃잎 정원	
	Topiary Walk	토피어리 동물들이 전시된 산책로	

	어트랙션		요금($) (어른 | 어린이)
입장료 별도 구매 10:00-21:00	Mastercard® Canopy Bridge	지상 23m 높이, 50m 길이의 공중 산책로	13.9 | 11.9
	Hedge Maze	꽃과 나무로 꾸며진 미로	13.9 | 11.9
	Mirror Maze	트릭 거울로 가득한 거울 미로	18.9 | 13.9
	Bouncing Net	지상 8m 위에 만든 바운싱 네트	24.9 | 19.9
	Walking Net	지상 25m 위에 걸을 수 있게 만든 네트	18.9 | 13.9

싱가포르 시내 교통

싱가포르의 체계적인 교통 시스템은 국제적으로도 인정받는다. MRT, 버스, 택시 모두 이용이 편리하고 쾌적하며 물가에 비해 저렴하다. 싱가포르 정부가 싱가포르의 교통수단을 개인 교통수단의 수준을 넘어 공공 분야로 확대하도록 장려하는 데 중점을 둔 결과이기도 하다. 단, 우리나라와는 다르게 횡단보도를 건널 때는 버튼을 눌러야 하니 잊지 말도록 하자.

> **TIP 싱가포르 환승 제도**
>
> 교통카드 환승은 최대 5번까지 가능하며 버스-버스, 버스-MRT는 하차 후 45분 이내, MRT-MRT는 15분 이내 환승해야 한다. 최초 승차 후 2시간 이내 하차 태그 완료된 건에만 적용된다. 같은 번호 버스, 같은 역의 MRT 탑승 시 미적용된다.

MRT
Mass Rapid Transit

MRT는 완전 자동화 시스템으로 운전자 없는 고속철도다. 싱가포르의 유명 관광지는 대부분 MRT 역과 가까운 도보 거리에 있고 빠르게 이동할 수 있어 여행자들에게 편리하다. 또한 배차 간격이 짧고 노선도 복잡하지 않으며 가격도 저렴하다. 이동 구간에 따라 요금을 부과하며 이지링크 카드, 트래블 월렛, 트래블로그, 해외 결제 가능한 컨택리스 카드로 간편하게 이용할 수 있다. 간혹 카드 사용이 안 되는 경우가 있으니 여행 전 카드 회사에 문의하고 인원수보다 여유 있게 카드를 준비하는 것이 좋다. 오른쪽에 카드 태그 후 왼쪽으로 들어가고 나오면 되고 무리해서 탑승하지 않도록 하자. 컨택리스 카드 이용 시 하루 동안 사용한 교통비에 $0.6가 추가 계산되어 다음 날 승인된다. 만 7세 이상(키 0.9m 이하는 무료)은 어른과 요금이 같고, 만 7세 미만은 MRT 역 티켓 오피스에서 여권 제시 후 어린이용 무료 이지링크 카드를 발급받으면 된다.

버스

싱가포르 버스 시스템은 광범위한 노선을 갖추고 있어 경제적으로 여행할 수 있는 방법일 뿐 아니라 이동 중 싱가포르 곳곳의 아름다운 건축물을 감상하는 재미가 있다.

- 앞문으로 타서 뒷문으로 내린다.
- 승하차 시 모두 카드를 단말기에 찍는다.
- 버스 안내 방송이 없으니 구글 지도 앱으로 경로를 확인하거나 안내 전광판을 확인해 원하는 정류장 도착 전 벨을 누르자.
- 버스 요금은 약 $1.09~3이며 거리에 따라 다르다. 버스 정류장에서 구간별 요금 확인 가능. 현금 지불 시 거스름돈을 받을 수 없으니 정확한 금액을 준비하자.
- 현금과 카드 요금이 다르며 카드 사용이 40% 정도 저렴하다.
- 1인 1카드를 사용해야 한다.

택시

싱가포르 물가에 비해 택시 기본요금(차종에 따라 약 $3~5)이 저렴하다. 2~3명이 함께 여행 시 효율적이고 교통 체증도 드물기 때문에 편리하다. 정해진 택시 정류장에서만 이용할 수 있다. 택시 회사마다 가격이 다르며 승하차 지역 및 시간대별로 할증 요금이 부과된다. 현금, 비자, 마스터 등의 신용카드와 교통카드인 이지링크($0.3 수수료 부과)로 결제할 수 있다.

공유 차량

카카오택시와 비슷한 서비스로 그랩, 타다, 고젝 등이 있으며 앱을 이용해 차량을 호출한다. 다른 점은 호출 시 금액이 확정돼 요금이 더 나올 걱정은 안 해도 된다. 공유 차량도 승하차 가능 지역이 정해져 있으므로 정확히 확인한 후 호출해야 웨이팅 요금을 피할 수 있다. 호출 시간, 날씨, 휴일 등에 따라 금액이 다르므로 여러 가지 앱을 비교해 호출하자. 키가 135cm 이하인 어린이와 함께 탑승 시 반드시 카시트가 있는 차를 호출해야 한다.

• 이지링크 카드 •

싱가포르 이지링크 카드는 티머니와 비슷한 교통카드다. MRT, LRT, 버스, Sentosa Express 등 대중교통을 이용할 수 있고, 편의점이나 패스트푸드점에서도 사용할 수 있다. 공항이나 MRT 역에서 구매할 수 있으며 충전해서 사용하고 남은 금액은 환불 가능하다. 충전은 현금만 가능하므로 현금 충전 가능 기계에서 현금 선택 후 충전하자. 금액 설정이 아니라 입금 금액 모두 충전되니 유의하자. MRT 역 티켓 오피스, 세븐일레븐 편의점에서 구입할 수 있다. 최초 구매 시 $10(카드 구매 비용 $5+충전 금액 $5, 카드 비용은 환불 불가).

• 투어리스트 패스 •

싱가포르의 대중교통인 버스, 지하철(MRT)을 정해진 기간 동안 무제한 이용할 수 있는 패스로 짧은 기간 내 대중교통을 많이 이용할 여행자에게 유용하다. 단, 트래블월렛, 트래블로그, 컨택리스 카드 등을 많이 사용하는 추세라 패스 이용자는 점점 줄어들고 있다. 관광지도 대부분 모여 있고 도보 이동이나 택시, 공유 차량을 이용하는 경우도 빈번해 패스를 사용할 일은 많지 않다. 창이 공항 및 차이나타운, 시티홀, 하버프런트, 오차드 등 주요 MRT 역에서 구입할 수 있다.

	싱가포르 투어리스트 패스 Singapore Tourist Pass	싱가포르 투어리스트 패스+창이 추천 번들 Singapore Tourist Pass+Changi Recommends Bundel
금액($)	17 ǀ 24 ǀ 29	48
이용 기간	1일 ǀ 2일 ǀ 3일	3일
특징	대중교통 무제한 환불 가능 보증금 $10 포함 대중교통 1일 약 8회 이상 이용할 경우	대중교통 무제한 환급 불가 3일 동안 대중교통 약 20회 이상 이용할 경우 1시간 투어 포함 한정판 엽서 세트와 $5 크레딧 포함

- 사용한 날부터 1일로 계산된다. 늦은 시간이라면 다음 날 이용을 추천한다.
- 센토사 익스프레스, RWS8, 익스프레스 버스는 이용할 수 없다.
- 요금은 성인 및 신장 90cm 이상 어린이에게 적용된다.

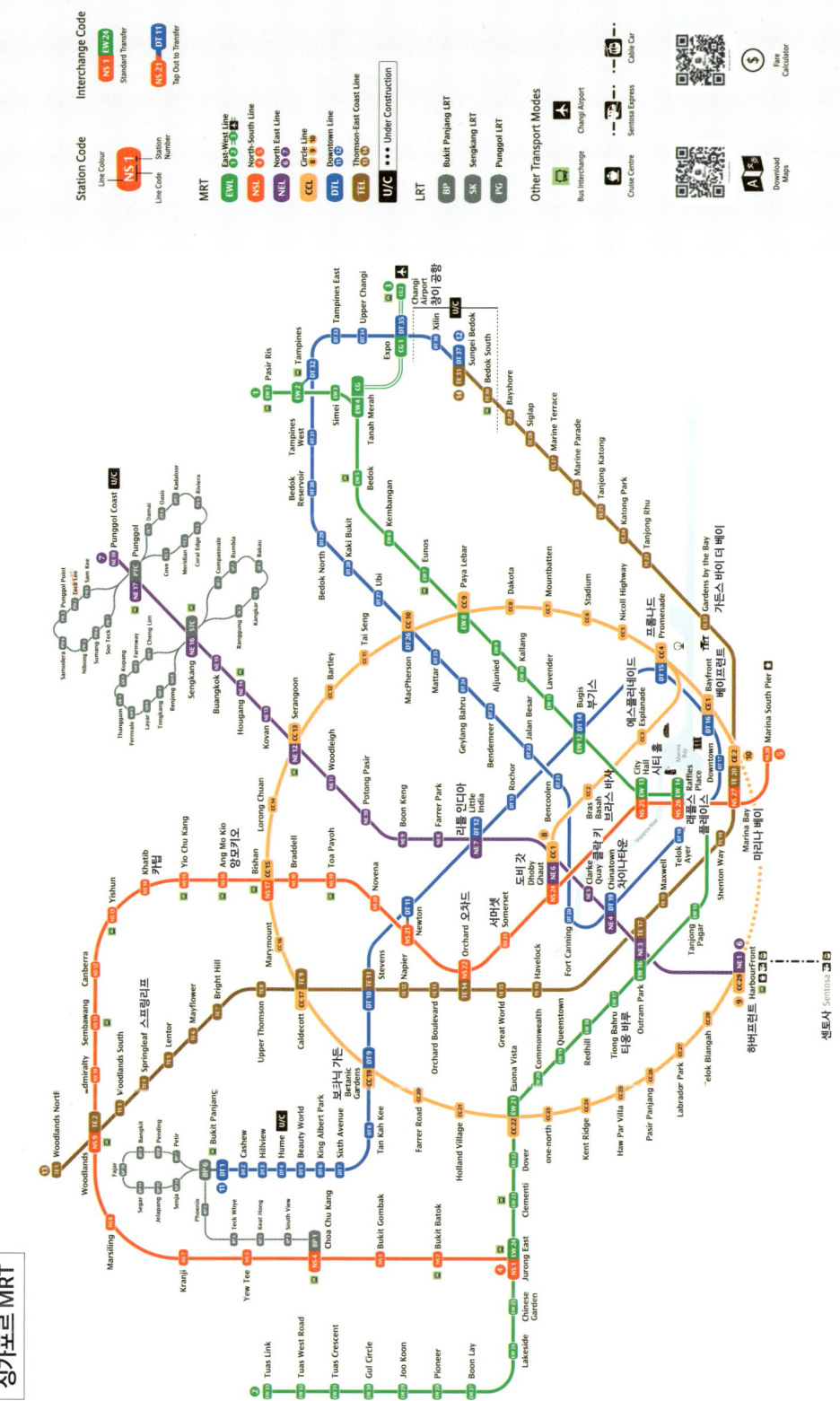

유용한 애플리케이션

Gojek
공유 택시 호출 앱으로 차량 승차 위치 확인이 편리하다.

Grab
동남아시아에서 가장 큰 모빌리티 플랫폼으로 교통, 음식 배달 등 다양한 서비스를 제공한다.

Zig
동남아시아에서 많이 쓰는 택시 호출 앱으로 차량이 잘 잡히지 않는 시간대나 위치에서 유용하다. 다른 공유 차량과 마찬가지로 호출 시 가격이 결정된다.

Tada
공유 택시 호출 앱으로 한국어를 지원한다. 정확한 탑승 위치가 확인되지 않는 경우가 많아 승차 위치를 미리 확인한 후 호출하자.

Singapore Metro — MRT & LRT
싱가포르의 MRT 지도와 소요 시간, 경로 검색 시 유용한 애플리케이션이다.

Changi App
비행기 시간과 출발 게이트, 쇼핑, 식당 등 창이 공항의 모든 정보를 한번에 확인할 수 있다.

Google 지도
220개 국가와 지역을 아우르는 정확한 지도 앱. 최적의 경로 검색 및 즐겨찾기 장소 표시, 오프라인 지도 다운로드가 가능하다.

네이버 파파고
10개 언어 통역, 번역. 이미지를 촬영해 번역도 할 수 있다.

VoiceTra
보이스트라는 일어, 영어, 한국어 등 22개 언어로 음성 입력이 가능한 번역 애플리케이션이다.

Chope
아시아 1만 3000개 이상의 식당의 온라인 예약을 쉽게 할 수 있는 앱. 식당 검색, 메뉴, 예약, 할인 정보까지 확인할 수 있다.

이티고
시간대에 따라 최대 50%까지 할인을 제공하는 동남아시아 레스토랑 예약 앱. 선결제 또는 추가 결제 없이 예약할 수 있다.

알아두면 좋은 유용한 정보

• 축제와 다양한 행사 •

싱가포르는 다양한 문화와 종교를 가진 사람들이 함께 살기 때문에 연중 내내 축제와 행사가 열린다. 여행의 재미를 더해줄 축제를 확인해 여행 계획을 세워보자.

싱가포르 아트 위크
Singapore Art Week

매년 1월에 열리며 유명 국제 예술가들의 조명 설치물, 공연 예술 감상은 물론 박물관, 갤러리, 공공장소 등에서 다양한 예술 경험을 할 수 있다.

설날
Lunar New Year

음력 새해 축하 행사로 차이나타운에 화려한 장식과 공연, 불꽃놀이 등이 펼쳐진다.

그레이트 싱가포르 세일
Great Singapore Sale

6~8월에 진행하며 연중 할인율이 가장 높아 저렴한 가격에 쇼핑할 수 있는 기회다.

싱가포르 나이트 페스티벌
Singapore Night Festival

8월에 열리는 야간 문화 페스티벌로 부기스Bugis와 브라스 바사Bras Basah 지역에서 거리 공연, 미디어 아트, 전시회 등이 진행된다.

국경일
National Day

8월 9일, 국경일에 열리는 행사로 퍼레이드 및 축하 행사, 불꽃놀이 등의 리허설이 2~3개월 전부터 주말마다 진행되니 날짜를 확인해보자.

싱가포르 그랑프리
Singapore Grand Prix

9월에 개최되는 자동차 경주로 F1 월드 챔피언십 레이스 중 하나다. 세계 유일의 F1 야간 레이싱 경기를 즐길 수 있다.

디파발리
Deepavali

10월 또는 11월에 열리는 힌두교 빛의 축제로 리틀 인디아에서 다채로운 점등과 바자회, 문화 행사를 즐길 수 있다.

크리스마스
Christmas

가든스 바이 더 베이에서는 원더랜드 페스티벌이 열리며 아이온 오차드에서는 크리스마스 장식과 멋진 트리로 볼거리가 가득하다.

마리나 베이 싱가포르 카운트다운
Marina Bay Singapore Countdown

12월 31일에 열리는 축제로 싱가포르의 야경을 배경으로 펼쳐지는 카운트다운을 보며 잊지 못할 추억을 만들어보자.

• 사전 예약 •

싱가포르는 관광객이 많아 예약이 필수인 곳이 많다. 여행 일정이 정해졌다면 동물원 및 버드 파라다이스 먹이 주기, 레벨 33, 점보 시푸드, 리츠칼튼 호텔 뷔페 콜로니 등은 미리 예약하는 것을 추천한다.

• 싱가포르 무료 박물관 투어 •

'FOM 한인 도슨트'가 아시아 문명 박물관과 싱가포르 국립박물관에서 무료로 한국어 박물관 투어(약 1시간)를 진행하니 여행 일정과 맞다면 추천한다. 입장권을 미리 구매한 후 프런트에서 도슨트 투어 참가를 신청하면 된다. 자세한 일정은 네이버 카페 'FOM 한인 도슨트 모임'이나 '싱사(싱가폴 사랑)'의 공지를 참고하자.

▶ cafe.naver.com/fomkoreandocents
cafe.naver.com/singaporelove

알아두면 좋은 간단한 여행 팁

작은 우산 준비
뜨거운 햇볕을 피하고 싶을 때는 양산으로, 갑자기 내리는 소나기를 피할 때는 우산으로 활용하자.

더운 게 싫다면 지하도 이용
싱가포르는 비가 와도 비 한 방울 맞지 않고 외출할 수 있을 정도로 지하도 연결이 잘되어 있다. MRT 출구가 많으니 미리 목적지에 맞는 출구 번호를 확인하자.

옷차림
싱가포르의 우기는 3~8월, 건기는 9~2월이나 뚜렷한 계절 변화는 없다. 여름 옷을 준비하고 쇼핑몰 등 실내 공간의 냉방 시설이 잘되어 있어 추울 수 있으니 카디건을 챙기자. 모자, 선글라스 필수.

현금 준비
난양 올드 커피, 메이헝유엔 디저트 등 몇몇 음식점이나 점포에서 카드 결제가 안 되니 현금을 준비하자.

팁 문화
싱가포르는 식당이나 택시 이용 시 팁을 지불하는 문화가 없다. 다만 지불 금액에 서비스 및 세금이 포함되어 계산된다. 호커 센터나 셀프서비스 음식점을 제외하고는 일반적으로 서비스 10%, 세금 9%가 추가 결제된다. 메뉴판 금액에 추가로 계산해 청구되니 음식 주문 시 참고하자. 메뉴판에 '+' 표시는 세금만 부과, '++' 표시는 세금 및 서비스 요금 부과를 의미한다.

성수기
적도에서 가까운 싱가포르는 덥고 습하며 뚜렷한 계절 변화가 없다. 그래서 특별한 성수기는 없으나 방학 시즌과 겨울 및 음력 설에는 비행기와 호텔 가격이 올라간다.

휴지, 물티슈, 물
호커 센터와 일부 음식점에서는 휴지와 물티슈도 구매해야 한다. 미니 휴지 및 물티슈를 챙기고 여행 중 많이 더우니 물을 챙기거나 텀블러를 준비해도 좋다.

술
싱가포르의 '주류통제법'에 따라 밤 10시 30분부터 오전 7시까지 마트나 편의점에서 술을 살 수 없다. 주류 판매 금지 시간 동안 공공장소에서의 음주도 금지다.

자리 착석 에티켓
레스토랑이나 카페에서 빈자리가 보인다고 해도 바로 가서 앉기보다는 잠시 대기한 후 직원의 안내를 받아 앉도록 하자.

좌측통행
영국의 영향을 받아 좌측통행한다. 따라서 보행이나 자전거, 에스컬레이터, 택시 승하차 시 유의하자.

속도가 빠른 에스컬레이터
나라마다 에스컬레이터 속도는 다르다. 특히 싱가포르는 에스컬레이터 속도가 빠른 것으로 유명해 처음 이용 시 유의해야 한다. 특히 어린이, 노약자는 주의하고 우리나라와 반대로 오른쪽은 걸어 올라가는 사람을 위해 비워둔다.

대체공휴일
일요일이 공휴일인 경우는 다음 월요일이 대체공휴일로 지정된다. 여행 계획 시 참고하자.

Chalet
TRAVEL & LIFE

TRAVEL BOOK

| **Iceland** | **Paris** | **Finland** | **Switzerland** | **Italia** |
| 아이슬란드 | 파리 | 핀란드 | 스위스 | 이탈리아 |

    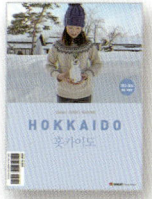

| **Austria** | **Canada** | **Tokyo** | **Fukuoka** | **Hokkaido** |
| 오스트리아 | 캐나다 | 도쿄 | 후쿠오카 | 홋카이도 |

TRAVEL MOOK

| **Cancun** | **Sicilia** | **Macau** | **Bangkok** | **Osaka** |
| 칸쿤 | 시칠리아 | 마카오 | 방콕 | 오사카 |

샬레트래블북
SINGAPORE
싱가포르

초판 발행 2025년 3월 20일

글 | 김민지

사진 | 정소현

펴낸곳 | ㈜샬레트래블앤라이프

펴낸이 | 강승희, 강승일

출판등록 | 제313-2009-66

주소 | 서울시 마포구 서교동 어울마당로 5길 26. 1~5F

판매 & 내용 문의 | 02-323-1280

travelbook@chalettravel.kr

디자인 | 기민주

지도 일러스트 | 김선애

ISBN 979-11-88652-37-2 (13910)

값 18,000원

CHALET Travel Book은 ㈜샬레트래블앤라이프의 출판브랜드입니다.

이 책의 저작권은 저작권법에 보호받는 저작물이므로 무단 전재와 무단 복제를 금합니다.
잘못된 책은 구입하신 곳에서 교환해 드립니다.

www.chalettravel.kr